OPUS MAGNUM

© Copyright 2006 Johannes Peter Hösli.
All rights reserved. No part of this publication may be reproduced, stored in a retrieval system, or transmitted, in any form or by any means, electronic, mechanical, photocopying, recording, or otherwise, without the written prior permission of the author.

Note for Librarians: A cataloguing record for this book is available from Library and Archives Canada at www.collectionscanada.ca/amicus/index-e.html
ISBN 1-4120-9399-6

Offices in Canada, USA, Ireland and UK

Book sales for North America and international:
Trafford Publishing, 6E–2333 Government St.,
Victoria, BC V8T 4P4 CANADA
phone 250 383 6864 (toll-free 1 888 232 4444)
fax 250 383 6804; email to orders@trafford.com

Book sales in Europe:
Trafford Publishing (UK) Limited, 9 Park End Street, 2nd Floor
Oxford, UK OX1 1HH UNITED KINGDOM
phone +44 (0)1865 722 113 (local rate 0845 230 9601)
facsimile +44 (0)1865 722 868; info.uk@trafford.com

Order online at:
trafford.com/06-1153

10 9 8 7 6 5 4 3 2 1

JOHANNES PETER HÖSLI

Opus Magnum

Das Große Magisterium der Alchemie

Roman

JOHANNES PETER HÖSLI
Opus M@gnum
Das Große Magisterium der Alchemie

Roman

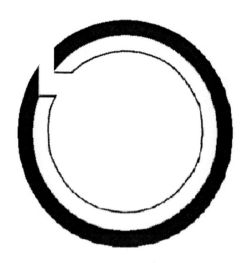

Abstrakt

In diesem Report wird über die Faktizität von konzeptuellen Theorien bei existenziellen Streitfragen berichtet und bewiesen, dass deren Emanation für das tiefere Eigene irrelevant ist. Unter strikt siderischen Definitionen und rigoros angewendeten hermetischen Axiomen wird eine neuartige spagyrische Methodologie entwickelt und gezeigt, dass der Effekt von distinkten dualistischen Sublimaten für alle praktischen Applikationen ungenügend ist und weitere Detailuntersuchungen zur Konfirmation unserer Hypothese nötig sind.

<u>Key Words:</u>   Hunc, Opum, Sibi, Libenterque, Invenit.

Inhalt

Vorbemerkungen	1
1. Einführung	7
2. Material und Methoden	25
2.1 Material	25
2.2 Allgemeine Methoden	40
2.3 Methodologische Prinzipien	57
3. Resultate	71
3.1 Modelle	71
3.1.1 Grundsätzliches	71
3.1.2 Rahmenbedingungen	91
3.2 Datensammlung	106
3.2.1 Synthese	106
3.2.2 Analyse	113
3.3 Zusätzliche Messungen	129
3.3.1 Allgemeines	129
3.3.2 Taxonomie	146
4. Diskussion	155
4.1 Prinzipielles	155
4.2 Morphogenesis	169
4.3 Synopsis	182
5. Substantielles	197
5.1 Grundlagen	197
5.2 Wirkung	206
6. Folgerungen	212
7. Schlussbemerkungen	226
Nachwort	233
Dankesbezeigung	249
Bibliographie	251

Anhang:

I Definitionen	255
II Technische Grundlagen	263
III Ablauf des Großen Magisteriums	273

Vorbemerkungen[1]

Das verkommene Backsteingebäude mit den vor Alter blind gewordenen Fenstern und der Dachrinne, die sich verzweifelt an ein paar rostigen Nägeln ans Vordach klammert, entsprach gar nicht unserer Erwartung. Als uns die Avincenna Minenwerke AG beauftragt hatte, den vorliegenden Bericht zu verfassen, hätten wir uns nie vorstellen können, dass das große Magisterium ausgerechnet in diesem abbruchreifen Bauwerk stattgefunden hatte, schon gar nicht, dass die hässliche Brandspur am Ostflügel in engem Zusammenhang mit unserer Studie stünde.

Hätten wir es nicht besser gewusst, wären wir auch nie darauf gekommen, dass das Gebäude immer noch die Forschungsanstalt beherbergt, wo die großartige Leistung zustande gekommen war. Ja, das Institut gibt es immer noch, auch wenn es nicht den Anschein hat. Jedenfalls misstrauen die spärlich gewordenen Besucher dem rostigen Hinweisschild "Anmeldung" auf dem Parkplatz nicht und erklimmen vorsichtig die von Moos und Algen schlüpfrig gewordene Marmortreppe, die zum Eingang der traditionsreichen und ehrwürdigen Institution führt.

Heute wissen wir auch, dass keiner der Mitarbeiter je eine Ahnung von der erwähnten Arbeit hatte und sogar diejenigen, die mit dem Projekt zu tun hatten, nichts Genaues wissen. Zudem wäre es ihnen peinlich, davon zu reden und

---

[1] Die hier beschriebene Firma ist nicht die Ihrige, ganz bestimmt nicht.

zuzugeben, dass das Projekt eine große Katastrophe verursacht und den Niedergang des Instituts eingeleitet hatte. Diejenigen aber, die am großen Werk schuld waren, haben das Institut längst verlassen. Sie würden bestimmt die Brandspur wieder erkennen und wissen, dass sie in engem Zusammenhang mit ihrem Meisterwerk steht. Aber eben, für die gibt es keinen Anlass, das Institut zu besuchen.

Soweit zu den Gründen, weshalb am Institut keiner den Autor des großen Werkes zu erwähnen wagt. Selbst am Tage seiner Entlassung wurde kaum ein Wort darüber verloren. Die Nachrichten zu seinem Abschied waren ja nur ein fader Schlusspunkt auf die Tage zuvor, als eine Woge wildester Gerüchte und geschmacklosester Witze das Institut überschwemmt hatte. Nicht einmal vom Anschlag am schwarzen Brett wurde gehörig Kenntnis genommen, denn niemand glaubte der Geschäftsleitung ihr Bedauern, einen außerordentlich verdienstvollen und treuen Mitarbeiter verloren zu haben. Dies mag auch der Grund sein, warum keiner den Lebenslauf am Anschlagsbrett gelesen hatte. Vielleicht war es auch, dass jeder wusste, dass der Frischpensionierte seine lange Karriere nicht seinen Leistungen, eher seinem Talent zu verdanken hatte, nichts zu tun, - oder mindestens nichts Falsches. Er war ja gar nicht bekannt dafür, Forschungsgruppen und Projekte kostengünstig zu leiten oder die mageren Resultate wirkungsvoll zu verkaufen.

Der Gerechtigkeit wegen wollen wir betonen, dass es keineswegs böse Absicht oder Nachlässigkeit der Geschäftsleitung war, das Meisterstück des in Ruhestand getretenen Mitarbeiters zu verschweigen. Damals hatte, wie gesagt, keiner eine Ahnung von der großartigen Leistung. Niemand hätte gedacht, dass die hier mehrfach erwähnte Arbeit so katastrophale Folgen haben könnte, nicht einmal derjenige, der uns Zugang zu den umfangreichen Akten verschafft hat. Ja, er hatte damals keinen blauen Dunst von dem großen Werk und hatte die Mitteilung an Anschlagbrett auch nicht gelesen. Der Autor der großartigen Leistung war denn auch schon am Tage darauf beinahe vergessen.

Auch an der Kaffeerunde wurde kaum ein Wort über den entlassenen Kollegen und Vorgesetzten verloren. Niemand vermisste ihn oder hatte Mitleid mit ihm, und niemand wäre auf die abstruse Idee gekommen, dass der Entscheid der Geschäftsleitung hätte ungerecht sein können. Man hatte ja schon früher die verschiedensten Gerüchte gehört und vermutet, dass er seit längerer Zeit auf seinen Abschied hingearbeitet hatte und seinem Job bestimmt nicht nachtrauerte. Ja, man hatte ihn am Tage seiner Entlassung in bester Laune seine Siebensachen packen gesehen!

Wie wir eingehend in Kapitel 3.3.2ff berichten, hatte er tatsächlich gute Gründe, das Institut in bester Laune zu verlassen. Die Aussicht, seine am Institut heimlich begonnen Studien ungestört weiterzuführen, hat ihn bestimmt zum glücklichsten Menschen gemacht! Von seiner Frau wissen wir, dass er den ersten Morgen seiner neuen Freiheit damit genossen hatte, so lange im Bett zu bleiben, als er es aushalten konnte. Vielleicht dachte er an Die-von-Oben und war dabei auch etwas stolz darauf, Das von Denen ausgequetscht zu haben. Die Entlassungsbedingungen waren ja wirklich allzu gut! Vielleicht hatte er auch auf seinem Wecker gesehen, dass es am Institut Zeit für die Kaffeepause war und sicher hätte er dabei gedacht, dass sich die Unterhaltung seiner Mitarbeiter um die Ereignisse der letzten Tage drehte und dass er, ihr ehemaliger Chef und Freund, im Mittelpunkt der Unterhaltung stand.

In Wirklichkeit war es nicht so. Wahrscheinlich wäre er missgestimmt und schlechter Laune aufgestanden und hätte seinen gemütlichen Morgen nicht so genießen können, wenn er gewusst hätte, dass niemand auf die Ereignisse der letzten Tage zurückgekommen und er am Kaffeetisch kaum erwähnt wurde. Nicht einmal ein einziger böser Witz fiel über ihn! Nicht er, sondern die von Hand zu Hand gereichte 'Gut Blech'- Glückswunschkarte war Zentrum der Unterhaltung. An jeder Station löste sie Heiterkeit aus, denn alle wussten, dass es eine Anspielung auf die Beule des brandneuen Wagens war, den Dr. Forzer wegen seiner wohlbegründeten Aussicht, zum neuen Sektionschef ernannt zu werden, erstanden hatte. Der frühere Sektionschef, der ja auch ein regelmäßiger Gast der Kaffeerunde gewesen war, war überhaupt kein Thema. Er hätte seinen Namen erst ganz am Schluss der Kaffeepause gehört als Forzer seinen Anspruch auf den nun frei gewordenen Bürosessel und den Pult geltend machte.

Forzer hatte keine Ahnung, dass jemand am Vorabend in seinem neuen Pult gewühlt und die ganze Dokumentation, die unserer Studie zugrunde liegt, aus dem unteren rechten Ablagefach herausgenommen und zu sich nach Hause genommen hatte. Zum Glück hatte nicht Forzer die Unterlagen zum Opus Magnum, dem Großen Magisterium entdeckt. Er hätte das schmutzige Bündel zweifelsohne in den nächsten Abfalleimer geworfen. Niemals hätte dem Papierhaufen etwas Besonderes, Nützliches oder gar Gefährliches abzwingen können, und bestimmt hätte er die als merkwürdige Bilder, Texte oder gar als Gedichte getarnten Botschaften als triviale Kindereien bezeichnet und seine kostbare Zeit nicht länger mit diesem Dreckhaufen verschwendet.

Als das schwere Eichenpult endlich auf dem Schubkarren lag, meinte der Techniker, der Forzer beim Zügeln half:

- Jetzt ist der Pult so gut wie weg!

Kein Zweifel, Forzer hatte die Anspielung gleich verstanden. Es war ja für ihn ein ganz besonderer Tag gewesen, damals, als er von der Kaffeerunde als Stammgast aufgenommen worden war und bei der Zeremonie erfahren hatte, dass sein Chef seit Urzeiten einen Übernamen hatte, Pepe oder Professor Pult.

Niemand kannte den genauen Grund für diesen Übernamen. Man behauptete unter anderem, es sei wegen des Pults, für das Pepe eine ansehnliche Summe aus der eigenen Tasche bezahlt hatte und das bei weitem besser war als das Standardmodell vom Institut. Böse Zungen sagen auch, dass das einzige Eindrucksvolle am Professor sein Pult gewesen sei oder dass Pepe das luxuriöse Möbelstück angeschafft habe, um zu vertuschen, dass nie etwas Wichtiges darin lag. Die meisten älteren Mitarbeiter aber glauben eher, dass Pepe seinen Übernamen nicht wegen dem Pult, sondern wegen des dahinter stehenden luxuriösen Bürosessels erhalten habe. Es sei nämlich aufgefallen, dass er bei jeder Beförderung seinen Sessel etwas höher eingestellt hatte und es unmissverständlich genoss, seine Mitarbeiter auf den unverstellbaren Stuhl auf der anderen Seite des Pults zum Sitzen einzuladen. Die letztere Version ist wohl die wahrscheinlichste, da ja die meisten der älteren Mitarbeiter diese entwürdigende Erfahrung gemacht haben. Die meisten, nicht alle.

1. EINFÜHRUNG

Abteilungsleiter Massurick, zum Beispiel, ist nie auf dem unverstellbaren Stuhl gesessen. Pepe hätte es bestimmt nicht gewagt, seinen unmittelbaren Vorgesetzten so zu erniedrigen und hatte auch kaum eine Gelegenheit dazu. Wenn Massurick sich unter der Türe zeigte, kam er meist nur auf einen Sprung ins Untergeschoss und rein zufällig, wie er jeweils zu betonen pflegte, und er blieb auch nur so lange, wie es brauchte, Pepe um einen "kleinen Gefallen" zu bitten. Wenn sich Massurick so beiläufig am Türpfosten anlehnte und sich über Pepes Gesundheit oder die laufenden Arbeiten erkundigte, wusste der bereits, womit der Besuch gipfeln sollte. Pepes normalerweise eher glatte und käsige Schweinchenhaut begann dann zu glühen, und auf seinen Schläfen zeichnete sich ein Netz dunkelblauer Adern ab, auch wenn er sich noch so Mühe gab, sich nichts anmerken zu lassen.

Selbstverständlich nahm Pepe dennoch die kleinen Dienste seinem mit Arbeit überbürdeten Chef mit besonderem Vergnügen ab. Nie hätte er es gewagt, die meist ziemlich aufwändigen Kleinigkeiten zurückzuweisen, die ihm Massurick auf seine schleimige Art in kürzester Zeit aufhalste. Anderseits musste Pepe seinen Chef auf seine Weise bewundert haben, denn trotz der bitteren Pillen, die ihm Massurick seit Jahren verabreicht hatte, wandte er genau dieselbe Methode an, um mit einem dankbaren Lächeln und aufs Schnellste seine eigenen Pflichten los zu werden. Im Gegensatz zu Massurick hatte Pepe keine fadenscheinigen Vorwände und Ausreden herauszubröseln. Das Büro seines Assistenten Dobler war ja gleich nebenan, und es gab immer eine Gelegenheit, dort zufälligerweise hineinzuschauen und sich nach Doblers Kindern zu erkundigen oder einen kurzen Schwatz über das Wetter abzuhalten.

Dobler erledigte die Kleinigkeiten prompt und zuverlässig und enttäuschte Pepe kein einziges Mal. Dies war wohl der hauptsächliche Grund, dass Pepe felsenfest überzeugt war, das gute Einvernehmen und das gegenseitige Vertrauen habe sich im Verlaufe der Jahre zu einer wahren Freundschaft entwickelt. Dass dies nie der Fall war, war allen von der Kaffeerunde klar, sogar Forzer hatte gemerkt, was Dobler von Pepe hielt. Es hätte ja schon ein kurzer Blick auf deren Arbeitsplätze genügt, um herauszufinden, dass die zwei nicht besonders gut zusammen passten, hatte doch Dobler kaum Platz auf seinem schmutzigen und abgewetzten Pult, wo sich Beigen von vergilbtem Papier auftürmten, während Pepes Renommierstück stets aufgeräumt und auf Hochglanz poliert war. Vielleicht war das so, weil Pepe damit seinen Mitarbeitern seine soziale Stellung klar machen wollte, vielleicht aber auch, weil er allfälligen Besuchern zeigen wollte, dass hier nur einwandfreie und saubere Arbeit geleistet wurde. Es könnte aber auch sein, dass Dobler recht hatte, als er einmal an der Kaffeepause meinte, alles sei so sauber, weil dort eben gar nichts geschehe.

Auf Pepes massivem Eichenpult waren normalerweise nur wenige Gegenstände zu sehen. Links war Pepes Telefon, mit dem er, nicht so wie Dobler, direkt mit der Außenwelt verbunden war. Gleich daneben standen eine goldene Tischuhr und ein elektrischer Bleistiftspitzer. Auf der rechten Seite hatte Pepe eine Gedenktafel für die langjährige Mitgliedschaft an einer wissenschaftlichen Gesellschaft und ein Namentäfelchen hingestellt, wohl um allfälligen Besuchern seinen Namen und, ganz besonders wichtig, seine akademischen Titel einzuprägen. Kernstück war die lederne Mappe mit den zwei goldenen Ecken, die mitten auf der Tischplatte prangte und den Eindruck machte, wichtige Dokumente zu enthalten. Gleich daneben, schön parallel zur Mappe, lag normalerweise Pepes goldene Füllfeder.

Auch alles Übrige in Pepes Büro war ordentlich und sauber. Da gab es keine Papierhaufen auf dreckigen Gestellen, keine Bücher lagen auf dem Boden, keine Merkzettel waren auf verlotterten Anschlagsbrettern aufgespießt, und da war auch kein Playboy Poster wie in Doblers Saustall. Links von Pepes Pult hing, geschmackvoll eingerahmt, sein Doktordiplom. Exakt dahinter zwängte sich der Wahlspruch des Instituts auf, den Pepe zwar gehasst, aber dennoch nie zu entfernen gewagt hatte: *'Zielgerichtet und zusammen - zum nachhaltigen Nutzen unserer Ansprechpartner'*. Auf der rechten Seite stand ein Büchergestell, darin die ausgedienten Bücher aus Pepes längst vergessener Studienzeit, die dank der beiden getönten Glasscheiben vom Vergilben und Verstauben geschützt waren. Dem Pult gegenüber stand, rechts neben der Eingangstüre, ein feuersicherer Aktenschrank, worauf drei Holzkistchen sassen, die mit 'In', 'Out', and 'Ablegen' bezeichnet und meistens leer waren.

Wenn Pepe in seinem makellosen Büro Hof hielt, so Dobler, lag seine Brille mit dem silbernen Kettchen auf der Mappe mit den goldenen Ecken. Für die Besucher begann die Zeremonie unweigerlich damit, dass Pepe die Kette umständlich über den Kopf stülpte. Normalerweise baumelte die Brille auf seiner Brust, außer bei feierlichen Augenblicken oder wenn er Kleingedrucktes zu lesen hatte. Auch wechselte die Brille auffällig häufig ihre Position, wenn Besuch da war, doch niemand störte sich daran, denn man konzentrierten sich auf seine Augen und suchten herauszufinden, mit welchem Auge man angesehen wurden, - so stark schielte er. Kaum einer konnte es vermeiden, sich lang und breit erklären zu lassen, dass Pepe die Kette wegen seiner Aufgabe an der Universität habe anfertigen lassen. Für die Besucher, die keine Bewunderung zeigten, wurde er deutlicher und erklärte ihnen im Detail, dass die Kette besonders praktisch sei, wenn er für Nachdiplomstudenten und Doktoranden Vorlesung zu halten habe. Keiner von denen, die je auf dem unverstellbaren Stuhl gesessen sind, konnte Pepes ausführliche Belehrung vermeiden, und keiner hätte je darauf kommen können, dass gerade sein Schielen maßgeblich zu seiner großartigen Leistung beigetragen hatte.

Forzer wurde gleich zweimal Pepes Kur unterworfen. Zum ersten Mal kam es dazu, als er sich um die Stelle am Institut bewarb. Beim Einführungsgespräch hatte er selbstverständlich höflich zu sein und die große Verantwortung seines künftigen Chefs bewundern müssen. Bestimmt war er damals aufrichtig von Pepes Bescheidenheit beeindruckt, als der ihm erklärte, er sei zu seiner akademischen Stellung nicht nur wegen seiner Fachkenntnisse gekommen, sondern auch, weil es in der Nachkriegszeit einen krassen Mangel an Lehrpersonal gegeben habe. Das war damals, als aber Forzer am Institut zu arbeiten begonnen hatte und zum zweiten Male Pepes Kur unterworfen wurde, zerschmolz die anfänglich herzliche Beziehung schlagartig. Ihr erstes dienstliches Gespräch fand denn auch ein abruptes Ende. Es war ja höchst unhöflich von Forzer und für ein gutes Einvernehmen keineswegs vielversprechend, dass er mitten im Gespräch gähnte und unvermittelt aufstand, um sich mit dem Vorwand zu entschuldigen, dass er eine dringende Sitzung mit Doktor Massurick habe.

Die Missstimmung wurde am Kaffeetisch gleich bemerkt. Niemand hätte sich vorstellen können, dass sich Forzer trotzdem gut in die große Familie eingliedern würde, aber Forzer schaffte es entgegen aller Erwartung. Schon in der ersten Arbeitsplatzbewertung, nur wenige Monate nach seiner

Anstellung, wurde sein außerordentlicher Arbeitseinsatz erwähnt. Noch nie wurde ein so guter Bericht für einen neuen Angestellten ausgestellt, was an und für sich schon eine großartige Leistung war. Vielleicht hatte Forzer dies wirklich verdient. Sicher aber ist, dass er auch dazu beigetragen hatte, indem sich immer sehr gut, aber unauffällig bekleidete, sich bei seinen Kollegen optimistisch und doch zurückhaltend zeigte und sich in Massuricks Büro betont bescheiden, ja geradezu unterwürfig benahm. Selbst am Kaffeetisch verstand er es, sich beliebt zu machen, weil er sich als guten Kumpel gab und nicht ganz humorlos war. Niemand konnte hinter Forzers geselliger Art einen skrupellosen und eigennützigen Kerl vermuten, der alles tat, um auf der Karriereleiter die nächste Sprosse zu nehmen. Dass Forzers Ambitionen die Ereignisse auslösten, die zu Pepes großartiger Leistung und zum Niedergang des Instituts führten, hatte auch nie einer vermutet.

Über Forzers zweite Arbeitsplatzbewertung gab es sogar eine kurze Notiz am Anschlagbrett, wo man lesen konnte, dass er wegen der wissenschaftlichen Kenntnisse und seines bedingungslosen Arbeitseinsatzes in die Liste der Kandidaten für den jährlich verliehenen Partner-Preis aufgenommen worden war (Siehe Kapitel 3.3.1). Was seine wissenschaftlichen Kenntnisse betrifft, so kam es nie aus, dass er sie während seiner häufigen Überstunden auf eigentümliche Weise erworben hatte. Forzers Überzeit ist auch im Institutssekretariat vermerkt und in der Buchhaltung genauestens eingetragen, doch hat dies den wohlwollenden Bericht nicht eingeschränkt. Forzer war ja im Monatslohn eingestellt und hatte mit seiner abendlichen Tätigkeit keine zusätzlichen Kosten verursacht!

Wie wir bei unserer Nachforschung erfahren haben, hatte Forzer tatsächlich seine fachlichen Kenntnisse in Nachtschichtarbeit vertieft. Schon am ersten Abend konzentrierte er sich dabei auf Doblers Pult, lag doch dort alles offen da, wenn man nicht blind war. Für Forzer war es bestimmt kein Kunststück, den vielversprechenden Schatz zu finden, denn jedes Mal, wenn Dobler krank war, kam Pepe mit dummen Fragen oder bat um einen kleinen Dienst. Offensichtlich hatte der den Zug schon längst verpasst, hatte seit Jahren seine anspruchvolleren Arbeiten auf seinen Assistenten abgeschoben und suchte nun eine zuverlässigere Alternative. Doch, Doblers überbordende Möbelstück mit den übel aufgestapelten Papierbeigen war nicht leicht zu handhaben: Forzer hatte mit äußerster Vorsicht vorzugehen, um die mysteriöse und wundersame Ordnung nicht durcheinander zu bringen. Er hatte es mit eigenen Augen und mehr als ein Mal gesehen, wie Dobler mit einem einzigen zielgerichteten Griff in sein unübersichtliches Chaos jedes Dokument ohne Zögern herauszupfen konnte.

Wahrscheinlich wählte Forzer das verhängnisvolle APLOT-Projekt aus lauter Vorsicht. Zwar sass es ziemlich weit unten in Doblers Papierhaufen, aber es war zwischen zwei Kartons eingezwängt und ließ sich leicht entfernen, ohne Doblers geheimnisvolles System zu stören. Vielleicht stürzte sich Forzer auch auf APLOT zur Förderung seiner Karriere, weil er bereits davon gehört hatte (siehe Kapitel 2.1 und 2.2) und wusste, dass es schon seit Jahren von einem Aktenschrank zum anderen abgeschoben worden war, kaum Fortschritte gemacht hatte und auf dem besten Weg war, ganz unten in Doblers Beige vergessen zu werden. Kurz, das hoffnungslose Projekt war überreif, von Forzer zu neuem Leben erweckt zu werden. Leider waren die interessantesten Teile von APLOT gut versteckt und nicht so leicht zugänglich, sodass Forzer nichts anderes übrig blieb, als das bereits Gelesene wieder zwischen die beiden Kartons zu klemmen und gut darauf zu achten, dass der Haufen wieder so aussah, wie er ihn angetroffen hatte.

Forzers Überzeit endete in seinem Büro, wo er die brillante Idee hatte, Doblers Akten auf offiziellem Wege zu öffnen. Das Resultat war ein Memorandum z.H. Dr. Massurick mit dem verheißungsvollen Titel *Proposition zur organisationellen Restrukturierung und Amelioration der Effizienz in Sachen Aktenklassifizierung*. Dass darin, so ganz nebenbei, ein ganzer Paragraph von APLOT handelte, war bestimmt dazu gedacht, Massurick frühzeitig auf das Potential von APLOT hinzuweisen. Forzer war wahrscheinlich geradezu entzückt, als er schon am nächsten Morgen Massuricks Antwort auf seinem Schreibtisch fand und die Verfügung lesen durfte, dass er sich, illco protinus, für die Verbesserung des Archivierungssystems zu kümmern hatte. Das Allerbeste war, dass er in seiner neuen Verantwortlichkeit direkt dem Abteilungsleiter Rechenschaft abzulegen hatte. Dass sein Plan so sauber durchging, hatte ihn bestimmt glauben lassen, Doblers Akten öffneten sich dem neuen Archivationsleiter, ein Titel, den er sich selber zulegte, wie von selbst und beförderte im Schnellzugstempo zur oberen Etage.

Forzer sollte schon am nächsten Tage erfahren, dass er eher auf ein Pferdegespann aufgestiegen war. Als er nämlich eine elektronische Datenbank vorschlug, war Massurick außer sich. So ein umfassendes Archivierungssystem von dem Umfang sei völlig undenkbar und würde für die organisationelle und strategische Planung unabsehbare Folgen haben. Auf der Abteilungsebene stehe ja nicht einmal das Personal für das gigantische Unterfangen zur Verfügung, und das Budget sei doch ohnehin zu knapp und bereits an andere Prioritäten gebunden. Als Forzer dann hörte, dass die Zustimmung der obersten Geschäftsleitung absolut notwendig sei, bestand kein Zweifel, dass er den falschen Weg gewählt hatte[2]. Im Verlauf seiner Unterredung hatte er aber dennoch einen Teilerfolg verbuchen können, denn Massurick sah die Notwendigkeit eines wesentlich besseren Archivierungssystem ein, als Forzer, nur um ein Beispiel zu nennen, auf Doblers Pult zu sprechen gekommen war.

Drei Tage später war Doblers neuer Aktenschrank voll. Nur noch wenige Sachen waren auf seinem Pult zu sehen. Da war eine Schachtel mit alten Kugelschreibern, Bleistiften, Radiergummis, Rasierklingen und massenweise Büroklammern verschiedenster Größe und Form, die Dobler zwischen und unter den Papierbeigen gefunden hat. Auf dem Pult lag auch die Bronzetafel, die Dobler von Pepe zum zehnjährigen Jubiläum erhalten hatte. Als die aufgetaucht war, war in ihm die schmerzliche Rückschau an den feierlichen Moment aufgekommen, als ihm Pepe das Erinnerungsstück überreichte und mit Achselzucken fallen ließ, dass eine Lohnerhöhung leider nicht in Frage komme. Dobler denkt noch heute mit Bitterkeit daran, dass ihm Pepe erklärte, dass man froh sein könne, in diesen schwierigen Zeiten überhaupt noch eine Arbeit zu haben und dass leider eine Beförderung auch nicht in Frage komme. Das Essen war aber gut, und die Plakette landete nicht im Abfalleimer, sondern auf einer der Papierbeigen, wo sie über die Jahre langsam nach unten sank. Neben der Schachtel waren noch zwei Stöße von Papieren, die nach der neuen Büroverordnung nicht klassifiziert werden konnten. Im linken waren Doblers Notizen über die laufenden Arbeiten

---

[2] Wir wollen an dieser Stelle darauf hinweisen, dass Forzer uns gegenüber angedeutet hat, Massurick habe sich gegen die Datenbank gewehrt, weil er befürchtete, seine eigenen Akten könnten betroffen sein.

und, ganz zuunterst, über längst vergessene Projekte. Der rechte enthielt Bürovorschriften, halb ausgefüllte Formulare und jede Menge von ungelesenen Memos vom Oberen Stock. Mit der neuen Ordnung in Doblers Saustall machte Forzer gewaltige Fortschritte. Schon ein kurzer Blick in den neuen Aktenschrank genügte, um zu sehen, dass der dünne APLOT Ordner wertlos war. Den wahren Schatz zu finden war auch kein Meisterstück, da die brauchbaren Blätter immer noch im linken Stoß auf Doblers Pult lagen. Doblers Entwürfe, Notizen, Berechnungen, Tabellen, Graphiken und all die Anmerkungen zu den Zwischenberichten waren wirklich von unschätzbarem Wert. Sein Gekripsel, ganz abgesehen von der unschlächtigen Sprache, liess Forzer weit über Mitternacht schwitzen, doch sein Verständnis für APLOT wuchs dennoch mit jeder abgelegten Seite. Einige waren wirklich sehr aufschlussreich, mit anderen aber war nicht viel anzufangen, widerspiegelten sie doch allzu deutlich, was Dobler von Pepe oder dem Institut hielt. Zudem waren einige so schlecht, dass Forzer seine kostbare Zeit nicht verschleudern wollte, nur um sich bestätigen zu lassen, dass sie dumm waren. Hätte Forzer die schlecht geschriebenen Notizen verstanden, hätte er merken können, dass APLOT sinnlos war und jeglicher wissenschaftlicher Grundlage entbehrte, und dann hätte er es aufgegeben, sich mit APLOT Anerkennung und schlussendlich die ersehnte Beförderung zu verschaffen. Mit der Zeit wäre das Projekt endgültig vergessen worden, und niemand hätte sich daran gestört. Pepes wunderbare Leistung wäre dann auch nicht mehr möglich geworden. Weit nach Mitternacht fand Forzer seinen eigenen Namen in leicht abgewandelter Orthographie und beschloss, sich das Bündel ein anderes Mal genauer vorzunehmen. Die vertiefte Studie kam nicht zustande, weil beide Stöße schon am nächsten Morgen verschwunden waren.

Forzers nächtlich erworbene Kenntnisse hätten eine sehr erfreuliche Überraschung sein können, doch machte Pepe eine eher bedenkliche Erfahrung, als ihn Forzer mit seinen Sachkenntnissen beeindrucken wollte. Er war zwar zu Beginn der Unterredung zutiefst beeindruckt, denn Forzer begann seine Erklärungen mit einer gründlichen Analyse von APLOT und schloss seine Vorstellung mit der Meinung, dass die Messfehler mit der Anzahl Operationen exponentiell stiegen und dass daher unter dem angewendeten Algorithmus die Runga-Kutta-Fehlberg Methode nicht angewendet werden könne. Pepe stand da, beide Hände in der Labormanteltasche, als ob er dies schon längst gewusst hätte, während Forzer fortfuhr in seiner geradezu exotischen Sprache Doblers Notizen zu zitieren. Als Forzer deutlicher und es immer klarer wurde, dass etwas mit APLOT haperte, stand Pepe mit verschränkten Armen da. Dann verfiel Forzer in die Umgangssprache, und Pepe hatte begriffen. An und für sich wäre es noch angegangen, dass APLOT ganz fasch angepackt worden war, hatte ihm doch seine langjährige Erfahrung schon lägst gelehrt, wie dumme, langweilige oder überflüssige Projekte zu behandeln sind. Es wäre sicher nicht das erste Mal gewesen, dass er über Jahre an so etwas gearbeitet hätte, Berichte geschrieben, Vorträge gehalten, und ganz besonders wichtig, dem Management damit so lange in den Ohren gelegen wäre, bis jedermann genug davon hatte und sich das Projekt von selber auslöschte, indem es in Dobler Beigen langsam nach unten rutschte und dort endgültig vergessen wurde. Doch die Aktenbestattung, wie Pepe das Verfahren nannte, kam für APLOT leider nicht in Frage.

Dass Pepe die sich anbahnende Katastrophe damals schon ahnte war keineswegs wegen des Codes 'AP', der Priorität A bedeutete. Auch 'L' war kein Grund, auf die Aktenbestattung zu verzichten, obschon sich dahinter eine unbeschränkte, private Geldquelle versteckte, bestimmt die Ursache war, dass das oberste Management für APLOT die höchste Priorität gesetzt hatte: Forzer hatte ein Projekt mit Code 'OT' ausgegraben! Es war ein Zosima-Projekt, besser gesagt, es war Das Zosima-Projekt. Ein wirklich gefährliches Stück! Schon vor Vertragsabschluss waren Gerüchte umgegangen, Präsident Bloss habe damit seine glanzvolle Karriere mit einem noch glanzvolleren Meisterstück krönen wollen. Als dann die oberste Geschäftsleitung das Projekt, das keiner verstand und niemand wollte, gutgeheißen hatte, erwiesen sich die Gerüchte als wahr, womit es auch dem letzten an der Kaffeerunde klar geworden war, dass Blossens Familienkreis und seine enge Beziehung zur Zosima-Gruppe ausschlaggebend gewesen waren. Bis jetzt hatte Pepe erfolgreich das Projekt von Blossens bevorzugtem Sponsor in Doblers Beige nach unten sinken lassen und beinahe vergessen, dass auf Doblers überladenem und schmutzigem Möbelstück eine Zeitbombe tickte. Jetzt aber, wo Forzer das gefährliche Stück ausgegraben hatte, war die Aktenbestattung abgeblasen.

Pepe hatte bestimmt im Sinne, Forzers Kopf für alles hinzuhalten, was noch kommen dürfte, und ihn in eine abgründige Bahn zu lenken, auf der er bis zur Erschöpfung und endgültigen Aktenbestattung zur Hölle fahren sollte. Anderseits durfte Pepe die Kontrolle über APLOT nicht entgehen. Nur so konnte er sicher sein, dass niemand je etwas davon erfuhr. Am dringlichsten aber war zu wissen, ob nicht doch schon jemand über die Auferstehung des unseligen Projekts erfahren hatte. Und so endete das schicksalhafte Gespräch mit Pepes Bedauern, er würde ja schon gerne das Projekt eingehend diskutieren, habe aber leider kaum Zeit und freue sich schon jetzt, in Bälde im Detail auf Forzers Vorschlag für ein verbessertes APLOT einzugehen. Man schied in Harmonie und Frieden, mit einem dankbaren Lächeln beiderseits, einem

"Danke" von Forzer und dem "alles Gute und viel Glück" von Pepe. Forzer war bestimmt nicht unzufrieden, denn es sah so aus, als ob er auf seinem Weg nach oben nicht über Pepe stolpern sollte, und Pepe war wahrscheinlich allzu zuversichtlich, als er davonstürmte, um seinen langfristigen Plan für die endgültige Aktenbestattung einzuleiten.

* * *

Wozu Pepe sich in seinem Büro im Untergeschoss einschloss und die Nummer Massuricks wählte, ist uns nicht klar. Vielleicht wollte er herausfinden, ob Massurick bereits etwas wusste, obschon er dies in seinem Innersten nicht für möglich gehalten haben dürfte. Es könnte allerdings auch sein, dass er an eine vorbeugende Maßnahme gedacht hatte und im Sinne hatte, Massurick zu warnen und sicher zu stellen, dass die schlechte Nachricht nicht bis zu Bloss gelangte. Das Einzige, was uns bekannt ist, ist, dass am anderen Ende der Leitung die Schlafzimmerstimme der Bless, Massuricks Sekretärin, in ihrem müden Tone behauptete, ihr Chef sei leider abwesend, doch würde sie bestimmt nicht vergessen, ihm auszurichten, so schnell wie möglich zurückzurufen. Pepe hing beruhigt auf. Er wusste, dass er sich auf Fräulein Bless verlassen konnte und war überzeugt, dass sich mit ihr über die Jahre ein intimes Vertrauensverhältnis eingestellt hatte. Er hatte es ja nie unterlassen, seine Dankbarkeit zu zeigen und sie jedes Jahr während der Sekretärinnenwoche eingeladen, um zusammen im heimeligen Fastfood Restaurant auf der anderen Straßenseite zu Mittag zu essen. Ihr gegenüber war er immer respektvoll gewesen und hatte immer dafür gesorgt, dass sie mit ihrer Arbeit zufrieden war. Pepe hätte wohl besser getan, seinen Glauben in die gute Natur der Menschheit nicht zu nähren, gehorchte doch die Bless blind ihrem

Chef und ließ keinen Ton verlauten, dass Massurick in seinem Büro hinter zwei dicken Stapeln APLOT sass und fieberhaft im vergilbten Papierhaufen wühlte.

Abgesehen von APLOT, alles prangte in Massuricks Büro vor Sauberkeit. Auf seinem Pult war auf der linken Seite sein Telefon und rechts davon seine mit vier goldenen Ecken gezierte Schreibmappe. Für gewöhnlich lag nichts anderes auf seinem Pult. Auch anderswo lag nichts herum, das an Arbeit hätte erinnern können. Die massiven ledernen Polstersessel, die gediegenen Tapeten, die Originalölgemälde, der mit Schiefer eingelegte Schreibtisch und der diskrete Eisschrank haben denn auch die meisten Besucher zutiefst beeindruckt. Einzig die goldgerahmte Abbildung einer mikroskopischen Aufnahme hinter Massuricks gewaltigem Pult erinnerte sie daran, dass dies tatsächlich ein Arbeitsplatz war. Es war wirklich eindrucksvoll, Massuricks Office, wie er sein Büro zu bezeichnen pflegte, um seinen dynamischen Geschäftsstil zu betonen. Besucher waren aber meistens skeptisch, wenn sie in Massuricks noblem Palast sassen und seine Anspielung auf die ständige Überarbeitung und große Verantwortung anhören mussten. Sie waren spätestens dann überzeugt, dass dies das hektische Zentrum des Instituts war, wenn ihr Gespräch immer wieder vom Telefon unterbrochen wurde. Sie konnten ja nicht wissen, dass Bless in regelmäßigen Abständen anzurufen hatte, wenn Besucher da waren.

Massurick sass verstimmt hinter dem vergilbten Bündel, das so unerwartet aus dem Zwinger, in den er es versenkt hatte, wieder aufgetaucht war. Aber eben, Forzer hatte nun mal das unselige Stück unaufgefordert und ohne die leiseste Warnung zu neuem Leben erweckt, als er mit dem saublöden Vorschlag zur Verbesserung der Aktenklassifizierung gekommen war! Verstimmt und hilflos sass er an seinem Mahagonipult und blätterte lustlos im vergilbten, bereits brüchig gewordenem Papier. Zum Teil lag es daran zu wissen, dass Forzer früher bei der Zosima war und es gar nicht auszuschließen war, dass der gerade deshalb so warm fürs Institut empfohlen worden war. Wenn es tatsächlich so war, dass die Zosima ihren eigenen Mann im Institut und einen festen Griff auf APLOT haben wollte, ja, dann hatte Massurick alle Gründe vorsichtig zu sein. Man konnte ja nicht wissen, ob die Zosima vielleicht nicht doch im Sinne hatte, die Abteilungsleiterstelle neu zu besetzen! Massurick sass also aus triftigen Gründen bedenklich eingeschüchtert am vergilbten Bündel mit dem verrücken Projekt, das keiner verstand und keiner wollte. Sicher, Bless hatte es unauffällig ins Office gebracht und Diskretion versprochen. Doch, wer konnte schon wissen, was man ihr alles am Kaffeetisch aus der Nase zupfte. Wenn dann der Wind die Neuigkeit verbreitete und Pepe es röche, dann war die Katastrophe da und Blossens Antwort wäre fürchterlich! Massurick kannte seinen Präsidenten und wusste, dass er nie nachgeben würde, auch wenn er noch so falsch lag. Allzu oft hatte er schon erfahren müssen, dass Blossens Prinzipien insbesondere dann unumstößliches Gesetz waren, wenn sie von seinen Freunden und finanziellen Interessen untermauert waren.

Verstimmt und mit Grund eingeschüchtert las Massurick zum ersten Male all das Zeug, das man ihm während all der Jahre unterbreitet hatte. Etwas hatte er ja schließlich zu tun, um die Katastrophe abzuwenden! Massurick kam zügig voran und war im Nu an der letzten Seite, gab es doch seitenweise Mathematik und Physik, die er, als Chef, mit gutem Gewissen überspringen konnte. Als er aber die letzte Seite mit dem Projekt, das er damals wegen Bloss und seiner blödsinnigen Ambitionen hatte annehmen müssen, umschlug, war er keinen Schritt weiter gekommen. Sein einziger Trost war sein unumstößlicher Glaube, dass, außer vielleicht Forzer, niemand etwas über die Probleme mit APLOT und das kommende Unheil wissen konnte. Pepe war ja, wie immer, der letzte der etwas merkte, Bloss sass in seinem Elfenbeinturm und wartete schon seit Jahren vergeblich auf Resultate und Dobler hatte APLOT bestimmt schon längst vergessen. Dass Massurick lag völlig falsch lag, haben wir schon zu Beginn unserer Nachforschungen erfahren können, denn Forzer hatte bei der Zosima nie etwas gehört und war so oder so mit seiner Karriere zu beschäftigt, als dass er hätte merken können, dass etwas anderes als die Runga-Kutta haperte. Auch in Bezug auf Bloss und Dobler lag Massurick falsch, denn zur gleichen Zeit, als er auf das vergilbte Paket starrte, las Bloss ein Memo von Dobler.

Vielleicht hätte es Bloss besser zurückgewiesen und auf den Dienstweg geschickt, wo es, wie üblich, untergegangen wäre. Die Anmerkung "Dringlich" war sicher nicht ausschlaggebend, Dobler gleich her zu zitieren. Nicht einmal, dass jemand seine Nase in dessen Akten gesteckt hatte und dass dabei unersetzliche Dokumente verschwunden waren, wäre gut genug gewesen. Unregelmäßigkeiten im Betrieb hatte es schon immer gegeben, weil aber diesmal von verschwundenen Akten und methodologischen Schwierigkeiten mit APLOT die Rede war, war ein äußerst wichtiges Kernprojekt betroffen. Als ein Schwall von frischem Kaffee durchs Büro zog, ließ Bloss Doblers Memo mitten auf seinen leeren und hochglanzpolierten Arbeitstisch fallen und bereitete sich auf seinen herzitierten Besucher vor, indem er gedankenlos aus dem Fenster starrte.

Im Vorzimmer stand Dobler und schaute unter der Türe fünf lange Minuten zu, wie Blossens rechte Hand, Frau Drakke, erbarmungslos auf ihrem Keyboard herum hackte und ihn keines Blickes würdigte. Nie hätte er sich denken können, in den oberen Stock zitiert zu werden und Präsident

Bloss gleich dort zu treffen, wo nicht einmal Pepe Zutritt hatte. Unglaublich, dass sein Memo nicht abgewiesen wurde und, wie üblich, von Massurick abgefangen und in seinem nichtssagendem und schleimigen Stil mit "Hochachtungsvoll" beantwortet worden war. Als die Drakke mit ihrem knorpeligen Zeigfinger auf Blossens Büro zeigte und sich ihre übermäßig bestrichenen, normalerweise hart geschlossenen Lippen zu einem Anflug von Lächeln verzerrten, wagte es Dobler, die schwere, ledergepolsterte Türe zu öffnen und in Blossens immenses und leeres Büro einzutreten.

Links von Dobler standen vier Polstersessel um ein Glastischchen herum. Auf der rechten Seite konnte er ein riesiges Ölgemälde sehen, auf dem ein Rabe abgebildet war, der eine in den eigenen Schwanz beißende Schlange in den Krallen hatte. Vor ihm lag ein dicker Perserteppich und dahinter herrschte ein riesiges Rosenholzpult. Auf dem Pult lag Doblers Memo, und ganz zuhinterst schaute Bloss gedankenvoll aus dem Fenster. Noch nie hatte Dobler seinen Präsidenten aus solcher Nähe gesehen! Als die Türe mit einem leisen Klick vornehm ins Schloss fiel, wandte sich Bloss wie überrascht um und bat Dobler mit übertriebener Freundlichkeit, am Glastischchen Platz zu nehmen. Beinahe menschlich war er, nicht so, wie ihn Dobler von den Belegschaftsversammlungen oder vom Jahresbericht kannte, wo er meist mit seinem falschen, optimistischen Geschäftslächeln in Großformat auf der Titelseite prangte. Irgendwie war es absurd, dass er Dobler für die Treue und sein Vertrauen in die große Familie dankte. Die Tür ging auf, Drakke stampfte ins Büro, knallte eine Kaffeekanne auf den Glastisch, verschwand mit einem kaum verständlichen "B'tschön", und Bloss wollte wissen, ob Dobler Zucker oder Sahne möchte. Dobler nahm von beidem, und Bloss legte das Memo aufs Tischchen.

Zu Beginn waren Blossens Fragen ziemlich häufig, wurden jedoch zusehends rarer, als Dobler auf die Schwierigkeiten mit APLOT zu sprechen kam. Bei Runga-Kutta-Fehlberg war Bloss ganz verstummt. Dann aber unterbrach er Dobler und meinte, dass das Prinzip der Subjunktanz immer der prävalenten Tendenz unterstellt sein müsse, was ja bei APLOT gar nicht relevant zu bewerten sei.
-Sehen Sie, Herr Dobler, Modelle sind ja keine Bilder der Natur. Popper hat dies doch schon in den dreißiger Jahren gezeigt und bewiesen, dass die wissenschaftliche induktive Erfahrung, ganz im Gegensatz zu Kant, nur durch die deduktive Theorie de Lernens relevant gemacht werden kann.
Der nächste Satz war noch verwirrender, doch, als Bloss etwas von Funktionalität und Methode sagte, hatte Dobler das Gefühl, Bloss habe verstanden. Da Bloss seine Gedanken nicht weiter vertiefte, hatte Dobler wahrscheinlich damit auch recht. Ein zusätzlicher Hinweis auf das baldige Ende der entgleisten Unterhaltung war Blossens Frage, ob er eine zweite Tasse Kaffee anbieten könne. Dann kam doch noch etwas Handfestes, denn Bloss fand es eine ausgezeichnete Idee, Dobler zu beauftragen, einen tieferen Blick in Angelegenheiten APLOT zu werfen und bei Gelegenheit darüber zu berichten, wie das äußerst wichtige Projekt überarbeitet, neu gestaltet und aufgebaut werden sollte, um es in absehbarer Zeit abzuschließen. Doblers erste Tasse war immer noch leer. Es war auch keine zweite in Sicht, als Bloss aufstand, noch einmal herzlich für Doblers Treue und das Vertrauen in die große Familie dankte und ihm ganz besonders ans Herzen legte, den unglücklichen Vorfall für sich zu behalten, um die kommende Untersuchung nicht zu beeinträchtigen. Damit war das "sehr fruchtbare Gespräch", wie Bloss es nannte, zu Ende und Dobler entlassen.

2. MATERIAL UND METHODEN

2.1 Material

APLOT schwirre bereits in den verschiedensten Köpfen herum, aber abgesehen von Dobler, vermutete keiner, dass das unselige Projekt bald wieder auferstehen oder gar den Niedergang des Instituts einleiten könnte. Bestimmt nicht Pepe. Sein Plan stand ja fest, Forzer bis zur Erschöpfung an Runga-Kutta kauen und das Projekt langsam, aber sicher, in Doblers Beige bis zur endgültigen Aktenbestattung hinunter rutschen zu lassen. Doch eben, es war gar nicht so einfach, Forzer auf den richtigen Irrweg zu schicken, stand doch Pepes Bewandtnis in Sachen Runga-Kutta und allem anderen, was mit APLOT zu tun hatte, eher auf wackeligen Beinen! Da konnte nur Dobler helfen. Merkwürdigerweise war der aber nicht zu finden, nicht einmal die Bless wusste, wo er stak. Forzer hingegen nahm das Telefon beim ersten Ringen ab.
  - Archivationsleitung, Forzer.
  - Ach. Wie geht's?
Forzer war bereits am Kauen. Pepe war richtig beflügelt, als er hörte, dass sein Plan so gut eingefädelt war, ja ganz begeistert war er, als Forzer das APLOT-Projekt als "Totales Chaos" und "Unglaubliches Puff" bezeichnete. Bestimmt sah Pepe schon, wie Forzer mit dem Kauen nicht mehr aufhörte, bis sein Kiefer schlaff und matt und APLOT ganz vergessen war! Forzer hatte schwere Bedenken wegen der Methodologie, den Berechnungen, der grundlegenden Anlage und überhaupt

zweifelhaftem Zweck des Ganzen. Als aber Pepe Genaueres wissen wollte, wich Forzer aus. Auf keine einzige Frage und keinen einzigen Einwand ging Forzer ein! Als dann gar nichts Brauchbares aus dem Hörer kam, setzte Pepe seine autoritäre Stimme auf.
- Ja dann, mein lieber Herr, brauchen wir Ihren Rapport ganz dringlich!
- Ich habe Ihnen doch bereits...
- Das ist es ja gerade, was mich so beschäftigt!

Pepe hätte eigentlich zufrieden sein können, als Forzer den Auftrag doch noch annahm. Für ihn aber war Forzer allzu schlüpfrig. Es war, als ob Forzer etwas zu verbergen hatte. Zum ersten Mal kam ihm der Verdacht, Forzer wisse mehr, als anzunehmen war, sei mitten in eine geheime Verschwörung um APLOT und ganz bestimmt in einen schrecklichen Konflikt geraten. Damit hatte Pepe mindestens teilweise recht, doch zeigte der Verdacht nicht in Richtung Massurick. Weil er aber bereits zu glauben begonnen hatte, Forzer wisse, warum das verrückte Projekt so wichtig war, war er bereits damals felsenfest überzeugt, dass es um APLOT ein von einem verborgenen Kreis von Verschwörern eifersüchtig gehütetes Geheimnis gab, von dem er ausgeschlossen zu sein hatte. Dennoch sass sein Verdacht noch nicht so tief, als dass er sich vor einem Schwatz über Doblers Kinder und das Wetter fürchtete.

Dobler war da, wie immer, und las, wie so oft, hinter seinem dreckigen Pult die Zeitung. Voller Erwartung auf eine klare und zügige Antwort für Forzers ungewöhnliches Benehmen führte Pepe das Gespräch nach seiner traditionellen Einleitung so behutsam, als es ging, auf APLOT über. Auch Dobler war ausweichend und quetschte sich wie Forzer um das heikle Thema herum. Als aber Pepe dann so ungezwungen am Türpfosten angelegt und wie beiläufig auf APLOT beharrte, ging Doblers Feuerwerk von "Scheiße" und der ganzen Litanei seines vulgären Vokabulars dennoch los. Leider versteifte sich Dobler unbeirrbar auf mathematische Prämissen und Präsumtionen, beharrte auf Physikalischem und Chemischem und ganz allgemein auf den Grundlagen zu APLOT. Noch einmal kam eine Flut von Doblers Vokabular, dann aber löste sich Pepe vom Türpfosten, denn Dobler war bereits bei einem neuen, verbesserten APLOT. Er sprach von alternativer Aktivierungsenergie und von einem günstigeren Gleichgewicht, diskutierte Entropie und Enthalpie und dachte an neue mathematische Verfahren und viele andere Nebensächlichkeiten. Am Verwirrtesten war, was Dobler über Deuterium zu berichten hatte.

Pepe hatte vielleicht gar nichts mitbekommen, als er den aufmerksamen und interessierten Fachhörer spielte. Dennoch zog er den richtigen und schicksalhaften Schluss, Deuterium sei des Pudels Kern, und damit tat er einen weiteren, zwar kleinen, aber entscheidenden Schritt zu seiner wunderbaren Entdeckung, denn er beschloss nachzuschauen, was das mysteriöse Deuterium eigentlich sei, von dem er sich vage erinnern konnte, in der Mittelschule gehört zu haben und war noch vor der Morgenpause in der Bibliothek. Auf Seite 453 des vierten Bandes der Institutsenzyklopädie überflog er drei lange Paragraphen über Deuterium, dessen Vorkommen, Struktur, Eigenschaften und Verwendung und hätte vielleicht aufmerksamer gelesen oder sich das eine oder andere eingeprägt, wenn er Dobler verstanden hätte. Vielleicht wäre er dann erstaunt oder erschreckt gewesen zu erfahren, dass Fische in einer Wasser-Deuterium Mischung sterben oder dass höhere Konzentrationen von Deuterium alle Spuren von Leben ausmerzen. Ihm aber sagte es nichts, dass Wasserstoffbrücken mit Deuterium viel unstabiler als normale Wasserstoffbrücken sind. Was sollte dies schon für APLOT eine Bedeutung haben!

Auch der Eintrag über Deuteron auf Seite 454 wurde nur flüchtig gelesen. Nicht einmal vom folgenden Satz wurde Kenntnis genommen: *Ein relative kleiner Energieaufwand genügt, um Deuteron, dem Atomkern des Deuteriums, ein Proton oder Neutron abzuspalten, eine Eigenschaft, die für die Betreibung von Kraftwerken und zur Herstellung von Atombomben genutzt wird.* Vielleicht hat Pepe über diesen unheimlichen Satz hinweggelesen, weil es am Institut nicht die geringste Einrichtung für Nuklearforschung gab und bestimmt nie einer den Mut gehabt hätte, mit so gefährlichem Zeug umzugehen. Es könnte allerdings auch sein, dass Pepe die Enzyklopädie so flüchtig überflogen hat, weil er damit seine Angst vor Denen und Deren gefährlichem Unterfangen verdrängen wollte. Wie dem auch sei, Pepe hat alle Hinweise systematisch vom Tisch gefegt und die Enzyklopädie in der Überzeugung zugeschlagen, dass all das Technische wohl kaum die Geheimnisse um APLOT lüften dürfte. Aus unserer Dokumentation konnten wir auch schließen, dass er sogar Doblers Meinung in Erwägung zog, APLOT sei ein dummes und überflüssiges Projekt und habe als einziges Geheimnis, dass dies nie einer je zugeben wollte.

Pepes Brille hing bereits an seiner Kette, und der goldene Parker stak an der Brusttasche seines makellosen Berufsmantels. Vielleicht hätte er seine großartige Leistung verpasst, wenn nicht zufällig die Türe zum Präsidium aufgegangen wäre und man ganz deutlich "APLOT" hören konnte. So setze Pepe die Brille auf, öffnete den Katalog und horchte aufmerksam zu.

- Eine wirklich goldene Gelegenheit. Endlich!

Dies war Blossens Stimme. Da war aber auch eine andere, irgendwie bekannte:

- Na ja, die Zeit ist reif. In Sachen Deuterium ...

Es war das Letzte, was Pepe verstehen konnte, denn die Stimme wurde von Drakkes energischen Schritten verschlungen. Er konnte gerade noch sehen, wie sie die Türe unbarmherzig schloss.

Während Pepe verdutzt über den Bibliothekkatalog gebeugt war, mischten sich schleichende, leicht hinkende Schritte in die plötzliche Stille. Er wusste schon, was das war, und beugte sich noch tiefer über den Katalog, um klar zu machen, dass er arbeitete und nicht gestört werden wollte. Sein stummes Nicken auf Forzers "Guten Morgen" war aber bei Weiten nicht gut genug, denn die eklig näselnde Stimme lockte Pepes Augen dennoch über den Katalog hinaus:
- Schön Guten Morgen, Herr Doktor.
- Oh, Doktor Forzer. Was gibt's?
- APLOT, das Zosima Projekt.
- Oh?
- Na ja, ich sehe jetzt schon eine gewisse Möglichkeit, wahrscheinlich in nächster Zeit eventuell einen Plan zur Analyse und vielleicht auch zu möglichen Verbesserungsvorschlägen zu unterbreiten.
- Wirklich?
- Ja, es ist wirklich eine goldene Gelegenheit, das thermodynamische Verhalten von Deuterium etwas besser auszuleuchten.
- Deuterium?
- Genau. Die Zeit für eine seriöse Machbarkeitsstudie ist wirklich reif.

Pepe hatte genug gehört. Während der Samen seiner Besessenheit, die mit der Übergabe seines Pults an Forzer enden sollte, zu keimen begann, zog er ein Blatt Papier und den Parker aus seiner Brusttasche, tat als ob er sich eine wichtige Katalognummer notierte, ließ die Brille an sein Kettchen fal-

len und sagte beim Weggehen mit einem flüchtigen Blick zu Forzer:
- Oh!
Noch ein Blick rückwärts, um sicher zu sein, dass Forzer nicht nachkam, und Pepe war auf der Treppe zur Eingangshalle, wo er, wie immer, die Empfangsdame in ihrem Glashäuschen mit distinktem, wohlwollendem Lächeln grüßte. Wie immer warf er einen Blick auf die Zeitung, die auf dem Glastischchen neben den beiden geschmacklosen und protzigen Polstersesseln lag, wo ab und zu Besucher auf ihr meist verspätetes Stelldichein warteten. Aber Pepe las dennoch nichts, nicht einmal die Schlagzeile. Er starrte auf das Papier und hörte Forzer, Dobler, Bloss und die halbbekannte Stimme, und immer wieder schoss ihm das Wort Deuterium durch seinen Kopf. Da glitt sein Blick über den Zeitungsrand hinaus und wurde unweigerlich vom Institutslogo über dem Eingangstor angezogen. Noch wusste er nicht, was es mit ihm auf sich hatte, doch der halbweiße halbschwarze, links oben durchbrochene Kreis ließ ihn nicht los.

Wir wollen an dieser Stelle betonen, dass Pepe wirklich wie gebannt aufs Logo gestarrt haben musste, denn wir haben in den Akten sein Tagebuch gefunden und erfahren, dass er dabei an die Einweihungsfeier dachte und sich sogar an Blossens feierliche und damals auch kaum verständliche Enthüllungsansprache erinnern konnte. Wir wollen unseren Lesern Pepes Erinnerung nicht vorenthalten und seinen Eintrag wortwörtlich wiedergeben: *So wie die Natur und insbesondere chemische Prozesse helizyklischen Gesetzten folgen, ist unser Institut berufen, den einengenden Kreis zu brechen, um auf neuen Wegen das zu vollbringen, was mit diesem uralten Symbol für Chemie angedeutet ist.* Wir konnten aus seinem Tagebuch ebenfalls erfahren, dass er das vage Gefühl hatte, während der Enthüllungsfeier die Stimme aus dem Direktionsbüro gehört zu haben.

* * *

Ab und zu kam es vor, dass einer der gelben Meldezettel von der Bless an Pepes Telefon stak. Meist stand darauf "Frau anrufen", "Kirchgemeinde 18 Uhr", oder andere mehr oder weniger dringliche Mitteilungen. An diesem Nachmittag aber konnte Pepe, als er nach der Mittagspause sein Büro aufschloss, schon unter der Türe groß und rot unterstrichen "Dringlich!" lesen. "Magnus GmbH" sagte ihm nichts, "Dr. Arusashev" noch weniger, und die Telefonnummer ebenso wenig. Ganz zuunterst aber stand "Vertragspotential", Grund genug, seine Ledermappe zu öffnen, dem Parker seinen Deckel abzuschrauben, die Brille aufzusetzen und die Nummer zu wählen[3]. Am anderen Ende schnatterte eine Ente, dass Dr. Arusashev leider beschäftigt sei, aber ganz bestimmt gleich zurückrufen würde. Pepe wusste schon, dass keiner zurückrufen würde, mindestens nicht in absehbarer Zeit, ließ die Brille ans Kettchen fallen, schraubte den Parker zu, schloss die Schreibmappe und freute sich auf eine längere Kaffeepause.

Das Telefon rang dessen ungeachtet. Es rang dreimal bis Pepe die Brille auf, die Mappe offen, den Parker bereit und den Hörer abgenommen hatte. Eine kratzende Stimme stellte sich als Doktor Arusashev von der Pestizidabteilung der Magnus GmbH vor. Wie alle anderen Anrufer auch, war die Krähe am Wetter und an Pepes Gesundheit interessiert. Selbstverständlich war Pepe in bester Gesundheit und, um

---

[3] Dobler hat uns während unserer Nachforschungen gesagt, dass Pepes feierliche Zeremonie, oder Marotte, wie er sie nannte, wahrscheinlich dazu angetan war, um sich selber zu beweisen, dass er als Glied der großen Familie immer einen großen Moment in der Institutsgeschichte zu erwarten habe.

der Einleitung eine freundliche Note zu geben, freute sich mächtig auf den wohl bald eintreffenden Frühling. Arusashev hörte nicht zu. Wie eine unbändige Lawine rauschte es aus dem Hörer, dass er außerordentlich dankbar und zutiefst verbunden wäre, wenn sich der Herr Doktor für ein vertrauliches Gespräch zur Verfügung stellen könnte. Die Magnus sei nämlich sehr daran interessiert, den fachmännischen Ratschlag des Herrn Doktors über eines der innovativsten Produkte der Firma kennen zu lernen und die seltene Gelegenheit zu nutzen, so schnell als möglich die Prüfung des Produkts und einen substanziellen Vertrag mit dem Institut zu diskutieren, denn für die nächsten zwei Tage habe er ausnahmsweise keine Geschäftsreise vor.

Gemessen an Pepes feierlicher Vorbereitung hätte er eigentlich den neuen Kunden gleich zu einem überrissenen Vertrag verleiten sollen. Er war aber schon zu lange am Institut, um nicht zu wissen, dass so etwas vom Oberen Stock kaum zur Kenntnis genommen würde und das viele Geld dennoch viele Unannehmlichkeiten von Denen-Dort-Oben mit sich brächte. Es ist daher leicht zu verstehen, dass Pepe an seine über die Jahre entwickelte Technik dachte, den neuen Kunden zu entmutigen, ihn vom Thema abzulenken oder auf unannehmbare Wartefristen aufmerksam zu machen. Leider hatten Pepes Bedenken, die ihn von Arusashev weg und zurück zu seiner gewohnten, sorglosen Routine hätte bringen sollen, nicht die erhoffte Wirkung. Arusashev war zu entschlossen. Er tönte geradezu begeistert, als er sagte, dass er, A, einen sehr substanziellen Vertrag im Sinne habe, B, die optimale Verwendung des sofort verfügbaren Geldes diskutieren wolle und, C, bei der wissenschaftlichen Division der Magnus eine umfassende Datenbank angefordert habe, die er dem Herrn Doktor unbedingt vorstellen wolle, - womit Pepes gewohnte Strategie hinfällig geworden war. Es blieb ihm nichts anderes übrig, als stumm zu nicken und zuzuhören, was Lästiges da auf ihn zukommen sollte. Jede andere Taktik wäre früher oder später ohnehin zu Massuricks Ohren gelangt, und dann wäre Pepes sorgenloses Warten auf die baldige Pension endgültig zum Teufel gegangen. Es war ein kleiner Trost, dass es ihm dennoch gelang, das Treffen auf den späten Nachmittag, nach der Kaffeepause, zu verschieben.

Die ausgedehnte Kaffeepause, wie sie sich Pepe vorgenommen hatte, fand nicht statt. Zwar war alles wie gewohnt. Die Bless strickte an einem blauen Socken, während sie sich über Doblers überfällige Quartalsberichte beklagte. Dobler blätterte in einem Produktekatalog und schaute nicht einmal auf; Forzer war nicht da, und der Techniker las die Sportseite des Tagblatts. Am Tischende sass Pepe auf seinem seit Jahren angestammten Platz und schlürfte nachdenklich an seinem Tee. Kurz zuvor, auf dem Weg zur Pause, hatte er nämlich Massurick angetroffen und verdutzt zu hören bekommen, dass sein Chef seine ohnehin knappe Zeit nicht mit dem Herrn von der Magnus verplempern wollte. Unglaublich, dass Massurick diesmal nicht darauf beharrte, Geld und Verträge seinen sein und nur sein Brot. Kein Wort davon, dass es für ihn immer absolut nötig sei, alle neuen Kunden persönlich kennen zu lernen! Kaum zu glauben, dass er, Pepe, ganz alleine der Krähe zu begegnen hatte. Und überhaupt, warum war da kein ein einziges Wort von Bloss, wo doch die Drakke von der Bless bestimmt gehört haben musste, dass sich etwas ganz Besonderes anbahnte. Pepes nachdenkliches Teeschlürfen war, wie gesagt, nicht von Dauer, denn die Kaffeerunde wurde von der schläfrigen Stimme der Empfangsdame aus dem oben an der Tür angebrachten Lautsprecher geweckt. Dobler veranschaulichte die mickrige Tonqualität, indem er seine Nase mit zwei Fingern zuklemmte und unverständliche

Laute von sich gab, doch konnte man dennoch erraten, dass in der Empfangshalle ein Besucher auf Pepe wartete. Von hinten konnte Pepe hinter der Lehne des einen der beiden protzigen Polstersessel neben dem Glastischchen mit der Zeitung einen Kranz von buschigen Haaren sehen, der sich wie Sonnenstrahlen einer Kinderzeichnung um die ebenmäßig glänzende Glatze wickelte. Aus dem Gestrüpp des graumelierten Kranzes stachen zwei enorme Ohren hervor, das linke deutlich größer als das rechte, die einen scharfen Kontrast zu der von zwei auffallend behaarten Händen gehaltene Zeitung machten. Von der Seite fielen die langen und dichten Augenbrauen, die Adlernase und das hervorstechende Kinn auf. Die bestimmt sehr teure, ziemlich verknitterte Kleidung und die abgewetzten Luxusschuhe machten den Eindruck eines kultivierten Herrn, der es nicht nötig hatte, mit Reichtum zu protzen. Von vorne sah Pepe hauptsächlich die Titelseite der Börsenzeitung. Er hatte dreimal zu hüsteln, bis die Zeitung nach unten ging und Arusashevs stechende Augen aufblitzten, doch Pepe hatte keine Gelegenheit, sich gehörig vorzustellen und, ganz im Sinne von Massurick, die Vorzüge des Instituts, die breite Palette von Forschungsprojekten und insbesondere die kostengünstige Struktur und fast grenzenlosen Dienstleistungen im Prüfwesen anzupreisen: Eine unaufhaltsame Ode zum Lobe der Magnus GmbH donnerte auf Pepe ein.

Pepe hatte alle Mühe, ein Handzeichen anzubringen und den Weg zum Executive Board Room zu weisen und wusste in kürzester Zeit, dass die Magnus ein globales Konglomerat mit weltweiten Verknüpfungen war und Produktionsstätte nicht nur im Westen von Adelaide bis Zanzibar hatte, sondern auch im Osten, jenseits des ehemaligen eisernen Vorhangs, tätig war. Unter der Türe zum Sitzungszimmer hatte Pepe auch bereits eine Ahnung vom Zweck von Arusashevs

Besuch. Es ging um ein brandneues, innovatives, ja revolutionäres Produkt, das in Magnussens Forschungsstation in Värnamo zur Unterstützung der dort ansässigen Gummi- und Möbelindustrie entwickelt worden war.

Schließlich sassen sie doch noch am Versammlungstisch. Arusashev hatte seine abgegriffene Mappe auf seinem Schoß, doch zögerte er zunächst wegen der so delikaten Eröffnungen, die er freizumachen im Begriffe sei. Arusashevs Geheimniskrämerei bezauberten Pepe allerdings in keiner Weise. Alle neuen Kunden hatten Wichtiges zu sagen und hatten Bedenken wegen der Vertraulichkeit, insbesondere diejenigen, die nie zahlende Kunden geworden sind. Einige hatten triftige Gründe, aber die meisten wollten damit nur ihre Wichtigkeit betonen. Weil Pepe die Erfahrung schon so oft gemacht hatte, war er selbstverständlich vorbereitet und zog aus seiner Schreibmappe mit den goldenen Ecken ein von Bloss vorsorglich unterzeichnetes VVF, Vertraulichkeitserklärungsvollzugformular, und ergänzte es mit den Daten von Arusashevs goldgerahmter Visitenkarte. Dann zauberte er seine charakterfeste Unterschrift auf das Formular und schob es elegant über den Tisch. Arusashev las es ganz genau und sichtlich zufrieden durch, unterzeichnete und schob es mit der Bemerkung über den Tisch, dass er drei Kopien brauche. Er griff in seine Mappe, zog ein vergammeltes Bündel Papier heraus, und seine elegische Flut war erneut in Bewegung.

- Wie Sie wissen, Herr Doktor, sind alle Materialien der Wirkung von Mikroorganismen und Licht ausgesetzt und können dabei verändert, ernsthaft beschädigt oder, in vielen Fällen, ganz zerstört werden. Es ist daher mein ganz besonderes Vergnügen, lieber Herr Doktor, Sie in die allerneueste und wirklich revolutionärste Methode zum wirksamsten Materialschutz einzuführen! Lassen Sie mich in aller Bescheidenheit sagen, dass unser wissenschaftliches Team weltweit den Neid der Forschungsgemeinschaft erweckt hat, so eine elegante Methode haben unsere Leute erarbeitet. Keine Spur von giftigen oder gefährlichen Chemikalien, so gut wie keine Bedrohung unserer leider arg mitgenommenen Umwelt, und das Allerbeste: Das Produkt ist billig[4]! Ja, unsere Forscher hatten, in der Tat, eine bahnbrechende, geradezu geniale Idee, als sie vorschlugen, eine Mischung von harmlosen Chemikalien zu entwickeln, die erst dann zu einem wirkungsvollem Pestizid werden, wenn gleichzeitig zerstörerische Organismen und Licht vorhanden sind. Damit dürfte Ihnen auch klar geworden sein, dass wir nicht nur ein sehr wirksames und an und für sich harmloses Produkt haben, das gegen alle möglichen zerstörerischen Organismen schützt, sondern gleichzeitig eines, das die schädliche Wirkung von Licht eindämmt. Alles klar so weit? O.K.?

Arusashev hielt seine Hand aufs Herz, als ob er einen Schluckauf hätte, griff in seine abgewetzte Aktenmappe und schob nach einer kurzen und bemerkenswerten Kunstpause ein Papierbündel über den Tisch.

- Erlauben Sie mir, lieber Herr Doktor, zunächst einmal auf Grundlegendes und Prinzipielles einzusteigen und Sie auf die vertraulichen Akten aufmerksam zu machen, die mir die wissenschaftliche Division der Magnus großzügigerweise zur Verfügung gestellt hat und in welchen der simple organometallische Komplex beschrieben ist, der den Prozess überhaupt

---

[4] Arusashev hätte sich ersparen können, eingehend auf die Schwierigkeiten bei der Registrierung von Pestiziden hinzuweisen und darauf zu beharren, dass es für die harmlose Magnum-Mischung leicht zu machen sei. Pepe wusste allzu gut, wie man mit den Beamten umzugehen hat, um Pestizide durch das bürokratische Nadelöhr von Umweltschutz, Konsumentenschutz, Gesundheitswesen und anderer Ämter hindurch zu boxen.

ermöglicht. Lassen Sie mich also versuchen, in einfachen Worten die komplexe Fragenstellung zu beantworten: Wie Sie wahrscheinlich bereits wissen, mein lieber Herr, enthält normales Wasser immer einen geringen Anteil Deuterium, oft auch schwerer Wasserstoff genannt, welcher in hohen Konzentrationen eine ganz klare toxische Wirkung auf die verschiedensten Formen von Leben hat. Leider aber ist Deuterium in der Natur in nur sehr kleinen Dosen vorhanden, was unglücklicherweise bedeutet, dass Konzentrationen oberhalb der Giftigkeitsschwelle unter normalen Umständen nicht aufrechterhalten werden können. Nun zur genialen organometallischen Magnusformel: Es ist tatsächlich eine unbezahlbare Leistung unserer Forschungsgruppe, dieses scheinbar unüberwindbare Problem der Toxizitätsschwelle überwunden zu haben. Verstehen Sie mich aber bitte nicht falsch, ich habe Ihnen ja bereits im Detail erklärt, dass die wunderbare Magnusmischung nur wirkt, wenn beide, Licht und Mikroorganismen, vorhanden sind. Sicher haben Sie bereits richtig geschlossen, dass damit das Material nicht nur vor biologischem Abbau, sondern gleichzeitig auch vor Licht geschützt wird, weil ja die Umwandlung von Wasser in Deuterium alle zerstörerische Lichtenergie total aufbraucht. Ja, lieber Herr Doktor, die Magnusmischung ist wirklich eine geniale Leistung! Wasser, Licht und Mikroorganismen sind doch immer und überall vorhanden, und Deuterium kann überall und immer wieder von Neuem massenproduziert werden, wenn der organometallische Magnuskomplex vorhanden ist.

Pepe war von Arusashevs begeisterter Einführung nicht begeistert. Er war seit vielen langen Jahren gewohnt, absurde Vorschläge anzuhören, und Arusashev machte in seiner voreingenommenen Meinung keine Ausnahme. Pepe aber machte nur den Eindruck, als ob er lust- und teilnahmslos in dessen vergammelten Bündel blätterte, denn er war geradezu gefangen von dem einzigen Gedanke, der ihn nicht losließ: Deuterium. Dies geht schon daraus hervor, dass wir in unserer Dokumentation mehrere Notizen gefunden haben, die bezeugen, wie krampfhaft er versucht hatte, das leidige Thema abzuklemmen und einen Vorwand anzubringen, um die Sitzung so schnell als möglich zu beenden. Selbstverständlich kam seine gewohnte Taktik nicht in Frage, die kommerzielle Machbarkeit zu bezweifeln; es hätte ja allzu sehr ausgesehen, als ob er gar nichts begriffen hätte. So dumm durfte er nicht dastehen! Ob die andere, meist erfolgreiche Strategie gelungen wäre, nämlich auf die Schwierigkeiten hinzuweisen, allgemein anerkannte Testmethoden für das ungewöhnliche Produkt zu brauchen, ist nicht sicher, denn Arusashev war im Feuer und gab Pepe keine Chance. Dann aber kam endlich die Gelegenheit, zu seiner Teetasse zurückzukehren: Arusashev hatte einen Hustenanfall. Pepe wartete nicht, bis der sich gänzlich erholt hatte, um seine Bedenken in Bezug auf die gesetzlichen Vorschriften im Umgang mit Pestiziden und das leider unumgängliche Abkommen mit der Gewerkschaft anzubringen.

Mit einem letzten Husten von Arusashev kam das erste Zeichen für das überfällige Ende der Sitzung. Arusashev langte zu seiner Mappe und sagte, dass er sich sehr verpflichtet fühle, zu gegebener Zeit eine vollständige Dokumentation zu übersenden und dass die Magnus, leider, noch nicht ganz bereit sei, ihrer finanziellen Verpflichtung nachzukommen, aber dennoch ihren guten Willen zeigen wolle. Damit griff Arusashev in seine Mappe und kramte einen Briefumschlag heraus, den er lässig über den Tisch schlidderte. Dann stand er auf und erklärte, dass er das Vertrauen in das Institut und den Herrn Doktor damit unterstreichen wolle, dass er einen Blankoscheck zur Abdeckung des Projekts und auch etwas Bargeld für die Umstände und die unvermeidlichen Ausgaben des Herrn Doktors in den Umschlag gegeben hatte.

Pepe hatte während des langen Weges zur Lobby noch einiges an Lobgesang auf die Magnus und ihr verrücktes Produkt auszuhalten. Und dann sah Arusashev das Institutslogo über dem Eingangstor. Er hielt inne und sah es schweigend und ganz genau an. Pepe befürchtete bereits, dass Arusashevs Sprachlawine von Neuem losging und er selbst für alle Ewigkeit höflich und freundlich unter dem Ausgang auf das Ende der Elegie zu warten hatte. Genauso sah es auch aus, denn Arusashev hob seinen Arm und zeigte aufs Logo, indem er sich Pepe zuwandte und ihn mit funkelnden Augen unter seinen buschigen Augenbrauen fixierte:

- Wie der Magnus-Prozess, mein lieber Herr! Ein Zeichen der Ewigkeit, wo alles Sein und der Grund für alles Seiende, das Leben, das Licht und das Wasser sich im ewigen Kreise selber auslöschen!

Ohne auf eine Antwort zu warten, öffnete Arusashev unversehens die Ausgangstüre und fixierte Pepe noch einmal mit einem Blitz von unter den buschigen Brauen:

- Sie kennen doch bestimmt das Alles-ist-Eins und die Schlange, die sich in den eigenen Schwanz beißt!

2.2 Allgemeine Methoden[5]

Mehrere Wochen lang hörte man nichts von der Magnus GmbH. Hingegen scheint Arusashev während des Jahreskongresses der Internationalen Forschungsgesellschaft gesehen worden zu sein, wo Dobler einen Vortrag über die Fortschritte im Zosima-Projekt gehalten hatte. Dies, mindestens, war Pepes Meinung, als er unter der Türe Doblers Bericht anhörte. Wir wollen Doblers Reise in die Hauptstadt nicht unterschlagen, denn Arusashevs wahrscheinliche Anwesenheit und andere bemerkenswerte Ereignisse an der IFG Jahresversammlung sind wirklich zu bedeutend für das Verständnis unserer Studie. Wir wollen auch gleich erwähnen, dass Dobler stolz darauf war, an diesem hoch kotierten Kongress teilzunehmen. Grund hatte er genug dazu. Dies nicht nur, weil er das erste Mal das Institut an einem so wichtigen Ereignis zu vertreten hatte, nein, er war ganz besonders stolz, dass ihn Bloss höchst persönlich dazu eingeladen hatte. Kein Wunder hatte Dobler diesen Morgen den ersten Zug genommen.

Doblers Zug fuhr kurz vor der Ankunft im Bahnhof gleich neben dem riesigen Kongresszentrum vorbei. Dennoch irrte er über eine Stunde in den Schluchten zwischen den riesigeren Wolkenkratzern herum, bevor er an der Einfahrt zur Parkgarage stand. Er irrte durch den stinkigen Wirrwarr von Fahrbahn und Parkplätzen und stand dann endlich vor dem Lift, der ihn zum Ziel seiner Reise bringen

---

[5] Mit Kapitel 2.2 haben wir speziell an unsere nicht eingeweihten Leser gedacht. Für diejenigen, die mit akademischer Sozialökonomie vertraut sind, genügt es, von den letzten drei Absätzen Kenntnis zu nehmen.

sollte. Auf der Marmorplatte neben der Lifttüre war eine Bronzeplakette, wo man "Agora", "Atrium" und "Forum" lesen konnte, aber auf der Türe selber stak ein Karton mit der Aufschrift "Defekt, bitte Treppe benutzen". So hatte sich Dobler seinen Einzug in die heiligen Hallen nicht vorgestellt! Zögernd öffnete er die mit einer roten Tafel als "Notausgang, Treppe" markierte Türe und stieg angeekelt durch das nach Urin stinkende Loch nach oben, bis er vier Stockwerke höher eine rostige mit "Agora" bezeichnete Türe fand und in die riesige, mehrere Stockwerke hohe Halle eintrat. Die rostige Türe schloss sich hinter ihm mit einem leisen, beinahe vornehmen Klick, als er, geblendet von der plötzlichen Helle, über die glänzenden, schachbrettartigen Marmorfliesen quer durch die Halle zur Rolltreppe am andern Ende zuging. Die Rolltreppe war enorm. Sie reichte über mehrere Stockwerke hinauf zum "Atrium" und war von zwei riesigen Säulen flankiert, doch Doblers feierlicher Einzug in den Tempel der Wissenschaften fand nicht statt, denn aus dem Schatten der einen Säule löste sich ein Wächter und verlangte Doblers Namenskärtchen mit der Zulassungserlaubnis. Doblers Glaube in die Wissenschaft und seine Hoffnung auf des Wächters Mitleid schmolz auf einen Schlag, als er zurück zur rostigen Türe und ins dritte Untergeschoss zum Aufzug A3 geschickt wurde, wo er am bequemsten zum Einschreibungsschalter im Kongresshotel gelangen könne.

Am Lift A3 wartete schon einer, etwas ältlich und ziemlich dick, unter seinem Arm ein ganzes Bündel Aktenordner.
- Scheußlich, wirklich schlimm diese Parkhäuser, und wie das stinkt!
- Na ja.
- Leiderleider. Was kann man da schon machen! Oder würden Sie etwa Ihren Wagen dem Valet anvertrauen?
- Ich? Nein, niemals!

Dann kam endlich der Lift, die Türe öffnete sich zögernd und ruckweise, und der Dicke meinte:
 - Bitte nach Ihnen, wenn ich bitten darf.
Dobler machte sich in einer Ecke dünn, der Dicke zwängte sich mit seinem Bündel auch in die Kabine und wählte mit dem wulstigen Zeigfinger seiner freien Hand die Nummer Drei. Als sich die Türe sieben Stockwerke weiter oben öffnete, wusste Dobler bereits, dass der Dicke Präsident des IFG Ausschussrates war, sich monatelang mit der Vorbereitung des Kongresses herumgeschlagen hatte und erst noch eine volle Woche in diesem schrecklichen Hotel wohnen musste. Dann war der Dicke weg.

Vor Dobler war eine ganze Reihe von Einschreibungsschaltern, wo Dutzende anstanden, die Damen diskret-elegant, die Herren eher etwas nachlässig. Dobler reihte sich hinter die kürzeste Schlange ein und setzte seine Mappe mit dem verrückten APLOT auf den Boden. Er hatte eine schlimme Zeit hinter sich, hatte wochenlang an der "Allgemeinen Bedeutung" und den ersten Resultaten herumgebastelt und hatte unzählige gefährliche Felsen und messescharfe Kliffs umschifft, bis sein Vortrag seriös und wissenschaftlich genug tönte und niemand merken konnte, dass es bei APLOT weder eine allgemeine Bedeutung noch Resultate gab. Als dann alles soweit in Ordnung war, stand Pepe mit seiner dummen Frage nach den Kindern unter der Türe und nahm das Manuskript mit. Das Ärgerlichste kam, als es die Drakke zwei Tage später zurückbrachte und kurz fallen ließ, Massurick habe alles sorgfältig durchgelesen, sehr gut befunden und sei der Meinung, dass es sinnvoll wäre, wenn Forzer es mitunterzeichnete. Sicher, Dobler hatte gar nichts dagegen, nicht der Eine und der Einzige zu sein, der die Schuld auf sich zu nehmen hatte, doch ärgerlich war es trotzdem. Immerhin, es war doch noch er selber, der in die Hauptstadt ging, und er war es, der sich in die Schlange zum Einschreibungsschalter einreihte.

Als Doblers Vordermann nach vorne rückte, gab auch er seiner Mappe einen Stoß mit dem Fuß und rückte nach. Bei der dritten Wiederholung des Manövers zählte Dobler die Leute zwischen ihm und dem Schalter und schätzte, in 14 Minuten dran zu kommen. Die Schätzung war gut, denn 13 1/2 Minuten später war er ganz vorne, öffnete die Mappe und entnahm ihr den Umschlag mit Drakkes Formular und der Zahlungsanweisung. Er schob er das Formular über die Ablage vor dem Schalter, doch der Herr dahinter[6] hatte nur einen kurzen, skeptischen Blick, bevor er mit dem herzlichsten Lächeln Dobler zum Schalter "D-F" schickte. Dobler lief zwar deutlich rot an, bückte sich aber dennoch gehorsam, um seine Mappe aufzunehmen. Noch im Bücken fühlte er, wie ihm jemand auf die Schulter tippte. Dann sah er den Dicken vom Lift mit strahlendem Lächeln über sich, richtete sich auf und spürte bei der Begrüßung einen merkwürdigen Händedruck.
- Doktor Dobler?
- Herr Dobler, bitte.
- Was für eine Überraschung! Na ja, als Präsident des Ausschusses kenne ich doch Ihre Arbeiten, die Sie über die Jahre der IFG unterbreitet haben. Sehr erfreut, Sie diesmal persönlich kennen lernen zu dürfen! Darf ich Ihnen behilflich sein?
- Bitte?

---

[6] Während unserer Nachforschung sagte Dobler "Arschloch", doch wollen wir seine blumige Sprache so weit wie möglich vermeiden.

- Die Einschreiberei, die haben wir im Handumdrehen. Sie werden's schon sehen!
- Ach so, danke sehr.
- Schrecklich diese Hotels, nicht wahr Herr Doktor? Wenn ich daran denke, die ganze Woche in diesem Kasten abzuhocken! Hier lang, bitte sehr.

Der Präsident fasste Dobler am Arm und schob ihn am Schalter "D-F" vorbei in Richtung eines Tischchens, wo die Vortragenden sich anzumelden hatten. Dabei murmelte er ständig etwas über das Institut und Bloss, ja sogar der Drakke musste Dobler einen herzlichen Gruß ausrichten, ganz als ob sie seit Jahren intime Freunde gewesen wären. Zum Glück stellte er keine einzige Frage, denn so erreichten sie das Tischchen, ohne dass Dobler ein einziges Mal verlegen geworden war.

Hinter dem Tischchen stand eine Junge, wirklich Schöne. Auch sie kannte Doblers Namen von den verschiedenen IFG Beiträgen; auch ihr war es ein ganz besonderes Vergnügen, diesmal Dobler persönlich kennen zu lernen. Mit bezauberndem Lächeln langte sie zu einer auf dem Tisch in alphabetischer Ordnung exakt aufgereihten Namenskarten, schloss die Lücke so sorgfältig, dass es aussah, als ob Dobler nie da gewesen wäre, und dann langte sie unter den Tisch, um eine Dokumentenmappe hervorzufischen. An Doblers Namenskärtchen heftete sie eine silberne Masche, die ihn als offiziellen Sprecher bezeichnete, und schob das Ganze zu Dobler hinüber. Die Mappe sei aus echtem Ziegenleder, sagte sie, und enthalte alles, was der Herr Doktor brauche: Teilnehmerliste, Programm, zwei Eintrittskarten für das Gala Dinner, eine Einladung zum Autorenempfang im Akaziensaal des Kongresshotels, ein Gutschein für das jährliche Golfturnier, sowie die Zulassung für das Damenprogramm. Die Namenskarte mit der silbernen Masche steckte sie an Doblers Kragen und schickte ihn mit der Bemerkung weg, dass der Eingang zum Kongresszentrum unten an der Marmortreppe sei, gleich neben der Hotellobby.

Oben an der Treppe erinnerte sich der Dicke plötzlich, dass er leider eine dringende Sitzung habe, die bedauerlicherweise ohne den Präsidenten nicht stattfinden könne. Dobler stieg also allein hinab und ließ sich, da er viel zu früh dran war, in einen der Polstersessel fallen, die er ganz hinten an der Lobby entdeckt hatte. Während die Luft aus dem luxuriösen Möbel zischte, lehnte Dobler seine alte Mappe ans Bein des Tischchens vor ihm, nahm das Ziegenleder auf seinen Schoß und dachte, es sei bestimmt ein teures Stück und würde ohne Zweifel am Kaffeetisch bewundert werden. Neben der Teilnehmerliste und all den Gutscheinen, die die Zicke am Schalter erwähnt hatte, waren die verschiedensten Pamphlete darin: "Reisetipps", "Hotelservice", "Attraktionen", "Restaurants und Bars", "Die weitere Umgebung" und verständlicherweise zahllose Reklamen der Sponsorfirmen. Der IFG-Führer mit dem offiziellen Tagungsprogramm war auch darin.

Auf der ersten Seite war die Einladung des Organisationskomitees, wo der Tagungsort und Einschreibegebühren aufgeführt waren. Die zweite Seite war ein Willkommensgruß des Präsidenten, in dem hauptsächlich das erfolgreiche Jahr der IFG und die wunderbare Zusammenarbeit im Direktionsausschuss betont wurden. Es folgen eine Seite mit dem Jahresbericht des Sekretärs, zwei Seiten mit der Abrechnung des Kassiers und eine Seite mit dem Attest der Rechnungskontrollstelle. Die nächsten zehn Seiten waren Reklamen der Sponsoren. Es folgte die Seite mit dem offiziellen Programm und zwei Seiten mit einer Liste von Kongressteilnehmern. Ganz am Schluss stand kleingedruckt eine Liste von "Beobachtern", und dort war Forzer aufgeführt! Dobler hatte zweimal hinzugucken, aber Forzer war tatsächlich da, was

Grund genug war, den IFG-Führer westentaschengerecht zusammen zu falten, ihn in der Innentasche seiner Schale verschwinden zu lassen und sich gemütlich im schweren Polstersessel einzunisten, um die Ruhe der luxuriösen Hotelhalle zu genießen.

Dobler genoss die Ruhe trotz der wenig erbaulichen Aussicht, einen Wachthund auf den Fersen zu haben. Irgendwie war es ja beruhigend, einen Assistenten fürs Nichtverstehen im Auditorium zu wissen. Dann aber schlenderte eine weiße Gestalt die Marmortreppe herunter: Forzer! Alles weiß, die Jacke, die Hose, das Hemd, ja sogar die Schuhe waren weiß. Nur das Herrentäschchen, das Forzer nonchalant in seiner Linken hatte, war anders: Schwarz. Dobler machte sich so unsichtbar wie möglich, sank noch tiefer in seinen Postersessel und tat, als ob er schliefe. Es half nichts. Forzer winkte mit seiner Rechten, hatte ein strahlendes Lächeln aufgesetzt, als ob er zufälligerweise einen alten Schulkameraden getroffen hätte, und blieb unbeirrt auf Kurs zur hinteren Ecke der Hotellobby. Und höflich war er, der Forzer, als ob Dobler Jemand wäre.

- Gestatten Sie, Herr Dobler?

Zunächst begann Forzer, seine Einschreibung als Beobachter zu begründen und war der Meinung, dass all die Vorträge ohnehin früher oder später mehrfach publiziert würden, sowieso nur kalter Kaffee aufgewärmten und überhaupt keinem Menschen etwas Neues böten. Für Forzer war das Herumhocken in den Vortragssälen reine Zeitverschwendung, wo es doch im Atrium, den Korridoren, den Gastzimmern der Sponsorfirmen und selbstverständlich während des Galadinners viel bessere Gelegenheiten gab, etwas wirklich Neues zu erfahren und Kunden aufs Kreuz zu legen.

- Sie wissen doch, was ich meine.

Als Forzer vorschlug, dass es "Sinn mache" und "Powerful" wäre, wenn Dobler den "Night Express" nähme, um am abendlichen Galadinner "Potenzielle Klienten" gemeinsam vorzuknöpfen, war Dobler ziemlich betupft. Im Gegensatz zu Dobler glauben wir aber, dass Forzer nicht beleidigen, sondern nur etwas ungeschickt auf das Herzstück seines Besuchs an der IFG überleiten wollte, kam er doch ohne weiteren Umweg auf APLOT und fand es "genial", wie diplomatisch und fachkundig Dobler das Projekt im Manuskript vorgestellt hatte. Forzer war außerordentlich freundlich, fast unterwürfig, als er um ein "privates Wort" ersuchte.

- Lassen Sie mich doch bitte als Freund und Kollege zu äußerster Vorsicht anhalten.

Die Warnung, dass höchstwahrscheinlich die wichtigsten Kunden Doblers Vortrag anhörten, war bestimmt der einzige Punkt, den Forzer zu machen hatte, denn er stand auf und meinte, dass er leider als Beobachter nicht bei den Arbeitsgruppen zugelassen sei. Mit dem abschließenden Wort, dass die "Hospitality Suite" der Zosima im dreizehnten Stock des Kongresshotels sei und dort "Free-Drinks" zu haben seien, nahm Forzer sein Herrentäschchen und, um es wie Dobler zu sagen, verduftete.

Dobler war schon zu lange am Institut, um Forzers Manöver ernst zu nehmen, und so schmiss er den Papierkram achtungslos in seine Ziegenmappe, stand auf und hatte Forzers Ermahnung bereits vergessen. Als er aber auf dem Weg zum Akaziensaal die riesige Hotelhalle durchquerte, konnte er nicht übersehen, wie die weiße Gestalt am anderen Ende mit einer älteren Dame Hände schüttelte. Das bisschen Neid auf all die Bekannten von Forzer kam aber nur für einen Augenblick auf, so groß war die Vorfreude aufs Büffet. Ohne weitere Gedanken, wen Forzer dort hinten belästigte, bog Dobler nach rechts ab, wie es der Pfeil "Empfangssäle" anzeigte, und stand in einem majestätischen Gang. Der Boden war mit einem dicken Orientteppich belegt, an der Decke hingen gewaltige Kristalleuchter, der Wand entlang stand eine Reihe riesiger Porzellanvasen. Zwischen den Türen zu den Empfangssälen hingen goldgerahmte Ölgemälde, wohl Fälschungen, wie Dobler uns gegenüber fallen gelassen hatte.

Eine der Türen stand halboffen. Man konnte von dort her ein allgemeines Gemurmel hören, ab und zu von verhaltenem Gelächter unterbrochen. Es war der Akaziensaal. Als Dobler vorsichtig durch den Spalt spähte, brach ein wirklich lautes und grobes Gelächter aus. Da stand ein Schwarm von selbstgefälligen Pinguinen, alle mit einem Glas in der Hand, und mitten im Schwarm war der Dicke vom Lift, auch er im Smoking und mit einem Namensschildchen am Kragen, an dem eine goldene Masche angeheftet war. Dobler stand immer noch vorsichtig im Türspalt, als ihn der Präsident sah:

- Hereinspaziert, Herr Doktor! Zu früh, was? Glück gehabt! Macht nichts, eben fertig. Kommen's doch rein!

Mit einem Lobgesang auf die zahlreichen IFG Beiträge wurde Dobler in den Kreis der Pinguine eingeführt. Der Präsident erinnerte sich dann der Freude und Ehre, ihn beim Einschreiben kennen gelernt zu haben und konnte es nicht unterlassen, etwas akademischen Humor unterzuflechten und ganz beiläufig zu sagen, dass Doktor Dobler als typisches Beispiel hochqualifizierter Forscher in der falschen Schlange angestanden sei. Während dies mit verhaltenem Gekicher und diskretem Klatschen quittiert wurde, bekam Dobler einen eher tiefroten Kopf und hatte beinahe vergessen, sich für den freundlichen Empfang zu bedanken und die besten Grüße von Präsident Bloss auszurichten. Dobler fand sich ganz besonders schlau, als er die Entschuldigung erfand, Bloss habe leider dieses Jahr wegen verschiedenen unverschiebbaren Verhandlungen nicht kommen können.

Wer hätte schon denken können, dass Doblers Erfindung eine lebhafte Diskussion über die finanziellen Nöte der Forschung im Allgemeinen und des Instituts im Speziellen auslöste? Sicher nicht Dobler, schon gar nicht, dass man ihn über Finanzielles am Institut ausfragte. Zum Glück hatte er die gute Eingebung zu antworten, dass er, als Forscher, sich auf Finanzielles nicht verstehe und selbstverständlich weder die Befugnis noch das Interesse habe, sich auf so etwas einzulassen. Dies wurde mit allgemeinem Kopfnicken gnädig zu Kenntnis genommen und war gleichzeitig Anlass zu einer tief greifenden Diskussion über die zu erwartende Rezession und deren wirtschaftlichen Folgen für die Forschungsanstalten. Als von Rationalisierungsmaßnahmen die Rede war, trat Dobler kurz und schlich diskret zum Buffet. Beim ersten Biss ins Kaviarbrötchen war die Diskussion beim schwindenden Mitgliederbestand der IFG angelangt, und beim ersten Schluck Wein brach ein heftiger Disput aus. Dass der Dicke vom Lift einen sehr fragwürdigen Kandidaten für die Neuwahlen in den Ausschussrat vorgeschlagen hatte, war Dobler zwar schnuppe, doch war der Protest gegen das schlicht statutenwidrige Vorgehen einfach nicht zu überhören. Beim zweiten Kaviarbrötchen rief einer der Pinguine, dass der Kandidat eine sehr fragwürdige Gestalt sei und keine anderen Verdienste habe, als Vizepräsident eines globalen Unternehmens zu sein und von Tuten und Blasen überhaupt keine Ahnung habe. Beim dritten Brötchen und dem zweiten Glas Wein schrie einer, dass der Kerl von weiß-nicht-was-für-einer Konspiration in den nationalen Forschungsrat katapultiert worden sei. Dobler sah dann zwei Beiräte mir hochrotem Kopf davonstürmen.

Beim dritten Glas Wein hatte sich der Rat beinahe aufgelöst. Die Pinguine verschwanden allmählich unter der immer größer werdenden Schar Spatzen, alle mit einer silbernen

Schlaufe am Westenkragen. Die Neuankömmlinge schwärmten im ganzen Saal herum und versuchten diskret, Namenstäfelchen zu lesen. Einige hatten offenbar gefunden, was sie suchten, denn es bildeten sich immer mehr kleine Grüppchen bis der Präsident die sich abzeichnende Schwarmbildung unterbrach und um Ruhe bat. Das allgemeine Gemurmel nahm deutlich ab, als er seine Gäste mit großer Freude willkommen hieß. Es war beinahe ganz still, als er mit noch größerer Freude den für den Empfang verantwortlichen Vizepräsidenten vorstellen durfte. Auch dem Vizepräsidenten war es eine Riesenfreude und außerordentliche Ehre, die aus allen Winkeln der Erde herbeigeströmten Sprecher zu begrüßen, und niemand hatte etwas dagegen, dass es nur eine kurze Ansprache werden sollte. Entgegen aller Erwartung war die Ansprache wirklich kurz, und keiner störte sich am eher unverständlichen Schluss, dass die IFG als allgemeingültiger Konsensus im Ausdruck des gemeinsamen Strebens zum technologischem Fortschritt auf eine lange Tradition zurückblicken dürfe, denn jedermann freute sich auf das Buffet, zu dem der Vizepräsident eingeladen hatte.

Die Kaviarbrötchen verschwanden zuerst. Dobler hatte sein Siebtes und musste zur ersten Lachsschnitte greifen. Beinahe ungestört hatte er die systematische Vernichtung der geometrischen Ordnung auf dem Buffettisch genießen können. Nur ein einziges Mal hatte er höflich zu sein und Visitenkarten austauschen müssen. Als auch der Wein ausging, nahm Dobler seine Mappen auf, die er unter dem Buffet versteckt hatte. Doch der Vizepräsident sah ihn.

- Ach Herr Doktor, ein wahres Meisterstück!
- Herr, ohne Doktor, bitte.
- Wirklich ein Kleinod, Ihr Beitrag zur IFG, wirklich!
- Danke.

- Also wirklich, wir alle haben den Vorabdruck gelesen, und ich kann Ihnen sagen, wir alle haben gestaunt, wie elegant Sie die Problematik und die allgemeine Bedeutung beschrieben haben.
- Wir?
- Ach so, ja, Entschuldigung, Herr Doktor. Ich hätte Ihnen doch gleich sagen sollen, dass ich im Hauptberuf Verkaufsleiter bei der Zosima bin. Kennen Sie doch! Auf jeden Fall haben wir Ihre Diskretion geschätzt, sogar die technischen Details ohne Verletzung unseres Vertragsabkommens so diplomatisch vorzustellen.

Dobler war paff. Da war ja gar keine Bedeutung, schon gar nicht technische Einzelheiten, die Zosimas Verpflichtungen hätten in Frage stellen können! Dennoch nickte er verständnisvoll, als ob er dabei nicht an die Problematik aller verrückten Projekte dieser Welt gedacht hätte. Jedenfalls tat sein Nicken seine Wirkung, denn der Vizepräsident fasste Dobler am Arm, lenkte ihn zum Ausgang und ließ sein nächstes Lob los. Er sei wirklich erstaunt und echt positiv überrascht gewesen, wie Dobler so gelöst und freundlich den feinen Herrn abgewimmelt habe, mit dem er Visitenkarten getauscht hatte. Es sei ja wirklich ein Glücksfall gewesen, dass die Zosima den Vertrag mit dem Institut und nicht mit jener Saubande abgeschlossen hatte.

- Passen Sie nur auf, wenn die Kerle an Ihrem Vortrag schon wieder gemeine Fragen stellen! Passen Sie auf, Herr Doktor!

Dobler tat, als hätte er volles Verständnis für Zosimas obskure Warnung, und es sah aus, als hätte er sie dankbar zu Herzen genommen. Auch dies tat seine Wirkung, denn der Zosimann war wieder bei APLOT und sah bereits einen finanziellen Riesenerfolg, als sie in der Hotelhalle angekommen waren. Dann sah Dobler Forzer. Die weiße Silhouette war

immer noch am anderen Ende der Halle und belästigte die gleiche ältere Dame. Doblers Staunen über Forzers Ausdauer war wahrscheinlich allzu offensichtlich, denn der Vizepräsident sah auch hin. Es sei Frau Germann von der Zosima, sagte er ehrfurchtsvoll, und dies löste eine neue Flut von Lobgesang aus. Diesmal war es eine längere Ode auf die warme und herzliche Zusammenarbeit des Instituts mit der Zosima, die mit einer tiefen Bewunderung für Forzer endete.
- Ein brillanter junger Mann, nicht wahr, Herr Doktor?
- Herr Dobler, bitte.
- Eine Schande, dass er uns verlassen hat. Leiderleider. Was kann man da schon machen! Als Produktionsfirma haben wir einem so hervorragenden Wissenschaftler wirklich nicht viel zu bieten.

Dobler wusste schon seit langem, dass Forzer früher bei der Zosima gearbeitet hatte, war doch das meiste vom Anschlagsbrett immer auch im Brennpunkt der Kaffeerunde gewesen. Dobler wusste leider auch allzu gut, wie und wo Forzer an seinen wissenschaftlichen Kenntnissen gearbeitet hatte, nickte aber dennoch verständnisvoll zum Zosimann hinüber. Schließlich kam der doch noch auf APLOT zurück.

- Also noch einmal, besten Dank Euch beiden. Wirklich gute Arbeit. Und glauben Sie mir, ich bin gespannt auf Ihren Vortrag, und vertrauen Sie mir, Sie können wirklich bei der Diskussion auf mich zählen.
- Bitte sehr?
- Ja, es wäre doch interessant, wenn ich die Diskussion mit Beispielen aus der industriellen Erfahrung bereicherte, oder etwa nicht?
- Doch, doch! Danke.

Schließlich kamen sie doch noch am Eingang zum Kongresszentrum an. Da brach der Lobgesang auf die Zosima und ihr verrücktes Projekt abrupt ab, denn der Vizepräsident

sah auf seine Uhr und merkte, dass er leider noch ein paar dringendste und wirklich wichtige Anrufe zu erledigen hatte. Zum Abschied gab's einen merkwürdigen Händedruck, und der Vizepräsident sprang in die Fahrstuhlkabine, hinderte mit seiner Hand die Türe am Schließen und rief:
- Raum G5, stimmt's, Doktor Dobler?
Die Hand ließ die Türe los. Dobler ging allein am Wächter vorbei, der diskret sein Namenstäfelchen ins Auge fasste. Darauf stand er einsam auf der riesigen Plattform, dem Atrium, wo man auf der einen Seite auf die noch wesentlich größere Agora hinunter sehen konnte. Die Rolltreppe war auch da, und im Schatten der beiden enormen Säulen sah Dobler den Wächter ein Heftchen lesen. Auf den anderen drei Seiten waren die Sitzungszimmer L1 bis L3, M1 bis M7 und G1 bis G5. Über jeder der Türen war ein kleiner Bildschirm und daneben stand ein Aschenbecher, der schon seit Jahren nicht mehr benutzt werden durfte. Auch über G5 war ein Bildschirm. Dobler fand auf der zweitobersten Linie seinen Namen, daneben "Arbeitsgruppe Z", und rechts davon stand "OK". Auf der untersten Linie war eine Uhr, die unhörbar und unerbittlich Doblers Auftritt entgegenticktete.

Behutsam öffnete Dobler die Tür einen Spalt, spähte hinein, zögerte etwas und schlüpfte durch. Gleich neben der Türe las ein Techniker hinter einer Ansammlung von elektronischen Geräten und Projektoren ein Comic-Büchlein. Dobler hatte dreimal zu hüsteln, bis er seine Diapositive übergeben konnte und war dabei nicht allzu sicher, ob seine Bilder in der richtigen Reihenfolge oder womöglich verkehrt herum eingereiht waren. So setzte sich Dobler ziemlich unruhig in die zweithinterste Reihe des halbvollen Vortragsaales. Ganz vorne murmelte einer mit einer silbernen Maske am Kragen etwas in ein Mikrophon, das er in der einen Hand hielt, wobei er mit seiner anderen Hand auf die Leinwand zeigte, wo eine kaum lesbare Graphik abgebildet war. Daneben stand ein Tischchen, wo einer mit einer goldenen Maske am Kragen so tat, als ob es ihn interessierte. Es kam das obligatorische "Danke für Ihre Aufmerksamkeit", gleißendes Licht ersetzte das gemütliche Halbdunkel, schaler Applaus kam auf, und der Tagungsleiter mit der goldenen Maske stand auf und ergriff das Mikrophon, das auf dem Tischchen lag. Traditionsgemäß bedankte er sich für den wertvollen Beitrag und forderte die Zuhörerschaft zu Fragen und Diskussionsbeiträgen auf. Die peinliche Stille unterbrach er schließlich selber und stellte eine dumme Frage, die vage und ausweichend, aber ausführlich beantwortet wurde. Dann hatte er leider die interessanten Ausführungen zu unterbrechen. Nochmals magerer Applaus, und der Tagungsleiter hatte die übermäßige Freude, den nächsten Sprecher vorstellen zu dürfen.

Das war Dobler. Auf dem Weg nach vorne konnte er seinen schmeichelhaften und mehr oder weniger wahren Lebenslauf hören, die ihm die Drakke auf das Einschreibungsformular geschrieben hatte, und gleichzeitig sehen, dass sich der ohnehin nicht gerade gut besetzte Saal noch mehr lichtete. Vorne spürte er den merkwürdigen Griff des Tagungsleiters und bekam ein Mikrophon in die Hand gedrückt. Zwei drei Klopfer, um sicher zu sein, dass es funktionierte, das grelle Licht geht unter, auf der Leinwand prangt das Logo und der Wahlspruch des Instituts, und Dobler war sich selber überlassen. Am Anfang hatte er etwas Mühe mit dem Mikrophonkabel, doch dann ging alles gut, bis er den älteren Herrn in der vordersten Stuhlreihe entdeckte. Ein grauer Haarkranz, spiegelglatte Glatze, Adlernase, hervorstehendes Kinn, ein Ohr deutlich größer als das andere. Auffallend war auch, dass der als Einziger Notizen nahm. Unter den buschigen Augenbrauen blitzte es von Zeit zu Zeit, und je mehr dies vorkam, desto mehr hatte Dobler das Gefühl, einzig zu diesem Herrn

in der ersten Reihe zu sprechen. Doch Dobler sprach gut, ließ sich kein einziges Mal zu seinem bevorzugten Wortschatz verleiten und war unversehens am Ende seiner Vorstellung angelangt.
- Danke für Ihre Aufmerksamkeit.
Es gab etwas Applaus, das scharfe Neonlicht ging an, und der Tagungsleiter stand neben Dobler.
- Danke für Ihren wertvollen Beitrag.

Für einen Moment herrschte peinliche Stille über der verwirrten Zuhörerschaft, die zu Fragen und Diskussionsbeträgen aufgefordert worden war. Der Herr von der ersten Reihe war bereits weg, doch dann stand Frau Germann auf. Wie erwartet, hatte auch sie sich für die interessanten Ausführungen und Doblers innovatives Denken zu bedanken. Schon etwas gefährlicher tönte es, als sie die Hörerschaft von ihrer wissenschaftlichen Zuständigkeit zu überzeugen suchte und meinte, dass Manger und Arushov bereits in den frühen dreißiger Jahren über ähnliche, unfruchtbare Experimente berichtet hatten. Ihre Genugtuung und Ehre, das zweifellos wichtige Projekt unterstützt zu haben, war bestimmt auch ans Publikum gerichtet. Sie wandte sich schließlich doch noch an Dobler und gab an, wirklich brennend interessiert zu sein, mehr über den technologischen Aspekt und, vor allem, über die praktischen Anwendungsmöglichkeiten der neuen Technik zu erfahren.

Die überflüssige Frage ergänzte Dobler mit seiner ebenso überflüssigen Antwort. Es sei doch so, dass die heutige Computertechnik nicht nur eine viel bessere Kontrolle genauere Messungen, sondern auch die Benutzung von mathematischen Modellen erlaube, die in den dreißiger Jahren völlig undenkbar gewesen waren. Frau Germann nickte, als ob sie verstanden hätte. Dann aber stand sie noch einmal, doch Dobler hatte die Gefahr gleich gewittert und gab ihr keine

Chance, auf Magner und Arusakopf zu beharren. Leider habe sein Mitautor nicht anwesend sein können, fügte er so schnell wie möglich an, doch wisse er ganz sicher, dass Doktor Forzer, der sich mit den anwendungsorientierten Aspekten beschäftige, immer bereit sei, ihre Fragen aufs Ausführlichste zu beantworten. Zum Glück unterbrach an dieser Stelle der Tagungsleiter, bedankte sich für den wertvollen Beitrag und die lebhafte Diskussion, die er leider wegen einer dringenden Sitzung des Finanzkomitees zu unterbrechen habe. Dem mageren Applaus folgte der Dank des Tagungsleiters an die Direktion der IFG und deren Sekretär für wunderbare Organisation der Tagung und die phantastische Zusammenarbeit. Dann schloss er die Sitzung und wünschte, dass jedermann nächstes Jahr wieder dabei sei, wenn die Arbeitsgruppe im Rabenthaler Fünfsternhotel zusammen komme.

2.3 Methodologische Prinzipien

Die beiden Styroporbecher mit Sahnepulver und Zuckerersatz standen bereits auf dem Tisch, als Bless eine Schachtel Papiertaschentücher dazulegte und absass. Damit war die Kaffeepausenrunde zwar bei weitem nicht vollständig, aber offiziell eröffnet. Der Techniker war mit der Kaffeemaschine beschäftigt, und Pepe sass schon längst an seinem angestammten Platz und nippte stumm an seinem ungezuckerten Tee. Er nippte stumm an seiner Teetasse, denn er hatte zwei sehr bedenkliche Erfahrungen gemacht, die eine in der Bibliothek und die andere auf dem Weg zum Pausenzimmer.

In der Bibliothek hatte er kurz vor der Pause die Enzyklopädie beim Eintrag "Chemie" nachgeschlagen und gelesen, sie stamme von der Alchemie ab, die schon in ältesten Kulturen als naturwissenschaftliche Disziplin gepflegt und für technische Verfahren zum Einbalsamieren, zum Schutz verderblicher Waren oder zur Herstellung von Medikamenten oder Giftstoffen verwendet worden sei. Als ob dies Arusashev geschrieben hätte! Doch damit nicht genug. Pepe las weiter unten, dass die metallurgische Anwendung der Alchemie zu ihrer philosophischen Interpretation und spirituellen Bedeutung geführt habe. Das hätte ebenso gut von Bloss stammen können, dessen philosophische Weltanschauung und Prinzipien im ganzen Institut berüchtigt, bewundert, belächelt oder, was am meisten der Fall war, gefürchtet wurden.

Was aber ganz bestimmt mehr zu Pepes stummem Teeschlürfen beigetragen haben dürfte, war der Eintrag über Alchemie. Nicht etwa, dass er auf Seite 297 etwas über Deuterium gefunden hätte oder sonst etwas, das an Arusashevs Pro-

zess oder Blossens Prinzipien erinnert hätte. Nein, es war ein Bild. Es war die Abbildung einer Schlange, die sich in den eigenen Schwanz beißt, halb schwarz, halb weiß. Und, wie die dem Institutslogo glich! Dass darunter "Ouroboros-Schlange: Alles ist Eins" geschrieben war, musste Pepe erst recht an Arusashev erinnert haben. Auf jeden Fall wissen wir aus den Akten, dass er dabei das Gefühl hatte, ein tausendfüßiger Krake habe seine Tentakel bereits in die verstecktesten Winkel ausgestreckt. Wir stellen ihn uns schweißbedeckt auf die Enzyklopädie starrend vor und wir wissen, dass er den Namen Albertus Magnus entdeckt hatte und laut und deutlich "Ach Scheiße" sagte, was eigentlich nicht zu seinem Wortschatz passte, was aber von der Drakke sicher nicht überhört wurde, als sie sich von hinten genähert und mit einem prüfenden Blick auf Pepes Buch bestimmt die Schlange gesehen hatte. Pepe hatte ja keine Zeit, die Enzyklopädie rechtzeitig zuzumachen und mit dem Zeigfinger als Buchzeichen geschlossen in der Hand zu halten.
- Moagen, Dok.
- Schön guten Tag, Frau Drakke.
- Ttschuldigung, VAP, längst überfällig.
- Kein Problem, Frau Drakke.

Die Drakke verzerrte ihre dick bestrichenen Lippen, quetschte ihr Buch ins Büchergestell, rauschte ab und verschwand hinter der gepolsterten Türe zum Präsidium. Drakkes Buch war, so nebenbei bemerkt, Band VII der allgemeinen Verwaltungsrichtlinien 'Disziplinäre Maßnahmen', aber davon hatte Pepe nur flüchtig Kenntnis genommen und sich damals auch keine Gedanken gemacht.

Nach der Enzyklopädie ist die Alchemie ein philosophischer und chemischer Prozess, der den Adepten zu höherem Bewusstsein und die Materie in edlere Formen verwandelt. Damit dies überhaupt möglich wird, müssen Natur und Götter bewogen werden, dies auf natürlichem Weg geschehen zu lassen, was unter anderem Zauberei, Gebete, Beschwörungen und eine günstige Konstellation der Gestirne bedeutet. Erst dann kann die Läuterung beginnen und das große Werk eingeleitet werden. Pepe hatte bestimmt nie die absurde Idee, Die-vom-oberen-Stock hätten APLOT erfunden, um ihren Seelenfrieden zu finden, doch 'Zauberei' und 'Beschwörung' waren allzu gut, um nicht doch noch weiter in der Enzyklopädie zu blättern und weitergehende Stichworte zu suchen. Als er den letzten Band ins Gestell zurückgab, stellte er erstaunt fest, dass er 'Geheime Wissenschaften' zweimal aufgeschrieben hatte.

Die andere beunruhigende Erfahrung machte Pepe auf dem Weg zum Kaffeeraum. Wie immer, wenn er von der Bibliothek kam, grüßte er mit gekonnter Freundlichkeit das Empfangsfräulein in ihrem Glaskasten und hielt am Tischchen neben den beiden Polstersesseln an, um einen flüchtigen Blick auf die Zeitung zu werfen. Diesmal aber hatte er auf einem der protzigen und zudem unbequemen Sessel abzusitzen und auf die Schlagzeile auf dem Titelblatt zu starren: "Magnus GmbH verschlingt Zosima Gruppe". Hätte er darunter den Artikel gelesen, hätte er auch den Hinweis auf die Wirtschaftsbeilage sehen müssen und dort gelesen, dass die Aktien der Zosima nach der Übernahme gewaltig an Wert zugenommen hatten und die Magnuspapiere tief in den Keller gerutscht waren. Dann hätte er vielleicht dem Zosima-Projekt weniger Bedeutung zugeschrieben und seine großartige Leistung verpasst. Die übergroße Schlagzeile hielt ihn aber derart im Bann, dass er gar nichts las, denn seine Gedanken kreisten um Arusashev, APLOT, Deuterium und die Stimme aus dem Präsidium. Düstere Fragen schossen ihm durch den Kopf, aber er fand keine Antwort, warum Arusashev, Forzer, ja sogar Dobler das gefährliche Deuterium erwähnt hatten und warum er von diesem Wissen ausgeschlossen war.

In unseren Akten haben wir lesen können, dass Pepe während seines Starrens auf die Schlagzeile einen entscheidenden Wandel durchgemacht haben musste: Von dem Moment an gab es bei APLOT keinen Schimmer eines dummen Projekts mehr; von da an war APLOT eher eine unheimliche Verschwörung von Denen-vom-oberen-Stock, weit weg von der offiziellen Projektbeschreibung. Die-vom-oberen-Stock waren bereits ein Teil einer unheimlichen Machenschaft, die jedermann in ihre Pläne einbezogen hatte, ob man es wollte oder nicht, ganz gleich, ob man freiwillig, gezwungenermaßen, bewusst oder nichtsahnend dazugehörte. Nach den Akten hatte Pepe nicht einmal ausgeschlossen, dass er selber ein Glied in der unheimlichen Kette sein könnte, und wohl gerade deshalb hatte er zu befürchten begonnen, dass es, wenn überhaupt, nur eine Möglichkeit gebe, aus dem erstickenden Netz zu entfliehen, nämlich alles zu erfahren und die Konspiration überflüssig zu machen. Dass er dabei mit äußerster Vorsicht vorzugehen hatte, war auch klar, denn keiner von Denen, und auch sonst niemand am Institut durfte Verdacht schöpfen, dass es ihm gelungen war, Deren Geheimnis um den versteckten Plan und die wirklichen Absichten mit APLOT gelüftet zu haben[7].

---

[7] Pepe hatte nie eine klare Vorstellung wonach er suchte, aber seine Angst von Denen-vom-oberen Stock war groß, und er wusste, dass er auf keinen Fall erwischt werden durfte. Falls er nämlich bei seinen geheimen Nachforschungen ertappt würde, würde man ihn bestimmt für dumm und naiv halten, und für Dumme und Naive gab es keinen Platz am Institut, ganz besonders dann nicht, wenn die Dummen und Naiven recht hatten und Bloss falsch lag.

Wir möchten an dieser Stelle gleich anfügen, dass Pepe nicht ganz falsch lag, obschon er nie erfahren hat, was eigentlich der 'Zusammenhang' war, wie er die vermutete Konspiration zu nennen begonnen hatte. Er hatte nie herausgefunden, wer alles dazu gehörte oder was Die wollten, und er war nicht einmal sicher, ob es den Zusammenhang wirklich gab. Nach Pepes Tagebuch war für ihn aber eines klar: Arusashev war nicht umsonst am Institut gewesen und hatte unter dem Institutslogo einen deutlichen Tipp gegeben, den er ernst zu nehmen hatte. Selbstverständlich hatte Pepe damals keine Ahnung, wohin der Hinweis zeigte. Noch war er zu gefangen von seiner Idee über Die-vom-oberen-Stock und zu begierig, Deren unheilvolles Geheimnis zu lüften.

Soweit zu den Ursachen von Pepes nachdenklichem Schweigen am Pausentisch. Weil auch sonst niemand etwas zu sagen hatte, packte die Bless zu ihrem Plastiksack und zog die Stricksachen heraus. Der Techniker war fertig mit der Kaffeemaschine, zog sein Comic-Büchlein aus der Gesäßtasche und sass ab. Während er Sahne- und Zuckerersatz in seinen Kaffee mischte, hielt die Bless die unerträgliche Stille nicht mehr aus. Selbstverständlich gab ihr Pepe wie immer recht, als sie meinte, das Wetter sei an einem so schönen und warmen Wintertag wirklich schön, doch hatte er dem nichts Weiteres anzufügen, denn Forzer stand unter der Türe und antwortete an seiner Stelle.

- Nach alldem haben wir einen frühzeitigen Frühling wirklich verdient!

Er stand an der Kaffeemaschine, als er sich erklärte. Als er am Tisch sass, wusste jedermann, dass er zwei Tage Urlaub genommen hatte, und, weil er ja sowieso in der Hauptstadt gewesen war, kurz bei der IFG hineingeguckt hatte. Dass er dabei zufälligerweise Frau Doktor Germann von der Zosima getroffen hatte, glaubte ihm niemand, aber eine ehrfurchtsvolle Stille erzwang er dennoch, als er sagte, sie sei von Doblers professionellem Vortrag und den interessanten Resultaten zu tiefst beeindruckt gewesen. Sie habe während des Galadinners sogar fallen lassen, dass sie die lebhafte Debatte und die interessanten Fragen während der Diskussionsperiode ganz besonders geschätzt habe und dass Dobler dabei eine sehr gute Falle gemacht habe. Forzer ließ dann die Katze aus dem Sack und verkündete stolz, dass Frau Direktor Germann die Frau des Inhabers der Zosima und auch Blossens Nichte sei. Ganz begeistert schaute er dabei Pepe an.

- Gut für uns, nicht wahr, Herr Doktor?

Pepe griff zu seiner Tasse und nahm stumm einen Schluck Tee. Bestimmt dachte er dabei an die Magnus GmbH, und vielleicht ist er beim Schlürfen auf den Gedanken gekommen, dass APLOT noch wichtiger werden sollte, als es ohnehin schon war. Wie wir unten berichten werden, hatte er bereits im Kaffeezimmer daran gedacht, Drakkes VAP, den vierteljährlichen Arbeitsplan, den neuen Umständen anzupassen. Kurz, Pepe nahm stumm einen Schluck aus der Teetasse.

Forzer hatte wahrscheinlich keine Antwort erwartet, angelte sich die Zeitschrift "Wissenschaft für Jedermann" von der Tischmitte und begann darin zu blättern. Der Techniker war wieder im Comic, und die Bless strickte an ihrem blauen Socken weiter. Da konnte man vom Gang her schleifende Schritte hören, die sich immer deutlicher unter das Klappern der Stricknadeln und Pepes Schlürfen mischten. Jedermann wusste, was das war und tat unauffällige Blicke zur Türe. Alle erwarteten einen strahlenden Dobler stolz und im Triumph in die heilige Halle der Kaffeerunde eintreten, aber aus den Augenwinkeln konnte man dann Dobler sehen, wie er leicht gekrümmt, wie immer, zur Kaffeemaschine schlampte und von der gespannten Runde nicht die geringste Notiz nahm. Eigentlich wäre es an Pepe gelegen, Dobler für die großartige

Leistung zu danken, aber Forzer kam ihm zuvor und begann mit einer begeisterten Eloge, kaum hatte sich Dobler mit seiner vollen Tasse von der Maschine abgelöst. Der schleuderte einen misstrauischen Blick auf Forzer, sass auf seinem seit Jahren angestammten Platz ab, und mischte tüchtig Sahne- und Zuckerersatz in seinen Kaffee. Dann endlich hob er seinen Kopf und wandte sich der erwartungsvollen Runde zu.

Selbstverständlich hatte die Kaffeerunde nicht hören wollen, Dobler habe nur seinen Job getan und könne überhaupt nicht glauben, einen "tiefen Eindruck" oder "eine großartige Leistung" gemacht zu haben. Jedermann starrte auf Dobler und sah, wie der seinerseits wieder in seine Kaffeetasse starrte, als ob er dort noch etwas zur Befriedigung der ungeduldigen Runde suchte. Schließlich kam doch noch etwas. Man hörte ihn in seinen Bart murmeln, dass kaum einer etwas von APLOT wissen wollte; der Saal sei halb leer gewesen und habe sich bei seinem Vortrag noch mehr gelichtet; das Publikum sei da gesessen, als ob es die dort unten gar nichts angehe; bei der Diskussion habe sozusagen niemand etwas gefragt. Offensichtlich war dies nicht genug: Man starrte weiter. Endlich schaute Dobler auf. Man habe während der Diskussion Magner und Arusaschopf oder so erwähnt. Er habe überall nachgeschaut und gar nichts gefunden, nix in der Zentralbibliothek, nix im Nationalregister, nix im Oxford und in der Institutssammlung sowieso nix. Das Ende der unheilsvollen Stille brachte Forzer mit seiner Geltungssucht. Bestimmt dache er, seinen Respekt an der Kaffeerunde auszubauen, als er behauptete, die Namen seien ihm schon einmal über die Quere gekommen. Vielleicht wollte Forzer auch nur bei Pepe Eindruck schinden, als er so nebenbei bemerkte, er habe die Publikation bestimmt irgendwo in seiner privaten, über die Jahre angelegten Literatursammlung gesehen.

Dobler blieb stumm und nahm einen tüchtigen Schluck Kaffee. Auch Pepe sagte nichts. Es wäre ja dumm, vielleicht auch gefährlich gewesen, wenn er zugegeben hätte, dass er dabei an die Magnus GmbH und Arusashev gedacht hatte. Nur der Techniker sagte etwas. Es hatte aber nichts mit Doblers Show an der IFG zu tun, denn er war der Meinung, Arbeit gehöre nicht an den Pausentisch. Er war es auch, der Doblers Pein endgültig begrub, als er eine heftige Diskussion über den gestrigen UEFA Cup auslöste. Jedermann sagte, dass der Schiedsrichter ungerecht gewesen sei, und alle waren sich einig, dass Gemeinheit und Gewalt überhand genommen hatten. Nur Forzer fand, dass gerade Gemeinheit und Gewalt das Spiel so interessant machen. Dieser häretischen Meinung setzte die Bless ein Ende, indem sie ihre Sachen in den Plastiksack stopfte, aufstand und mit dem Lappen aus dem Abwaschbecken den Tisch zu reinigen begann.

Für Pepe hatte die Unterhaltung eine erfreuliche Seite, war doch anzunehmen, dass APLOT wichtiger denn je geworden war und dass er von nun an ganz ungehindert und im vollen Licht seinen eher privaten und heimlichen Nachforschungen über den Zusammenhang nachgehen konnte. So eine Gelegenheit durfte einfach nicht ausgelassen werden! Es wäre ja eine schlimme Sünde, den VAP nicht entsprechend anzupassen und dabei der Drakke einen Arbeitsplan abzuliefern, wo man seine Hingabe an APLOT sehen konnte! Pepe flog geradezu hinunter ins Untergeschoss, wo er seinen alten Entwurf in den Kübel schmiss, die Schreibmappe öffnete und seine Brille aufsetzte. Dann schraubte er dem Parker den Deckel ab. Der neuer VAP sollte ein Meisterstück werden und die Drakke, soweit das überhaupt vorstellbar war, würde ganz begeistert sein. Leider war der erste Entwurf kein Meisterstück, denn Pepe war so berauscht und so geblendet, dass sein Plan nie in Massuricks Budget gepasst hätte, so unausgeglichen und so gespickt mit Überstunden wie er war. Der zweite Entwurf war viel besser. Zwei-drei glückliche Schläge auf den Taschenrechner, ein paar Kleckse mit dem Parker, und schon waren Dobler und Pepe so produktiv, dass die Konti mehr oder weniger stimmten und fast ausgeglichen waren. Ein paar Korrekturen hie und da, etwas spielen mit den Zahlen, alles sauber abgeschrieben, und das Budget fiel so gut aus, dass die Drakke gar nichts merken konnte.

Da zeichnete unter der Türe ein schwarzer Schatten Massuricks Umriss gegen das grelle Neonlicht aus dem Korridor. Pepes käsige Schweinchenhaut begann zu glühen, aus seinen Schläfen quoll ein Netz dunkelblauer Adern hervor, aber Massurick sagte nicht, dass er rein zufällig ins Untergeschoss gekommen sei. Merkwürdigerweise begann er auch nicht mit dem Wetter und fragte nicht einmal, wie es gehe, - was Pepe bereits hoffen ließ, dass diesmal keine kleine Gefälligkeit folgen würde. Auch Massurick glühte, es war aber nicht Verlegenheit, eher Begeisterung über das Zosima-Projekt, was ihn von der üblichen Routine abweichen ließ. Er sei "ganz ehrlich erfreut" und "wirklich begeistert" vom "gewaltigen Fortschritt" im Zosima Projekt. Als er dann stolz sagte, das höhere Management habe die Priorität von APLOT ganz oben angesetzt, musste Pepe wie auf Nadeln gewesen sein und eine ganz besonders lästige Gefälligkeit erwartet haben. Jedermann wusste doch, dass das höhere Management Massurick selber war! Gleichzeitig dürfte Pepe auch erfreut gewesen sein, weil er mit Massuricks Proklamation die unwiderlegbare Bestätigung hatte, wie recht er mit seinem neuen VAP lag. Wahrscheinlich dachte Pepe auch, Massuricks zufälliges Vorbeikommen abzukürzen, als er mit grandioser Geste auf die Papiere auf seinem Pult zeigte und sagte:
- Wie gedacht. VAP. Alles fertig!

Normalerweise kürzte eine solch löbliche und erfreuliche Überraschung Massuricks Vorbeikommen tatsächlich ab. Diesmal jedoch blieb er, wagte sogar einen Schritt in Pepes Büro.

- Nun, da ich schon da bin...
- Sie meinen, Herr Doktor?
- Nun, also. Ach ja, Sie wissen doch auch um das großartige Potenzial des Zosima-Prozesses.
- Bestimmt doch, Doktor Massurick!
- Große Sache für unser Institut, nicht wahr?
- Und für Zosima, Herr Doktor!
- Ja, ja, eben, wie Sie sagen. Doch, ja eben, auch für uns!
- Sie meinen, Doktor Massurick?
- Nun, also kurz, ich bin der Meinung dass die Urheber auch ihren bescheidenen Anteil haben sollten.

Massuricks vorsichtiges Antasten wäre nicht nötig gewesen. Pepe kannte die schleimige Art seines Bosses und wusste schon, worum es ging. Es wäre wirklich nicht nötig gewesen, im Langen und Breiten Einzelheiten zu erklären, denn die Partnerschaft für die Patentanmeldung wäre auch so zustande gekommen. Massurick hätte doch wissen müssen, dass Pepe immer für Nebeneinkünfte zu haben war. So lange darauf zu beharren, dass Bloss wegen eines möglichen Interessenkonflikts auszuschließen sei und Dobler wegen seiner untergeordneten Stellung sowieso nicht in Frage komme, wäre wirklich nicht nötig gewesen! Selbstverständlich war Pepe gleich einverstanden und hatte gar nichts dagegen, all den damit verbundenen Papierkram zu erledigen. Eigentlich hätte dies erwarten lassen, dass damit Massuricks zufälliges Vorbeikommen zu Ende gekommen war, aber Massurick machte nur einen kleinen Schritt in Richtung Türe.

- Da wäre noch etwas...
- Bitte, Doktor Massurick.

- Der Magnus Auftrag.
- Ach, ja leider, Herr Doktor, leider hatte ich . . .
- Geht in Ordnung, doch eben, die Zeit ist reif, eine wirklich goldene Gelegenheit!
- Wie Sie Meinen, Herr Doktor.
- Alles, was wir brauchen ist ein Profil der Magnus, wirklich eine Kleinigkeit. Sie wissen schon: Aktivität, Geschäftsgebaren, Verwaltungs- und Finanzstruktur, Kredit und Zahlungsfähigkeit. Sie tun mir doch den kleinen Gefallen, nicht wahr?
- Höchst interessant, Herr Doktor . . .
Da war Massurick plötzlich weg. Pepe hatte nicht einmal sagen können, dass es ihm wirklich ein Vergnügen sei.

Der Parker wurde zugeschraubt, die Schreibmappe geschlossen, und Pepe stand mit dem Entwurf zum VAP wenige Minuten später in Blessens Büro, wollte er doch sicherstellen, dass alles durchging, bevor man Dort-Oben die Meinung änderte. Wie immer war Pepe äußerst nett mit der überbürdeten Bless und übersah die Strickarbeit und das Kreuzworträtselheft in der Schublade unter der Computertastatur. Wie immer, wenn sie für ihn dringende Arbeiten zu erledigen hatte, begann Pepe mit dem Wetter, hatte großes Verständnis für ihren allzu großen Arbeitsanfall und endete damit, dass ausnahmsweise eine wirklich dringende Arbeit zu erledigen sei. Dies brauchte deutlich mehr Zeit, als die Bless zum Schreiben gebraucht hätte, doch alle anderen Methoden hätten unweigerlich zu beträchtlichen Verzögerungen geführt. So aber kam der Moment, wo er seinen Entwurf neben ihren Computer legen durfte und zuschauen konnte, wie sich Fräulein Bless über die Tastatur beugte und sich anstellte, die verrückten Zahlen in eine gefällige Form zu bringen.

Wie immer nach so einem Erfolg zog sich Pepe diskret zurück und floh in die Bibliothek. Diesmal aber kam es zu keinem gedankenlosen Spazieren zwischen den Büchergestellen, keinem Schnöbern in Büchern, die ihn nichts angingen, und zum Arbeiten fehlte ihm die gewohnte, gelangweilte Ruhe. Er hatte nicht einmal sorgenlos die Empfangshalle durchqueren können, ohne den unheilvollen Zusammenhang zu denken. Zwar hatte er den Blick auf die Zeitung sorgfältig vermieden und sich alle Mühe gegeben, ein halbschläfriges, kurzes Lächeln in die Glaskabine zu werfen, aber sein Blick konnte nicht anders, als auf dem Logo zu verharren und Deren unselige Ouroborosschlange zu sehen: Für ihn war der Zusammenhang bereits allgegenwärtig! Alle gehörten dazu, Forzer, die Stimme aus dem Präsidium, Bloss, ganz bestimmt auch Massurick, wo der doch auch gesagt hatte, die Zeit sei reif und es sei eine wirklich goldene Gelegenheit[8]! Ja, der Zusammenhang ließ ihn auf seinem Spaziergang zwischen den Gestellen nicht los! Allerdings kam da noch dazu, dass Pepe das Firmenverzeichnis aufgeschlagen hatte. Da gab es keine Magnus GmbH, nicht die kleinste Spur davon!

Fünfzehn vor Zwölf stand Pepe in Blessens Büro und konnte gerade noch sehen, wie sie die Schublade mit dem Kreuzwortheftchen zuschob. Sie hatte bereits ihren Mantel an und zeigte voller Stolz auf das Bündel auf ihrem Arbeitstisch. Selbstverständlich lobte Pepe ihre gute Arbeit mit übertriebener Dankbarkeit und hielt sie so lange zurück, bis sie gesehen hatte, dass der VAP unterschrieben und für die lange Reise durch die Chefetage bereit war. Bless sah, packte ihre Handtasche und rauschte grußlos ab. Pepe stürmte ebenfalls davon. Es blieben ihm noch zehn Minuten bis zur Mittags-

---

[8] Pepe hat in seinem Tagebuch sogar die Dame im Glaskasten dazu gezählt.

pause, um die leidige Geschichte mit der Magnus GmbH loszuwerden.

Fünf Minuten vor Zwölf war Pepe im Untergeschoss, holte ein paar tiefe Züge Luft und schlenderte so gelassen wie möglich zu Doblers Büro. Zwei Klopfer, das Wetter, die Kinder, der neue VAP. Er lehnte fest am Türpfosten, als er bei Doblers Leistung in der Hauptstadt angekommen war, aber es ging bedeutend länger als angenommen, um Dobler um den kleinen Dienst zu bitten. Dobler beharrte auf dem IFG Kongress. Es sei eigentlich ganz gut über die Bühne gelaufen und man habe ihn sogar auf APLOT angesprochen, doch könne er sich beim besten Willen nicht vorstellen, warum er einen "tiefen Eindruck" oder gar eine "außerordentliche Leistung" gemacht habe. Es kam eine ganze Serie von Doblers bevorzugtem Wortschatz, und dann war er bei Forzer, Frau Germann, dem Vize-Präsidenten und dem Rest der Zosimabande angelangt. Als er über den Tumult der Pinguine während des Empfangs und über den Kerl mit der Adlernase und den Elefantenohren in der ersten Zuhörerreihe berichtete, wurde Pepe bleich. Vielleicht dachte er, Arusashev sei vom Zusammenhang an die IFG geschickt worden, vielleicht war es auch nur, weil er befürchtete, Dobler könnte etwas merken. Pepe war ganz bleich und die Adern zeichneten ein blaues Netz auf seinen Schläfen, aber Dobler merkte nichts, denn er war bei seinem Vortrag und der Diskussionsperiode angelangt. Zwei-drei "Scheiße" später war er bei Frau Germanns dummer Frage und seiner überflüssigen Antwort.

Pepe hatte genug gehört, und Dobler hatte gar keine andere Wahl, als enthusiastisch zuzugeben, dass das Zosima Projekt wichtiger denn je geworden war. Selbstverständlich war er mit dem neuen VAP einverstanden und hatte sich geehrt zu fühlen, dass seine Zeit für APLOT massiv erhöht worden war. Damit löste sich Pepe vom Türpfosten, machte einen kleinen Schritt rückwärts und kam endlich auf das Thema, das der Grund für seinen Besuch bei Dobler war. Da es ja nur eine Kleinigkeit sei, die Aktivität, das Geschäftsgebaren, die Verwaltungs- und Finanzstruktur und die Kredit- und Zahlungsfähigkeit der Magnus abzuklären, nahm Dobler den kleinen Dienst mit Vergnügen an und griff in seine Mappe, um ein riesiges Sandwich herauszuklauben. Pepe war glücklich, dass es am Ende so gut gelaufen war, dankte und, um es wie Dobler zu sagen, zischte ab. Er vergaß sogar zu sagen, dass er eigentlich die höchst interessante Nachforschung am liebsten selber gemacht hätte.

3. RESULTATE

3.1 Modelle

3.1.1 Grundsätzliches

"Die halbe Nacht kämpfte ich mich auf den glitschigen Stufen zum rostigen Tor hoch. Eiskalter Nebel biss durch den dicken Filz meines viel zu langen, von Großvater geerbten Mantels, und meine Füße verhedderten sich in einem Knäuel blauer Wolle. Als meine klammen Finger endlich am Tor kratzten und mit mattem Klopfen Einlass begehrten, sprang es von selbst auf. Durch den pechschwarzen Türspalt quetschten sich knallrot übermalte Lippen, die sich zu einem sauer-süßen Lächeln verzerrten und eine krumme Reihe fauler Zähne sehen ließ. Im schwefligen Hauch zischte es giftig:
 - Arbeitenarbeiten, schnellaschnella!
Da schoss ein Quartalsbericht durch den Türspalt, direkt auf meine Stirne. Wütend und kraftlos lag ich auf der algenüberzogenen Türschwelle und fühlte, wie etwas Kaltes meine Hand berührte, sich längs meines Armes ausbreitete, den Hals hinauf kroch und mit einer Fistelstimme in mein Ohr hauchte.
 - Komm mit, ich zeig's dir!
Es war die Schlange, die von ihrer Halterung über dem Tor herunter gefallen war, mich am Kragen packte und ruck-

weise durch den engen Spalt zwischen dem rostigen Tor und dem brüchigen Mauerwerk hindurch schleifte. Sie hatte Ohren. Das eine war riesig und beinahe menschlich, das andere von normaler Größe aber deutlich dreieckig. Sie hatte Hörner. Damit schupste sie mich Stufe um Stufe, Schlag auf Schlag, hinunter zum Untergeschoß, wo ich an meinen Schreibtisch krachte und mich ein schwarzes Loch aufsaugte und gegen einen Feinchemikalienkasten schleuderte. Der Brotleib, der Salzstreuer, die Flasche Quecksilber und der Totenschädel, die dort aufbewahrt waren, kamen ins Schwanken und auf dem Kasten glotzten mich ein Löwe, ein Pfau, ein Werwolf, eine Hyäne und ein Drachen an. Als der Schädel seinen Kiefer aufsperrte, gab es einen unsinnigen Lärm:

- Ei, wie nett!
- Wer da?!
- Gedacht, getan!
- Abwarten und Tee trinken!
- Schwuppdiwupp, Dich haben wir!
- Einen Moment, bitte!
- So nicht, meine Herren, nicht so!
- Wollen wir ihn hereinlassen?
- Die Zeit ist reif!
- Wirklich, eine goldene Gelegenheit!

Damit brach der Lärm ab. Der Feinchemikalienkasten knisterte und knarrte in die Stille hinein. Seine beiden Türen öffneten sich quietschend, als mich die Schlange packte und unter der untersten Ablage hindurchzwängte. Ich stand nun in einer stinkigen Lache und sah im Halbdunkel, dass immer mehr Deuterium um meine Beine sprudelte, an meinem Fleisch nibbelte und die Knochen annagte. Das Deuterium war auf Kniehöhe, und eine Haifischflosse zog enge Kreise um meine Beine. Von Zeit zu Zeit tauchte der Kopf auf und ließ seine scharfen Zähne im blutverschmierten Rachen se-

hen, und jedes Mal, wenn der Rachen aufging, war die gleiche näselnde Frage zu hören:
- Wie hat er das Privileg verdient?
- Wegen seines guten Rufs und weil er den VAP frühzeitig abgeliefert hat!
Eine mächtige, irgendwoher bekannte Stimme donnerte feierlich von der Decke:
- So sei es!
Dann gab's einen Wirbel zwischen meinen Beinen. Ich trat einen Schritt zurück und konnte gerade noch sehen, dass der Hai gurgelnd mit dem Deuterium ins Abgussrohr gespült wurde. Im kleinen, aber unendlich hohen Raum waren rundherum Türen, neun Stück im Ganzen. Über jeder blinkte ein Schild 'Notausgang', und an den Fallen baumelte ein Kartonschild 'Zutritt Verboten'. Unten klebten Blessens gelbe Meldezettel auf dem Boden, in der Höhe schwebte eine Geiernase und sang.
- Die Rechte ist die Richtige.
Es gab keine rechte Türe, so gleichmäßig waren sie verteilt. Oben sang der Geier und unten hatte ich Schweißausbrüche und spürte den tödlichen Blick des Basilisken, der jeden Moment aus dem Ausgussrohr hervor schießen konnte oder sich vielleicht auch unter einem der Meldezettel oder hinter einer der Türen versteckt hielt. Dann schwand die erste Türe, bis ich sie nicht mehr sehen konnte. Die zweite schmolz weg und die anderen verblichen eine nach der anderen, bis nur noch eine einzige übrig blieb. Die Notausgangsleuchte erlosch, der Karton fiel von selbst auf den Boden und ich wurde von unsichtbaren Händen durch die geschlossene Türe hindurch gestoßen und landete in meinem gepolsterten Bürostuhl. Auf der Glasscheibe des Büchergestells spielten Algorithmen, Differenziale, Parameter, Randbedingungen und unzählige chemische Formeln, und um mein mit 'Able-

gen' bezeichneten Kistchen tanzte ein Schwarm halb-weiß-halb-schwarzer Pinguine um eine viel zu große Atombombe und pickten sich in ihre Schwänze.

Oben an der Bombe, wo der Zünder eingebaut ist, blähte sich der Stahl und wurde zu einem zierlichen Flaschenhals, während unten der Körper schrank und zu einem handlichen Alambik wurde, der gerade die rechte Größe für das Holzkistchen hatte. Sein Hals weitete sich ein wenig und spuckte unzählige Bücher, Notizen, Photokopien und tonnenweise Quartals- und Jahresberichte, Pläne, Personalvorschriften, Memos und gelbe Meldezettel. Als letztes wurde eine riesige Schlange in die Südostecke des Büros geschleudert. Die Pinguine erstickten, einer nach dem andern, und der Nebel von Nifelsheim entwich ihren Kadavern, breitete sich im ganzen Raume aus, wurde aber vom sanften Licht der Aurora aufgelöst. Die Ewige Sonne beschien einen riesigen Fernsehschirm, wo "Eins ist Alles" und "Alles ist Eins" in rascher Folge aufblinkten. Merkurische Geister verbreiteten den süßen Duft von Tausenden von Blumen, und an der Quelle der Weisen entfaltete ein weißer Schwan seine glorreichen Flügel. Ich hatte eine 357er Magnum Kaliber 0.44 in der Hand, zielte gut, und der Schuss ging von selbst los. Der Noble Gral der königlichen Kunst zersplitterte mit Tausenden von Kiloelektronenvolts, der goldene Krug sprang und brach auf der ewigen Quelle und mitten in den Splittern zappelte verzweifelt eine Zehnpfundforelle."

* * *

Wir haben die Aufzeichnung dieses Traums in Pepes Notizen gefunden und hier wortwörtlich wiedergegeben, weil er, wie wir in den nachstehenden Kapiteln zeigen, in engem Zusammenhang mit dem Magnum Opus steht. Beim ersten

Durchlesen haben auch wir seine Bedeutung nicht verstanden und gedacht, er sei so trivial und oberflächlich wie Pepes Literatursammlung[9], kaum wert, in unserer Studie eingeschlossen zu werden. Weil aber allzu vieles auf das große alchemistische Werk und Pepes weitere Entwicklung zeigt und zudem Pepe von der Zeit an, als er seinen Traum aufgezeichnet und die Literatursammlung zusammengestellt hatte, immer weniger auf den Zusammenhang anspielte, mussten wir im Verlaufe unsere Untersuchung zugeben, dass gerade Pepes Traum ein entscheidender Auslöser für seine fieberhafte Suche nach dem großen Geheimnis der alten Meister war. Wahrscheinlich hat auch Pepe nicht gleich gemerkt, dass es während seines frustrierenden Suchens nach dem Zusammenhang und dem Sinn von APLOT zur entscheidenden Wende gekommen war.

Pepe sass in seinem gepolsterten Bürostuhl, genau so wie im Traum. Es war keine kalte Nebelnacht, sondern ein sonniger Vormittag, als er aufwachte. Selbst das Institut sah damals freundlich aus, war doch der Ostflügel erst neulich renoviert worden. Pepe irrte auch nicht in einem dunkeln und bedrohlichem Gebäude herum, sondern kämpfte mit sich selber und sah dabei hilflos auf die Beigen von Büchern, Photokopien und über und über besudelten und meist verknitterten Notizen auf seinem Schreibtisch.

Es war kurz vor Mittag, doch Pepe hatte kein Sandwich und nichts von der großen Auswahl der scheußlichen Gerichte von der Kantine, wo man den Vitamingehalt halbgekochten Gemüses und den Nährwert von braunen Brotscheiben

---

[9] Siehe Anhang I. Weil Pepes Sammlung Wesentliches zum Verständnis des bereits Gelesenen und wichtige Hinweise zu seiner weiteren Entwicklung enthält, raten wir, Anhang I aufs Genaueste zu studieren.

mehr Gewicht einräumte als der Gaumenfreude eines erholsamen Mittagessens. Er stand nicht Schlange und hatte weder Nachspeise auf einem Plastikteller noch Kaffee aus einem Styroporbecher. Er stand zwar auf und ging zur Türe, blieb aber im Büro und drehte den Schlüssel gleich zweimal. Dass er dabei im 'In'-Kistchen ein Memo der Drakke mit dem verheißungsvollen Titel "Disziplin am Arbeitsplatz" vorfand, störte ihn nicht im geringsten, war er doch seit Jahren gewohnt, die Belästigungen vom oberen Stock systematisch zu ignorieren. Schließlich war er ja nie bestraft worden, weil er Drakkes Papierkram immer ungelesen zum anderen Abfall geschmissen hatte! Auch diesmal endete Drakkes Memo im Papierkorb. Dann sass Pepe wieder auf seinem Stuhl und schaute lustlos auf die Beigen auf seinem Pult.

Vielleicht war es Zufall, dass ganz oben auf der mittleren Beige Philaleths *Eritheus* sass. Vielleicht war es aber auch das ihm vorgezeichnete Schicksal, dass er den alten Schmöker ausgerechnet auf der Seite mit dem aristotelischen Quadrat öffnete. Wir neigen eher zu dieser zweiten Möglichkeit, denn nach Pepes Aufzeichnungen hatte er gleich gemerkt, dass die Zeichnung mit APLOT zu tun haben könnte. Auf der Figur, die Philaleth "Kompass des Weisen" genannt hatte, war links eine Säule, auf deren Sockel "Die Tat" geschrieben war und deren Kapitell mit einer Sonne geschmückt war. Rechts war eine Säule, die unten mit "Der Rat" bezeichnet und oben mit einem doppelten Mond verziert war. Ganz oben auf der Zeichnung, zwischen den Säulen, deuteten fünf Sterne den Himmel an, und unten lag ein Dreckhaufen, der wohl "Erde" bedeutete. Schon auf den ersten Blick musste Pepe die unerhörte Ähnlichkeit mit dem Departementsorganigramm erkannt haben. Die Notizen nennen denn auch für die linke Säule Dobler, Forzer und Pepe selber, also diejenigen, die an APLOT arbeiten. Für die rechte Säule sind Drakke, Massurick und Bloss genannt, die sich ja für das Zosima-P verantwortlich zeichnen. In den Sternen sah Pepe den köpfigen Verwaltungsrat und in der Erde die Bless, den Techniker und das übrige Hilfspersonal. Der Kompass, der mitten in der Zeichnung angebracht war, bedeutete nach Pepe die Verordnungen und Reglemente, nach denen sich alle zu richten hatten. Das konnte doch kein Zufall sein, so mindestens musste es Pepe gesehen haben.

Über APLOT oder den Zusammenhang war jedoch nichts Neues zu erfahren. Auch Pepes bewährte Methode, die er 'Intuitive Auskundschaftung' nannte, gab nichts her. Wir würden seine Methode eher ein zielloses, dummes und kindisches Gekripsel nennen, hätten wir nicht später erfahren, dass die Methode, wenn man dies überhaupt so nennen kann, tatsächlich zu etwas führen konnte. Jedenfalls hatte Pepe feierlich seine Schreibmappe geöffnet, die Brille aufgesetzt, dem Parker den Deckel abgeschraubt. Wie zu erwarten war, hatte er zunächst mit seiner Intuitiven Auskundschaftung gar nichts gewonnen und stand wie im Traum vor den neun verschlossenen Türen, - und wie im Traum ging die richtige von selber auf. Als er nämlich, enttäuscht von seiner erprobten aber unfruchtbaren Methode, Philaleths Buch wieder aufgegriffen und zufälligerweise auf Seite 357 aufgeschlagen hatte, sah er wieder so ein Quadrat. Es war Djabirs magisches Zahlenquadrat: Das Quadrat des großen Djabirs, Erfinder des philosophischen Alambiks! Der weise Djabir, der das aristotelische Werk ins Abendland gebracht hatte und mit Hilfe des Wertes der 28 Buchstaben die geheime Botschaft des Korans zu entziffern wusste, er, der die Beziehung und die Kombination aller natürlichen Elemente kannte und die Natur zu fassen verstand! Da war Pepe, als ob er etwas erfahren hatte, was zu begehren er nicht dachte, als ob er etwas besass, was er zu besitzen nicht bereit war. Es war, als ob er dennoch davon in

Besitz genommen würde, und doch war es nichts Unheimliches, nichts Bedrohendes. Es war, als ob sich ein sanftes Licht unmerklich ausbreitete.

Ja, Pepe spürte bereits, dass er auf dem guten Wege war, doch dachte er immer noch an APLOT und den Zusammenhang und merkte nicht, dass er bereits unter dem Portal zu der Straße der Straßen, zu der Kunst aller Künste und zum dunklen Tal war, wo die Quelle aller Weisheit entspringt. Nie hätte er damals schon ahnen können, dass er etwas finden würde, von dem er bereits besessen war. Seine Gedanken weilten immer noch bei den geheimen Plänen, die hinter dem Zosima Projekt steckten, was wohl ausschlaggebend dafür war, dass er dem djabir'schen Quadrat seine geheime Botschaft abringen wollte. Als er so begierig darauf sah, machte er seine erste richtige Beobachtung: Er fand, dass die Summe aller Zahlen in jeder Richtung fünfzehn ergab. Alles andere, was er sonst noch schloss, kam von der irreführenden Behauptung, Philaleths Quadrat enthalte eine umfassende Botschaft. Aber wie konnte auch Pepe auf den Gedanken kommen, es mit der deutschen Sprache zu versuchen! Er merkte nicht einmal, dass das deutsche Alphabet nur 26, und nicht, wie das arabische, 28 Buchstaben hat[10]!

Damit hätte man eigentlich erwarten können, dass Pepe es aufgäbe, die Botschaft mit seiner Intuitiven Auskundschaftung zu erforschen. Aber nein, wir fanden Seite über Seite in seinen Notizen, die über und über mit Zahlen und Buchsta-

---

[10] Pepe war zwar weit weg vom Denken der alten Meister, hat aber dennoch schon damals eine Technik gebraucht, die typisch für die wahren Adepten ist. Die äußerst schwierig zu verstehenden Gedankenvorgänge sind eingehend beschrieben bei: Bakr Muhamed Ibn Zakhariya (al-Razi) 926: *Unversalitas Medicinae*, Band 24: pp. 244ff.

ben bekritzelt waren. Aufwärts, abwärts, kreuz und quer standen Zahlen, Buchstaben und Berechnungen. Schon dachten wir, dass Pepes Intuitive Auskundschaftung, wie die meisten seiner Intuitiven Auskundschaftungen, in einer Sackgasse endete, doch mussten wir uns eines besseren belehren lassen, denn er kam zu einem wirklich erstaunlichen Resultat. Dies hing damit zusammen, dass er das deutsche Alphabet durchnummerierte und den Namen aller an APLOT Beteiligten Zahlen zuordnete. Für Bloss, zum Beispiel, erhielt er 2+12+15+19+19 = 67. Weil aber diese Zahl viel zu groß war, um einer von Djabirs neun Zahlen zugeordnet zu werden, hatte Pepe die Schnapsidee, die Quersumme aller Zahlen der digitalisierten Namen zu berechnen. Erstaunlicherweise war es aber ausgerechnet seine Schnapsidee, die am Ende zum erstaunlichen Resultat führte: Alle Zahlen in Djabirs magischem Quadrat tauchten auf! Für Arusashev, zum Beispiel, war die Totalsumme 114, was die Quersumme 6 bedeutete. Germann hatte die Nummer 9, Bloss die 4, Forzer die 7, Dobler die 2. Drakkes Zahl war die 5, Massurick hatte die 3 und Pepe die 1. Für die Stimme aus Blossens Büro blieb die Nummer 8 (∞!). Wahrscheinlich hat Pepe diesem erstaunlichen Resultat selber misstraut, denn wir fanden auf einer der vollgekritzelten Seiten, dass er eine Kontrolle durchführte und die Quersumme jedes Buchstabens bestimmte, bevor er die gesamte Summe ausrechnete. Alle Zahlen tauchten wieder auf. Das konnte kein Zufall sein![11]

Damit unsere Leser Pepes Gedanken besser vorstellen können, haben wir in Abbildung 1 Pepes Kompass wiedergegeben. Wir möchten es nicht unerwähnt lassen, dass es sich

---

[11] Pepe hatte recht. Dies ist kein Zufall, dies ist eine mathematische Notwendigkeit.

um die exakte Kopie aus Pepes Nachlass handelt. Gleichzeitig möchten wir betonen, dass die Zeichnung eine typisch alchemistische Allegorie ist.

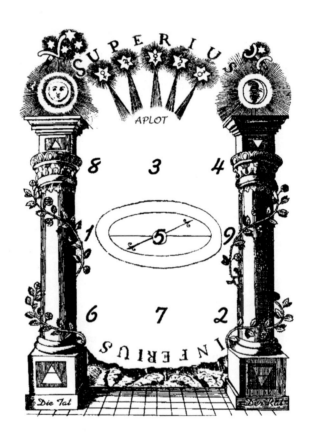

Abbildung 1: Pepes K*ompass*

* * *

Pepe war früh zu Hause, viel früher als gewöhnlich. Als er die Türe schletzte, sah seine Frau von ihrer Makrameearbeit auf und sah ihn im Vestibül, seinen tropfnassen Mantel lose über die Schulter geschlagen, unter dem Arm ein dickes Bündel Bücher.
- Schon da, Schatz?
- Nicht ganz so, viel zu tun.
- Die Bücher, Liebling?
- Geschichte der Chemie.
- Omannomannomann!
Mit einem leichten Schulterzucken fiel der Mantel auf den frisch gebohnerten Boden, und ihr Mann stürmte nach oben zu seinem Studierzimmer, von wo sie erneut Türschletzen hörte. Nicht einmal die Schuhe hatte er ausgezogen! Sie fühlte sich einsam und ausgeschlossen, als sie den Mantel in die Garderobe hängte und den verkleckerten Fußboden reinigte. Später war sie in der Küche, doch fühlte sie sich genauso einsam, als sie am Kochen war. Niemand schaute unter ihre Pfannendeckel oder versuchte hinter ihrem Rücken zu stibitzen. Während des Nachtessens war es kein bisschen besser. Ihr Mann war stumm wie ein Fisch und ging weg, einfach so, als sie ihn wegen der Bücher fragte. Sie trank ihren Kräutertee ganz alleine, und es half ihr nichts, dass sie sich einredete, sie würde den Grund früher oder später so oder so erfahren, wie es immer schon gewesen war während ihrer langen Ehe. Als sie die Sauerei um den Teller ihres Mannes und

am Fußboden darunter zu reinigen hatte, mischte sich unter die Einsamkeit auch ein Hauch Ärger.

Oben sass Pepe in seinem Studierzimmer hinter seinen Beigen Bücher, Notizen und Photokopien, die er im Büro zusammengestellt hatte. Ziemlich hilflos schaute er auf sein Gekripsel, die verwirrenden Zeichnungen, die konfusen Gedichte, obskuren Beschreibungen und die unverständlichen Erklärungen, die er in den Büchern gefunden hatte. Da gab es keinen Hauch von Ordnung, keinen Anflug von System und gar nichts, was ihn durch den geheimnisvollen Irrgarten hätte leiten können. Überhaupt nichts deutete auf die Verschwörung des Zusammenhangs, schon gar nicht auf die Geheimnisse der Alchemisten. Im Übrigen hatte er zu der Zeit keine Ahnung, wer diese alten und akzeptierten Meister waren und wusste nicht einmal, ob es sie gab, ob sie lediglich Betrüger waren, die ehrliche Bürger mit kostspieligen und zweifelhaften Geheimgesellschaften um ihr Geld brachten, scheinheilige Hochstapler, die vor gutgläubigen Anhängern mit trivialen Weisheiten auftrumpften, richtige Philosophen, die das Leben und die menschliche Natur erforschten, Mystiker, die sich selber suchten, geheimnisvolle Wissenschafter, die die Welt beherrschen wollten, Apotheker, die ein universelles Medikament herstellten, - oder Metallurgen, die gewöhnliche Metalle in Silber und Gold verwandelten.

Pepe sass träge und verwirrt hinter seinem Durcheinander und blätterte lustlos in den Papieren. Beige für Beige kam dran, Blatt für Blatt wurde angeschaut, umgedreht und abgelegt. Als er fast ganz unten an der letzten Beige war, hatte sich seine Lustlosigkeit in Verzweiflung gesteigert, doch dann zupfte er das unterste Blatt heraus. Es war Trigemists *Smaragdene Tafel*, verfasst für die Prophetin Maria, Schwester des Magiers Moses, die Pepe aus der Raritätensammlung des Instituts gestohlen hatte: *"Das Untere ist gleich dem Oberen, ähnlich wie das, was unten die Wunder der Einen erfüllt. So ist und war alles von dem Einen, ist von dem Einen geboren und von der einen wahren Kraft geschöpft und entfaltet. Die Sonne und der Mond sind seine Hüter, und es senkt sich nieder zur Erde und erntet das Wesen des himmlischen Stoffs. Es ist die Kraft aller Kräfte, die Macht aller Mächte, denn es bezwingt das Flüchtige und durchdringt das Feste. So sei erfüllt, was über das große Werk der ewigen Sonne gesagt werden muss.*

Wie im Traum stand die letzte Türe weit offen. Es war ja allzu offensichtlich, dass der dreifach große Meisters Hermes meinte, die lebende und tote Natur seien ein und dasselbe und unterschieden sich nur dadurch von einender, dass sich das Eine in beidem ganz verschieden äußerte. Damit aber waren die Worte des großen Trigemists zu einer heiligen Wahrheit geworden. Es ging einfach nicht anders, als sich das zu bestätigen und die alte Bibel auf seinem Nachttischchen zu holen. Ganz fiebrig schlug er sie auf und las die ersten Zeilen, die er damals im Konfirmandenunterricht hatte auswendig lernen müssen und schon längst vergessen hatte[12]. Trigemist hatte tatsächlich recht: Eins ist Alles, ganz wie die Ouroboros-Schlange!

Die Bibel klappte zu, auf Pepes Stirn bildete sich ein Netz von feinen Äderchen und seine Hand streckte sich zitternd aus, um aus dem wirren Haufen das Buch *Die Sieben Stufen zum glorreichen Triumph* herauszuklauben, das er von der Spezialsammlung der Zentralbibliothek geliehen hatte, - und dann sah er die Schlange wieder. Diesmal aber sah er auch die fünf Gestirne, die Sonne und den abnehmenden Mond, und diesmal las er, was darunter stand: *Eins ist Alles, Alles ist Eins.*

---

[12] Es war, in der Tat, das erste Mal seit dem Konfirmandenunterricht, dass Pepe eine Bibel in der Hand hielt, obwohl er ein fleißiger Kirchgänger war und sogar zum Kirchgemeindevorsteher gewählt worden war.

Das Eine ist eine Schlange mit doppeltem Gift, in sich Alles und für sich Alles. Hast Du nicht Alles, ist alles Nichts. Pepe las und las, las fiebernd immer und immer wieder diese wenigen Sätze, und jedes Mal fühlte er etwas mehr, dass er etwas ganz Wichtiges entdeckt hatte, etwas aus seinem Innersten, etwas, das ihn mit der königlichen Kunst verband. Es war etwas Freudiges und gleichzeitig Beängstigendes, eine eigenartige und geheimnisvolle Lust und gleichzeitig eine gefährliche, unbefleckte Angst, die sich breit machte. Schweißtropfen bildeten sich auf Pepes Stirn, die *Sieben Stufen* fielen mit einem dumpfen, unheimlichen Ton auf den Boden, und Pepe floh nach unten, um etwas Ruhe zu finden.

Er sank in seinen Chesterfield und starrte gedankenlos auf den Fernsehschirm, aber von den Nachrichten bekam er gar nichts mit. Der Ouroboros, die Sonne, der Mond, das doppelte Gift und das Institutslogo wollten einfach nicht verblassen. Immer wieder hörte er das "Eins ist Alles, Alles ist Eins". Seine Frau warf von Zeit zu Zeit einen unauffälligen Blick hinüber, aber er sass da, stumm und regungslos und machte nichts anderes als einen tiefen Eindruck in seinen Couch (Wie ein schwerer, dreckiger Sack Kohle hatte sie uns gegenüber verlauten lassen). Selbst seine Teetasse blieb unberührt. Als sie ein Gespräch anzubahnen versuchte und sagte, die Energiekosten seien schon wieder gestiegen, kam gar nichts aus der Ecke mit dem Chesterfield. Für Pepe gab es keine Energiekosten, kein Verbrechen, kein Hunger, keinen Krieg, keine dummen Politiker, nichts von den Nachrichten, die da aus der Kiste kamen. Nicht einmal das Wetter war gut genug. Nur die geheimnisvolle, allgegenwärtige Schlange, die gab es. Seine Teetasse war immer noch unberührt, als er ohne Anlass mitten im Wetterbericht aufstand und oben zu den *Sieben Stufen* griff, um sich in Trigemists *Smaragdene Tafel* zu stürzen.

Es ist die Kraft aller Kräfte, die Macht aller Mächte, denn es bezwingt das Flüchtige und durchdringt das Feste. Da hatte er plötzlich verstanden, dass die *Kraft aller Kräfte* die geheimnisvolle Energie der Großen Meister war. Ausgerechnet seine Frau war es, die ihn auf den fruchtbaren Gedanken gebracht hatte, sie, die ihr Leben lang noch nie einen eigenen Gedanken gehabt hatte. Ausgerechnet sie hatte ihn darauf bringen müssen, dass das Licht der alten und akzeptierten Meister, jene Kraft aller Kräfte, aus der Quelle aller Dinge stammt, die sie für ihr Werk, das große Magisterium, gebraucht hatten, um den Stein des Weisen herzustellen und sich selbst und das Eine zu ergründen, das *in Dir, über Dir, in Erde, Luft, Feuer und Eis, in allem Bewegten und Starren, dem Flüchtigen und Festem vom Anfang und in alle Ewigkeit vorhanden ist und war.* Ja, seine Frau war es, die ihn auf jenes ewige Licht gebracht hatte!

Leider sah Pepe nicht das glückbringende Licht, das ihn auf den richtigen Weg zum wahren Opus Magnum hätte bringen können. Noch sah er es nicht. Er war immer noch hinter den unglückseligen Machenschaften des Zusammenhangs her, der APLOT ausgebrütet hatte und jedermann darin verwickelte, um das geheime Ziel des unbekannten Meisters zu erreichen. Hätte er nicht an den unheimlichen Komplott gedacht und die Schriften der Alten etwas sorgfältiger gelesen, hätte er bestimmt gemerkt, dass das große Rätsel nur gelöst werden kann, wenn die Zeit reif und des Adepten Seele geläutert ist, und dann hätte er eingesehen, dass das große Werk nicht vom bestimmt bösartigen Zusammenhang durchgeführt werden konnte, schon gar nicht in einem unterschwelligen Teamwork. Ja, dann wäre er höchst wahrscheinlich schon zu diesem Zeitpunkt auf dem richtigen, geraden Weg zum Magnum Opus gewesen. Damals aber hing Pepe immer noch hartnäckig an der Idee eines mysteriösen und gefährlichen Zosima-Projekts, hinter dem sich ein noch mysteriöserer und gefährlicherer Zusammenhang versteckte. Vielleicht war Pepe derart von Denen-dort-oben besessen, nur weil Bloss, die Stimme aus Blossens Büro, Massurick, ja sogar Forzer etwas über eine goldene Gelegenheit geschwatzt hatten. Jedenfalls wissen wir von seinen Aufzeichnungen, dass er sogar gedacht hatte, der Zusammenhang könnte die enorme Katastrophe auslösen, wovor der große Alexandriner Moroenius in seinem berühmten Brief an den Prinzen Chalid gewarnt hatte. Wenn, so Pepe in seinen Aufzeichnungen, der Zusammenhang die Erde als Reaktor und das gefährliche Deuterium als Reagens in seinem unseligen Missbrauch des großen Werkes benutzte, ja dann wäre die weltweite Katastrophe da. Es würde nicht das erste Mal gewesen sein, dass die ungläubige und verantwortungslose Umwandlung von Elementen und der Eingriff in die komplexe atomare Struktur Elend und Leid über die Welt gebracht hatte[13]! Pepe musste sich als Jünger und Adepten verstanden haben, der die Heiligkeit des großen Werkes zu hüten und zu beschützen hatte. Warum denn sonst hatte er den folgenden Satz aus Moroeniussens Brief gleich zweimal zitiert?: "*Gott empfiehlt seinen auserwählten Dienern, das königliche Handwerk und die heilige Wissenschaft sorgfältig zu studieren und keinen Teil oder Partikel dem Profanen zu enthüllen, auf dass der, der die Kunst aller Küste besitzt, nicht leiden muss*".

Pepe war aber kein Meister, der die große Kunst zu schützen hatte und war weit entfernt, ein wahrer Adept zu sein. Im besten Falle war er ein Lehrling in den ersten Anfän-

---

[13] Solche Gedanken tauchten verschiedene Male in Pepes Notizen auf, was vermuten lässt, Pepe habe Moroenius zu verstehen geglaubt, was wiederum beweist, dass er gar nichts verstanden hatte. Siehe Fußnote 15.

gen, was er bestimmt auch eingesehen hatte, als er hinter den enormen Beigen auf seinem Pult von seiner Träumerei aufwachte. Überall waren Haufen von Notizen, Büchern, Photokopien und Zeichnungen, auf dem Pult, auf dem Teetischchen neben seinem Sessel, auf den Gestellen, ja sogar auf dem Boden lagen verschiedene Beigen. Und doch musste irgendwo in diesem großen Durcheinander das große Geheimnis verborgen sein! Irgendwo hinter einem fast unüberwindbaren Berg von Irrwegen, Zweifeln, Unbill und Versuchungen muss der lange, steinige Weg liegen, den die alten Meister in ihren rätselhaften Rezepten angedeutet hatten. Vielleicht hatte Pepe beim Anblick der Beigen bereits geahnt, dass der wahre Adept viele Male unterzugehen hatte, bevor er durch die schmale Pforte zur wahren und ewigen Weisheit treten konnte, so wie Odin, der sich am Baum Yggdrasil aufzuhängen und sich mit dem eigen Speer den Tod zu geben hatte, bevor sich der Nebel von Nifelsheim verzog und die Quelle zum ewigen Wissen sich öffnete.

Solche Gedanken und der Anblick der Haufen Papiere, die überall herumlagen, mussten Pepes Begeisterung einen tüchtigen Dämpfer versetzt haben. Bestimmt war er niedergeschlagen, schaute entmutigt ins Leere und war vielleicht bereits entschlossen, sein Glück wegzuwerfen, nach unten zu gehen, Fernsehen zu schauen und seinen Eifer mit der sinnlosen Routine zu ersetzen. Wir können das nicht wissen, aber in unserer Dokumentation haben wir erfahren, dass er beim Anblick der Haufen am Tiefpunkt von Trostlosigkeit angekommen war und aus lauter Trostlosigkeit zu einem alten Schunken gegriffen hatte, der oben auf der nächstgelegenen Beige war. Dass er dabei auf die folgende, entscheidende Passage stieß, muss nicht unbedingt Zufall gewesen sein:

Thou crossed the circles of Heaven, Nature, and Soul.
The circle of Knowledge, too high is the Toll:
Thou have not the Stature,
The Path is not for Thee.
Then appealed Nature,
That Nature Charmed Me[14].

Diese wenigen Sätze aus Whistlers *The Golden Gardens of Snow* waren wie ein Zauberspruch. Plötzlich war Pepe wieder da. Urplötzlich sah er den steinigen, sich windenden Pfad zur schmalen Pforte zu dem Einem und dem wahren Magnum Opus. Wach und fiebrig las er weiter, mit jeder Seite wuchs seine Ungeduld nach dem Einen und dem großen Spagyricum, und dabei verblasste seine Neugier nach dem Zusammenhang und dessen böser Absicht mit dem APLOT Projekt. Buch um Buch wurde herausgerissen, Seite um Seite geblättert, Zeichnung um Zeichnung angeschaut, und mit jeder Zeichnung, jedem Buch, gab es neue Wege. Mit jeder Seite verstand er etwas mehr von der geheimnisvollen Sprache der alten und akzeptierten Meister und rutschte etwas tiefer in deren wunderbare und mysteriöse Welt. Dann war es Mitternacht. Das Klopfen hörte er nicht, aber die Türe ging auch so auf. Als er doch noch aufschaute, stand seine Frau bereits am Pult und sagte zum zweiten Mal, dass es schon spät sei und dass er doch den Abfallsack raus stellen solle, wenn er morgens zur Arbeit gehe. Er nickte, hatte aber bereits beschlossen, nicht zur Arbeit zu gehen, krankheitshalber.

---

[14] Sie kreuzten die Kreise vom Himmel mit der Natur und der Seele. Der Kreis des Wissens ist auch eine starke Abgabe. Sie habe keine Statur, der Weg führt nicht zum Tee. Dann gefiel die Natur, und das war mein natürlicher Scharm (Internet Translator).

Es brauchte Zeit, viel Zeit und viel Geduld, die seltsame Sprache verstehen zu lernen. Wörter, wie etwa Albifikation, Lixiviation, Materia Confusa, Nigrendo, Hudor Thion, oder Tiefer Abgrund, waren ja nicht in jedermanns Wortschatz. Andere Ausdrücke wie etwa Kalzination, Kristallisation, Solifaktion, oder Sublimation tönten zwar vertraut, waren aber im Zusammenhang völlig unverständlich. Und wie schwierig war es, die unergründlichen Symbole der Meister zu fassen! Die halbe Nacht dauerte es, bis Pepe herausgefunden hatte, dass die Planeten und Sterne Metalle und chemische Prozesse bedeuteten. Und dann die Bezeichnung für die Chemikalien! Wirklich, es lag ja nicht auf der Hand, die zweifache Schlange, das schwarze Gold, den mächtigen Löwen, den grauen Wolf, die taube Nuss, oder gar das geheimnisvolle brennende Wasser herauszufinden.

Jene Nacht hatte Pepe wahrscheinlich schon viel von der geheimnisvollen Kunst erfahren, war aber bestimmt immer noch ein Lehrling in den ersten Anfängen. Noch war er nicht bereit, den Phönix oder den Pelikan zu sehen, der sein Junges mit dem eigenen Blut füttert. Noch war Natur und Schöpfung vereint. Noch ahnte er nichts vom Leiden, das die Alten mit ihrer verschrobenen Sprache vorweggenommen hatten, wo nur unendliche Geduld dem Leser den Verstand und das Herz öffnete. Wir können uns zum Beispiel nicht vorstellen, dass er schon damals die äußerst schwierigen Sätze aus dem *Liber Platonis Quartorum* verstand, denn dies hätte ohne Zweifel direkt zur Lösung des unergründlichen Rätsels und zum großen Arkanum der Meister geführt. Als Beispiel sei hier folgender Auszug wiedergegeben: *Apage Satana. Die Sonne, der Mond, Gott und die Natur sind nicht für nichts im spagyrischen Handwerk. Breche den kristallenen Siegel, wo die wunderbaren Farben in den metallenen Strahlen der Sonne spielen und wo der Narziss das Formbare wandelt: Denn der Philosoph extrahiert das Feuer und macht aus dem Wandelbaren Metalle, die edler sind als das edelste Silber und das edelste Gold!*

Gegen Morgen wusste Pepe bereits, dass es nicht genügte, die Sprache, Symbole und Allegorien der großen Meister zu verstehen. Er war zwar weit weg vom zweifachen König, doch ahnte er bereits, dass sich der Weg zum wunderbaren Geheimnis steil und steinig erweisen sollte, voll Schweiß und Tränen, vergossen bei Tausenden von Experimenten, tausend Male wiederholt und begleitet von ständigem Beten und der Reise in die eigene Seele. Nur unendliche, ununterbrochene Beobachtungen und Meditationen erlauben die Läuterung des Adepten, die Ergründung des wirklichen Seins und die Entdeckung des großen Geheimnisses und des Einen. Nichts Anderes könnte das Eine von dem perfekt Unreinen der Materie trennen und die Pforte öffnen. Pepe hatte aber bei seinem ersten Studium trotz aller Hindernisse beschlossen, ein wahrer Adept zu werden und auf dem gefährlichen, steinigen und steilen Weg die Essenz des Lebens und des Einen erfahren. Nichts hätte ihn davon abhalten können.

Mit der ersten Morgenröte endeten die goldenen Strahlen der Sonne die kürzeste und bestimmt eine der glücklichsten Nächte in Pepes Leben.

3.1.2 Rahmenbedingungen

Pepes Wanderung auf dem steinigen Weg zur wunderbaren Welt der alten Meister, die seine Seele geöffnet hatte und gefangen hielt, konnte auf die Dauer vor seiner Frau nicht mehr verborgen werden. Allzu Vieles hatte sich in ihrem Haushalt verändert. Dass ihr Mann in letzter Zeit mit keinem Deut an den Abfallsack oder ans Abwaschen dachte, war nicht der einzige Grund ihrer Sorgen, auch nicht, dass er meistens ohne Gruß und ohne die Schuhe oder den Mantel auszuziehen nach oben stürmte, wo er sich den lieben langen Abend und bis tief in die Nacht hinter seinen alten Schunken versteckt hielt. Sie fühlte sich einsam und vernachlässigt, hatte alles selber zu verrichten und schaute die 10-Uhr Nachrichten ganz allein, aber auch dies war für ihr Unbehagen nicht ausschlaggebend.

Früher war er so zuverlässig. Wenn er erschöpft von der Arbeit nach Hause kam, hatte sie die Suppe schon auf dem Tisch, denn nie wäre er unangemeldet eine Minute zu spät gekommen. Nur ausnahmsweise war er später dran oder hatte auswärts zu tun, und dann wusste sie es wochenlange im Voraus. So ruhig war er früher, so ausgeglichen! Sie liebte die gemeinsamen, friedlichen Abende, auch wenn er nur schweigsam in seinem Chesterfield die Zeitung las oder sich still am Stubentisch mit seiner Briefmarkensammlung beschäftigte. Selbst wenn er ausnahmsweise wegen Denen-von-dort-oben am Institut oder den dilettantischen Anfängern an der Universität aufgebracht war, hatte sie die geruhsamen

Abende genossen. Und so hilfreich war er im Haushalt gewesen! Ja ruhig und zuverlässig war er, damals.

Wenn er jetzt, falls überhaupt, nach Hause kam, wurde die Türe aufgerissen und zugeschmettert. Meist sang oder pfiff er, wenn er nach oben stürmte oder, auch so eine neue Marotte, wenn er seine dicke Mappe auf den Stubentisch knallte, nur um sie kurz zu umarmen. Einmal gab er ihr sogar einen Kuss, direkt auf den Mund! Und wenn er schon wieder zu spät kam, da gab's nie eine Entschuldigung, nicht einmal eine schäbige Ausrede. Er lächelte, fragte sie nach ihrem Tag und lobte ihre Küche, während er an der längst erkalteten Suppe schlürfte. Auch die selten gewordenen gemeinsamen Abende, an denen er nicht oben hinter seinen Schunken sass, waren alles andere als gemütlich. Das Erste war, den Fernseher abzustellen. Dann kam eine Vorlesung über Gott und die Welt, und all die anderen, kaum verständlichen philologischen Sachen. Manchmal brachte er eine Flasche Champagner, einfach so. Wenn er aber oben oder gar nicht zu Hause war, sass sie einsam am Fernseher und wunderte sich, was sich da zusammenbraute.

Auch am vergangenen Mittwoch war sie allein gewesen. Unglaublich, dass ihr Mann die intime Zusammenkunft mit dem inneren Kreis seiner Lieblingsstudenten abgeblasen hatte! Wie hatte sie doch diese Abende geliebt! Selbst wenn sie jeweils nur ihre selbstgebackenen Biskuits und Tee servierte, es waren doch auch ihre großen Stunden! Es war so wundervoll, etwas von der Wissenschaft und der weiten Welt in ihrem Wohnzimmer zu haben. Sogar die unverständlichen Witzlein ihres Mannes und das verständnisvolle, maßvolle Lächeln der Studenten hatte sie glücklich gemacht. Es war so schön gewesen! Letzten Mittwoch aber, da hatte sie Wissenschaft am Fernsehen gesehen. Etwas hatte sie es schon sehr empfunden, als ihr Mann sie gebeten hatte, die Studenten anzurufen, doch eben, er war ja so beschäftigt, ihr Mann, und hatte keine Zeit für nichts, der Arme. Etwas war da faul! Sie war sich gewohnt, dass er von Zeit zu Zeit sehr früh zur Arbeit gehen musste oder am Abend spät nach Hause kam, wenn die jährliche Institutberichte fällig waren oder wenn er an der Universität Prüfungen vorzubereiten oder zu korrigieren hatte. Das war schon immer so gewesen. Dass in dieser Jahreszeit keine Examen an der Universität und kein Jahresabschluss am Institut fällig waren, wäre genug Grund für ihre Sorgen gewesen. Was sie aber quälte hatte nichts mit den zahlreichen Überstunden, dem Verschanzen im Studierzimmer während des Wochenendes oder der krankhaften Besessenheit für alte Bücher zu tun, wenn auch die meisten eher in ein Antiquariat als auf eines Professors Pult gepasst hätten. Nicht einmal die Manie, keine Telefonanrufe abzunehmen, hatte etwas damit zu tun. Es war etwas anderes, das stank.

Pepes Frau war besorgt, aber unglücklich war sie dabei bestimmt nicht. Trotz der neuen Marotten war er ja so lebhaft und rege, lebensfreudig und so herzlich! Manchmal hatte sie das vage Gefühl, etwas ganz Besonderes, beinahe Außerirdisches sei daran schuld. Nie hätte sie vermuten gewagt, was das war, und auf den Gedanken, er habe eine Mätresse, wäre sie sowieso nie gekommen. Fragen hatte sie auch nie gewagt, weil sie ohnehin keine Antwort bekommen hätte. Damals, als am Institut der große Aufruhr war, hatte sie gefragt und die Neuigkeit sofort weiter erzählt, leider auch ihrer Schwester, die sich die Geschichte gleich ihrer Vorstellung anpasste und Pepe unvermittelt zum Vizepräsidenten erhob. Wie sie uns erzählte, sei ihr Mann rasend gewesen, als er dann aus dem weiteren Familienkreis hörte, er solle nur aufpassen, dass er nicht in die gleiche Falle trete wie Großonkel Willi mütterlicherseits, der auch eine verantwortungsvolle Stelle angetreten habe und, weil er ja völlig unfähig gewesen sei, Selbstmord begangen hatte. Er sei derart außer sich gewesen, dass sie nie wieder gewagt hatte, etwas zu fragen. Auch diesmal fragte sie nichts und entdeckte nicht, was ihn so merkwürdigerweise wie neugeboren machte.

Genau so fühlte sich Pepe, wie neugeboren. Er war verjüngt, lebhaft und beschwingt, das Eine zu erfahren. Völlig aufgegangen war er in seiner Studie der alten Meister, und mit den ersten Schimmern des wahren Lichts war sein Interesse am Zusammenhang beinahe zu nichts geschwunden. Vieles hatte er erfahren, und mit jedem Schritt auf der steinigen Straße hatte er Neues entdeckt und neue dunkle Wege zu neuen Geheimnissen gefunden. Es war eine wunderbare aber mühsame Reise, tagtäglich und stundenlang hinter seinen Büchern oder am Athanor zu sitzen, Hunderte von Malen zu kalzinieren, sublimieren, destillieren, dekantieren und von neuem wieder zu kalzinieren und dekantieren. Ganze Wochenende hatte er an der Abzugskapelle gesessen und auf schmutzige Glaswaren gestarrt, auch wenn gar nichts passierte. Und doch war es wie ein Gebet auf der gefährlichen Reise zu jener einsamen Felseninsel, deren Kliffe den entfesselten Elementen trotzen und deren Gipfel im ewigen Licht des Einen strahlt.

Das Starren auf schmutzige Glaswaren während des Wochenendes hatte sich ganz besonders gelohnt, als er zum ersten Male das zögernde Flackern sehen konnte. Wie ein Blitz kam es über ihn und öffnete Böhmes Pfad von der *Aurora consurgens*, der sich über das steile Schotterfeld ins finstere Tal hinab windet und zwischen mächtigen Eichen und gefährlichen Mooren zum Ufer jenes Meeres schlängelt, wo hinter dem goldenen Horizont die paradiesische Insel im Glanze des Einen glüht. Es war das erste Mal, dass der zeitlose Phöbus sich regte. Pepe starrte stundenlang auf das schmutzige Glas und kam völlig erschöpft und überglücklich weit nach

Mitternacht nach Hause, wo er sich vorsichtig durch die Hintertür ins Haus hineinstahl. Seine Frau wachte dennoch auf, schlief aber gleich wieder ein, denn sie war ganz sicher, ihr Mann sei an der Universität gewesen und habe, schon wieder, an einem wissenschaftlichen Sympostikum teilgenommen.

* * *

Am Institut wussten alle, wo Pepe sein Wochenende verbracht hatte. Schon am Freitag war man im Bilde, was geschehen würde. Die Bless hatte es am Kaffeetisch ausgeplaudert, und kurz darauf hatten sich die abgeschmacktesten Sprüche im ganzen Institut verbreitet, so unglaublich fand man, dass Pepe bei Frau Drakke einen Schlüssel zum Labortrakt verlangt hatte. Die abgeschmackten Witze waren wohl kaum böse gemeint, hatte doch Pepes Beliebtheit in letzter Zeit einen gewaltigen Kurssprung gemacht, was aber weder mit seiner Hingabe zur Arbeit noch mit seinen zahlreichen Überstunden etwas zu tun hatte. Im Übrigen hatte sich daran keiner gestört, und kaum einer hatte sich je gefragt, was die verrückte Versuchsanordnung in Pepes Labor soll. Niemand fand es verdächtig, dass Pepe so oft den Magaziner besuchte und in Hülle und Fülle exotische Chemikalien verlangte. Dass seine Versuchsanordnung mit den spezialangefertigten Glaswaren nichts mit der Arbeit zu tun hatte, kümmerte auch niemanden. Etwas ganz Anderes hatte Pepes Kurssprung verursacht.

Unvermutet und aus dem heiteren Himmel war er nicht mehr der langweilige Wissenschaftler, der es fertig brachte, die gemütliche Kaffeepause durch seine bloße Anwesenheit unerträglich zu machen. Sogar die Bless hatte dies gemerkt. Sie war paff, als sie ihn mit dem Techniker sich über die EM ereifern sah, wo man doch früher das Wort "Fußball" in Pepes Anwesenheit kaum zu erwähnen wagte. Beinahe hatte sie der Schlag getroffen, als sie ihn zusammen mit Dobler kichern sah, nachdem Frau Drakke im WC verschwunden war! Allerdings war es gar nicht schwierig, sich an den neuen Pepe zu gewöhnen. Er war so freundlich und nett. Die Bless konnte sich schon wenige Tage nach der wunderbaren Wandlung zum Besseren kaum an den alten Schleicher erinnern, der zögernd in ihr Büro hineinguckte und sie erst einmal mit falscher Freundlichkeit und unterwürfigem Respekt belästigte, bevor er ihr überflüssige Arbeit aufbürdete. Wenn man ihn jetzt strahlend und voller Energie ins Büro hineinplatzen sah, war kein Schimmer von dem schläfrigen, leicht gekrümmten Langweiler da.

Auch für die anderen von der Kaffeerunde war Pepe nicht mehr der fade, introvertierte Akademiker. Er strahlte etwas aus, das jeden ansprach. Sogar seine selten gewordenen Besuche am Kaffeetisch wurden geschätzt. Kein Wunder, dass man sich die unglaublichsten Sachen erzählte! Zwar entstand niemandem ein Schaden, achtete man doch sorgfältig darauf, dass die Bless nicht da war, wenn so etwas herumgeboten wurde. Kurz, Pepe war ein vollwertiges Glied der Kaffeerundengemeinschaft geworden. Dies geht schon daraus hervor, dass eines der Gerüchte Pepe zum Präsidenten eines Konkurrenzunternehmens machte, denn jeder von der Kaffeerunde war auf der Suche nach einer besseren Stelle oder hatte mit dem Gedanken gespielt, sich frühzeitig pensionieren zu lassen oder mit einer prächtigen Abfindung herausgeschmissen zu werden. Trotz aller Vorsicht war es gerade dieses Gerücht, das zu Blessens Ohren gekommen war, - und dennoch keinen Schaden anrichtete. Ihre Achtung vor Pepe und ihr Vertrauen zu ihm waren ja ins Unendliche gewachsen und allzu groß geworden, als dass der obere Stock je etwas erfahren hätte. Sie hatte es sogar gewagt, bei ihm selber nachzufragen! Alles was sie bekam war ein unbändiges Gelächter. Ihr sagte dies gar nichts, aber für Pepe kam es aus tiefstem Herzen: Keiner würde je dumme Fragen nach seiner Laborarbeit stellen, niemand würde je sagen, dass er seine Arbeitszeit für außerdienstliche Studien vertat. Keiner würde sich kümmern, keiner würde sich daran stören, nie würde ihn einer an den oberen Stock verpfeifen.

Dobler lernte den neuen Pepe zum ersten Mal kennen, als der sich unter der Türe zeigte und, wie immer, angelehnt am Türpfosten, seine dumme Frage nach den Kindern stellte. Ganz ungewöhnlich war, dass er sich vom Pfosten löste, einen vollen Schritt ins Büro tat und auf Dobler starrte, als ob er eine aufrichtige Antwort auf seine gut gemeinte Frage erwartete. Während der peinlichen Stille fühlte Dobler etwas Warmes, beinahe Herzliches und Intimes, was Dobler seit den vielen Jahren, die er für Pepe arbeitete, noch nie gespürt hatte. Das unbestimmte Gefühl war aber nicht stark genug, um endlich einmal klar zu machen, dass er gar keine Kinder habe. Weil seine Erfahrung mit den kleinen Diensten für Pepe das vage Gefühl gleich verdrängt hatte, scherte Dobler zur altgewohnten Prozedur aus und begann mit der Magnus GmbH. Erstaunlicherweise hörte Pepe aufmerksam zu, als ob es ihn interessierte, dass über die Magnus gar nicht viel zu sagen sei, dass er in den verschiedensten Bibliotheken nachgeschaut und nichts gefunden hatte und dass auch private und öffentliche Datenbanken nichts hergegeben hatten. Als Dobler sagte, dass er wegen des mehr als mageren Resultats einen Freund aufgesucht hatte, der sich in Börsensachen gut auskenne und der ihm gesagt hatte, dass die Magnus eine neue Firma sein könnte, die aus der Nachlassmasse zweier bankrotter Finanzgesellschaften entstanden sei, Razico und Geberinc oder so ähnlich, da streckte Pepe mit strahlendem Lächeln seine Hand aus. Dobler spürte eine warme, väterliche

Hand und konnte vor Erstaunen gar nichts sagen, als ihm Pepe für seine jahrelangen treuen Dienste dankte. Doch damit nicht genug. Unglaublich, dass Pepe erst noch betonte, er solle mit der Arbeit nicht übertreiben, denn es gäbe wichtigere Dinge als Erfolg, Geld und die Anerkennung vom oberen Stock!

Auch Massurick lernte den neuen Pepe kennen. Im Gegensatz zu Dobler oder zur Bless war er alles andere als erbaut. Früher war es so einfach, so zufällig im Untergeschoss vorbeizugehen, an die immer offene Türe zu klopfen, und schon war sozusagen alles erledigt. Pepe war immer da und immer für einen kleinen Dienst zu haben. Immer hatte er die kleinen Aufträge mit der Pünktlichkeit und Präzision einer japanischen Uhr erledigt! Jetzt aber war Pepe überall und nirgends anzutreffen. Wenn man ihn einmal zufällig in seinem Büro erwischte, hatte er nie Zeit, die Kleinigkeiten zu erledigen. Außerdem ist er arrogant und impertinent geworden. Zu APLOT hat er sogar "Dummer Quatsch" gesagt, als ob er ein Recht zum Denken hätte! Gewiss wusste Massurick, dass Pepe recht hatte, dass aber Pepe das zu ihm, dem Chef, gesagt hatte, das war schlichte unverzeihlich. Nicht einmal Bloss hätte das fertig gebracht! Allerdings konnte Massurick gar nichts dagegen tun, denn es wäre zu riskant gewesen. Bloss selber hatte ihm gesagt, Pepe habe die wirklich wunderbare Idee gehabt, Deuteron, Deuterium, oder was immer es war, für die bessere Verwendung der Aktivierungsenergie zu nutzen. Offensichtlich war Pepe in Blossens Meinung so gewaltig gestiegen, dass für Massurick gar keine andere Wahl blieb, als Pepes wunderbare Idee auch wunderbar zu finden und mit Bloss einig zu sein, dass der neue Pepe, so eklig er geworden war, im höchsten Maß wichtig und für das Institut nutzbringend sei. Blossens Meinung war, so nebenbei gesagt, der hauptsächliche Grund, dass Massurick nie nach dem überfälligen Zwischenbericht gefragt hatte.

Frau Drakke war vom neuen Pepe auch nicht entzückt. Sie empfand zum Beispiel Pepes herzliches Lächeln und seinen freundlichen Morgengruß falsch und heuchlerisch. Es passte so gar nicht zu ihren geschäftlichen Beziehungen, die in letzter Zeit viel zu wünschen übrig gelassen hatten. Schon seit einiger Zeit hatte sie feststellen müssen, dass Berichte und andere Dokumente aus Pepes Departement meist zu spät abgeliefert wurden und wichtige Formulare viel zu oft unvollständig und ununterzeichnet zurückkamen oder gar nicht ausgefüllt waren. Zuerst hatte sie Fräulein Bless in Verdacht, dann aber beklagte die sich selber, dass sie wegen unvorhergesehenen Verzögerungen, Fehlern und anderer Schwierigkeiten ihren Aufgaben kaum mehr nachkommen könne. Als sich die Klagen immer mehr häuften, konnte die Drakke nicht anders, als selber den Spuren der Unregelmäßigkeiten nachzugehen.

Selbstverständlich platzte sie in Pepes Büro nicht gleich mit den Vorwürfen los, wie sie es im Sinne hatte, hatte sie sich doch von Band II der allgemeinen Verwaltungsrichtlinien gelernt, dass man in diesen Fällen erst einmal um Rat fragen soll. Dennoch ging ihre diplomatisch Annäherung tüchtig fehl. Auf Pepes Schläfen schwollen die Äderchen bei der ersten zaghaften Anspielung auf die fehlenden Berichte und Formulare zu einem dunkelblauen Netz an. Ganz wütend schleuderte er ihr ins Gesicht, dass er als Forscher Besseres zu tun habe, als Papiertiger mit überflüssigem Material zu füttern und nannte sie eine dumme Kuh. Dick aufgetragen und so respektlos für eine Dame wie sie! Noch dicker und absolut ohne Respekt trug Pepe auf, als er sie wütend anschrie, sie solle doch den Plunder selber ausfüllen. Es mache ihm ohnehin nichts aus, nicht selber erfinden zu müssen, was dem oberen Stock passte. Die Chefsekretärin war sprachlos, tat aber im Gegensatz zu Massurick nicht nichts, sondern schrieb ein Memo über Pepes ungehöriges und sexistisches Benehmen. Zum Glück hatte sie nie erfahren, dass Bloss ihr Memo nicht einmal überflog und Pepe seine Kopie ungelesen vom In-Kistchen in Papierkorb beförderte.

In einem Wort, Pepe war anders geworden. Niemand konnte darüber hinwegsehen und jedermann gewöhnte sich mit der Zeit an den neuen Pepe, so oder so.

* * *

An einem jener grauen und nebligen Montagmorgen, an denen keiner gerne zur Arbeit geht, zog ein Schwall von frisch gepflügter Erde durchs Laborgebäude. Es war, als ob eine linde Sommerbrise das süßesten Parfüms von Tausenden von Blumen mitgebracht hätte, und es duftete so stark nach frischem Morgentau, dass Forzer - immer der erste an der Arbeit - meinte, Vögel singen zu hören, kaum hatte er das Tor zum Hintereingang geöffnet. Etwas später stampfte die Drakke durch den Haupteingang und fand es stinke. Es war denn auch die erste Handlung ihres Tageswerks, dass sie den Technischen Dienst beauftragte, alle Fenster zu öffnen. Dennoch blieb der Duft hartnäckig im Gebäude hängen und verbreitete eine so gute Laune, dass die Kaffeepause mehr als eine Stunde dauerte, ohne dass sich jemand daran störte oder deswegen ein schlechtes Gewissen hatte. Außer Pepe und Dobler hat auch nie einer herausgefunden, was die gute Laune verbreitet hatte.

Pepe war spät dran, später als üblich. Aus dem offenen Fenster des Kaffeeraums, schräg oben über dem Hintereingang, war lautes Gelächter zu hören. Nicht etwa, dass Pepe es nötig hatte, unbemerkt hinein zu schlüpfen, aufgefallen ist es ihm trotzdem. Was ihn aber geradezu erschlagen hatte, geschah beim Öffnen der Türe. Im Augenblick, da das quietschende Tor ein Spalt offen war und etwas von der erdigen Luft entlassen hatte, stand er umschleiert und gefesselt von dem Einen da und wusste gleich, was geschehen war. Er hatte nicht ins Labor zu gehen, um zu merken, dass das aurorale Effluvium entwichen war und oben an der überzogenen Kaffeepause eine so gute Stimmung auslöst hatte. Genau so hatte es Albert Glorez in seinem *Buch der Wunder* vorgestellt! Dass der Siegel am philosophischen Ei während des Wochenendes gebrochen war, auch dies war Pepe schon unter der Türe klar. Er war es, der mit unverzeihlichem Hochmut gedacht hatte, das Magnum Opus erledige sich von selbst. Er war es, der nicht ehrfürchtig betend am königlichen Palast sass. Und er würde es sein, der das ganze große Werk wieder ganz von vorne anzufangen hatte.

Als wir zum ersten Male über diesen Zwischenfall lasen, dachten wir, Pepe sei, wie es von einem begeisterten Forscher zu erwarten war, wütend oder mindestens verstimmt und enttäuscht gewesen. Wir mussten uns eines Besseren belehren lassen. Pepe war nicht einer jener ehrgeizigen und skrupellosen Glieder der großen Familie, der sich gewohnt war, einem Erfolg nach dem anderen nachzurennen und alles zu tun, um die Anerkennung vom oberen Stock zu verdienen, selbst wenn es auch nur diejenige von Massurick war. Dazu kommt noch, dass Pepe, wie wir zu Beginn dieser Studie berichtet haben, immer darauf bedacht gewesen war, sich nichts Falsches zuschulden kommen zu lassen und sich daher angewöhnt hatte, Verschiedenstes stoisch einzustecken. Darum war er wohl auch von seinem persönlichen Misserfolg kein bisschen niedergeschlagen. Für ihn gab es kein Unglück, keine Katastrophe, nicht einmal einen Zeitverlust gab es für ihn. Nur eines zählte: Er war auf dem richtigen Weg zum großen

Magisterium! Zum ersten Male hatte er den unwiderlegbaren Beweis dafür! Er war stolz und zufrieden und freute sich schon, das Ganze noch einmal durchzuleben und die endlosen Meditationen und Gebete zu genießen, den mysteriösen Äther zu atmen, den Raben zu kalzinieren, die himmlische Quelle zu destillieren, die drei Geister zu vereinen, und, wenn es Gott wollte, den Phönix mit der dreifachen Krone zu sehen.

Den ganzen Tag hielt Pepes gute Laune an. Dies hätte eigentlich erwarten lassen, dass er in seinem gepolsterten Bürostuhl behaglich zurücklehnte, das große Ereignis schwelgend genoss, oder mindestens glücklich war, dass der Unfall nicht die Aufmerksamkeit des oberen Stocks angezogen hatte. Aber nein, Pepe stürzte sich in die Arbeit und war ohne Unterbruch am Nachholen seiner in letzter Zeit ziemlich vernachlässigten Pflichten. Keine Sekunde lang bereute er seine Nachlässigkeit vom Wochenende, keinen Augenblick dachte er an die Warnung des großen Moroenius oder an Helvetius, dessen Haus in die Luft ging und wegen derselben Nachlässigkeit vollständig zerstört wurde. Keinen Sekunde dachte er, die Drakke anzurufen, um ihr eine unbegründbare Absenz zu begründen und statt der angesagten Sitzung im Stadtzentrum einen wunderbaren Nachmittag hinter seinen geliebten Büchern zu verbringen. Nicht ein einziges Mal war er im Labor, um die verlorene Zeit aufzuholen oder mindestens den Unfall zu vertuschen und die Unordnung etwas aufzuräumen.

Kein einziges Mal hatte man ihn an diesem denkwürdigen Tag auf einem Schwatz gesehen, auch nicht in der Bibliothek, wo er ein so treuer Kunde geworden war, dass es selbst der Bless aufgefallen war. Nicht Einmal sah man ihn am Hinterausgang mit Dobler beim Rauchen, was, so nebenbei gesagt, auch so eine neue Marotte war, die sich Frau Drakke gut gemerkt hatte. Niemand sah ihn an seinem verrückten Apparat basteln, und auch der Magaziner verwunderte sich, dass Pepe an diesem Montag kein einziges Mal weder Chemikalien noch Glaswaren verlangt hatte. Nur am Pausentisch fiel Pepes Abwesenheit nicht auf, denn er war in letzter Zeit eher ein seltener Gast gewesen.

* * *

Pepes Arbeitswut hielt manche Tage an. Dobler rauchte ganz allein am Hinterausgang und sah Pepe meistens nur am Büro vorbeiflitzen. Wenn er ihn zufällig im Gang antraf, hatte der in der Regel ein Bündel Formulare in der Hand und hatte nie Zeit für einen kleinen Schwatz. Zu dieser Zeit hatte Dobler auch keinen einzigen kleinen Dienst für Pepe auszurichten. Dobler war auch einer der ganz Wenigen, die gemerkt hatten, dass Pepes Arbeitswut und der seltsame Duft in engem Zusammenhang standen und hatte die Ruine in Pepes Labor mit eigenen Augen gesehen. Es war ja schießlich eine seiner Aufgaben, den "Irregularitäten im Laborbetrieb" nachzugehen, wie die kleinen Katastrophen in seinem offiziellen Rapport genannt werden mussten. Als der Sicherheitsbeauftragte Dobler - übrigens vor Jahren von Pepe zu diesem Amt erhoben - vor der Pepes zerstörter Apparatur stand, hätte er sich fragen sollen, was Pepe mit seiner Bastelei bezwecken wollte, und dann hätte sein Bericht höchst wahrscheinlich im oberen Stock Wellen geschlagen, was ohne Zweifel weitere, unangenehme Folgen gehabt hätte. Dobler hatte also gute Gründe, keine schmutzige Wäsche zu waschen, sich keine Fragen zu stellen, und in seinem Bericht über die Irregularitäten im Laborbetrieb lediglich 'Explosion mit unbedeutenden Folgen' zu schreiben.

Im Übrigen kümmerte sich kaum einer um Pepes bizarre Experimente. Nur Forzer hatte begonnen, seine Nase in Pepes Angelegenheiten zu stecken, denn er hatte während seiner nächtlichen Überstunden in einem der neu auferstandenen Haufen auf Doblers Pult eine Bemerkung über Deuterium gelesen und dabei gemerkt, dass es um Pepe ging. Als er dann am nächsten Morgen Doblers Bemerkung nachspürte, hatte er schon vor der Mittagspause herausgefunden, dass Pepes merkwürdige Bastelei im Labor nur mit der Hilfe des Magaziners möglich geworden war. Es war ja kaum zu übersehen, dass der Magaziner wusste, dass Pepe gemerkt hatte, was der sich alles aus dem Lager unter den Nagel gerissen hatte und Pepes Schweigen damit kaufte, dass er ihm immer alles auslieferte, ohne eine dumme Frage zu stellen. Bestimmt war dies auch einer der Gründe, dass Forzer immer der erste an der Arbeit war und sich jeden Morgen in Pepes Labor genauestens umsah. Dass er auch an jenem Montag Morgen, als der seltsame Duft durchs Labor schwoll, in Pepes Labor gewesen war und die geschmolzene Masse inmitten der Glastrümmer gesehen hatte, liegt somit auf der Hand. Es musste für ihn kein Zweifel bestanden haben, woher der seltsame Duft stammte, auch wenn er keine Ahnung hatte, was Pepe mit seiner Spielerei bezweckte. Weil Forzer aber jeden Morgen auch den Feinchemikalienkasten peinlich genau überprüfte und dabei seine detaillierte Liste ergänzte, dürfte er mindestens eine Ahnung gehabt haben, womit Pepe experimentierte. Er war aber zu befangen von seinen Sorgen mit APLOT, als dass er auf die wirklichen Absichten Pepes gekommen wäre. Wir stellen ihn uns an jenem Morgen in Pepes Labor vor, wie er ungläubig auf die Ruine starrt, den Feinchemikalienkasten öffnet und seine Liste ergänzt, - und frustriert wegschleicht, bevor ihn jemand entdecken konnte.

Sonst aber kümmerte sich niemand um Pepes Exzentrik. Auch Massurick hatte keinen Grund, Pepes außerdienstlichen Tätigkeit nachzuspüren, denn die Drakke und Fräulein Bless hatten schon seit einiger Zeit aufgehört, sich über Pepe zu beklagen. Bloss hatte zwar von verschiedenen Seiten von Pepes außerdienstlicher Labortätigkeit gehört, aber auch er tat nichts, weil er mit seinem Geschäftsfreund Arusashev völlig einig war, dass ein makelloser Forschungsplan nicht unbedingt zu bedeutenden Entdeckungen führen muss. Bei weitem wichtiger war es, den Forscher machen zu lassen und seine Begeisterung für seine Ideen und Träume nicht vorzeitig zu brechen.

3.2 Datensammlung

3.2.1 Synthese

Wäre jemand auf die hirnverbrannte Idee gekommen, das Institut an einem Samstag zu besuchen, hätte für ihn das Gebäude genau so ausgesehen, wie es an einem Samstagnachmittag auszusehen hatte. Beim genaueren Hinsehen wäre allerdings der rote Pickup-Kleinlaster auf dem leeren Parkplatz und das offene Fenster am Ostflügel aufgefallen, genau unter der Stelle, wo heute die hässlichen Brandspuren zu sehen sind. Es war aber kein Mensch auf dem riesigen Parkplatz, der den roten Pickup kannte und auf den Gedanken gekommen wäre, Pepe sei schon wieder hinter seiner skurrilen Versuchsanordnung.

Es war tatsächlich Pepe, der am Samstagnachmittag hinter dem sperrangelweit offenen Fenster schwitzend am Athanor stand. Nicht alleine wegen der unbarmherzig brennende Julisonne hielt er mit klebrigen Fingern einen kleinen Erlenmeyerkolben in der Hand. Er schwenkte ihn behutsam hin und her und sah durch das kristallklare Glas das himmlische Bächlein schimmern, das er von der ewigen Quelle abdestilliert hatte. Glänzende Wogen ephemerer Wolken blitzten auf, als ob sich die Flüssigkeit von ihrer einengenden Form lösen und mit dem einen, wahren Licht zum ewigen Ganzen verbinden wollte. Als Pepe den Kolben mit dem Geist des Einen äußerst vorsichtig neben die zwei anderen Gefäße auf dem Labortisch abstellte, hörte er einen tiefen, vollen Ton. Wie der Schlag einer riesigen Glocke tönte es. Auf der linken Seite stand das lebendige Merkurialwasser, der Himmelsbote, das erste aller Metalle und Essenz aller Essenzen, das schlagartig und unweigerlich bei der geringsten Verletzung des merkurianischen Siegels entwiche. Auf der rechten Seite war die goldene Quelle, Ferment oder auch Athoäther genannt, die im koagulierten Morgentau enthalten war und dank der Rebe der Weisen gefangen werden konnte. Zwischen den beiden Erlenmeyerkolben stand ein seltsames Gefäß: Nicht rund, noch oval, eher eiförmig sah es aus. Es war der noble Palast mit dem toten Raben, dessen Geister unzählige Male mühsam kalziniert, kopuliert, destilliert, gereinigt und abgefangen worden waren. Da standen sie also, die drei Gefäße auf dem Labortisch und waren bereit für die chymische Hochzeit, dem letzten Schritt zum Großen Werk. Bald würde sich die lebendige Quelle mit dem Salz der Erde vereinen und jenen Sohn gebären, der strahlend und herrlich den Thron der Gestirne ersteigen sollte.

Pepe hatte einen langen und steilen mit unzähligen Hindernissen gepflasterten Weg hinter sich. Tage- und wochenlang hatte er am Athanor gesessen, Hunderte von Malen hatte er es falsch angepackt, und Tausende von Irrewegen hatte er begangen, bis er so weit war. Als er vor vielen Wochen den grünen Drachen mit dem grauen Wolf im Palast eingeschlossen hatte, geschah zunächst gar nichts. Tag für Tag hatte er in den Palast gestarrt, und mit jedem ereignislosen Tag, an dem der Reaktor zu nichts erwärmt worden war, wuchs sein Zweifel an den großen Meistern. Selbst das innigste Beten hatte nichts anderes gebracht, als dass das Gefäß mit jedem Tag etwas schmutziger wurde. Es war zum Verzweifeln, doch dann hatte der Palast ganz leise gezittert.

Dies war der Einzug des hungrigen Löwen. Der Königs und Träger des edelsten Samens war es, er, der das Werk und den Adepten zum einzigen Licht erheben sollte. Im Reaktor spuckten Bläschen beim Zerplatzen kaum sichtbare Dunstwolken aus, und als dichter Nebel den noblen Palast bewohnte, benetzten zarte Tropfen die Reaktorwand und bildeten ein Netz glitzernder Diamanten, die Tropfen für Tropfen nach unten sickerten und von der gnädigen Erde aufgenommen wurde. Dies hatte den doppelten Drachen erweckt. Feuer spie aus der Tiefe die lebendigen Wasser und legte sie als ewigen Schnee auf flüchtige Berge, wo der unendliche Äther die Schöpfung von ihrer einschnürenden Form befreite und den königlichen Palast zum wahren philosophischen Ei machte, dem Hort des sich regenden Phönix. Da spie die dreifache Schlange mit dem dreifachen Gift zischende Rauchwolken aus. Scharfe Zähne durchbohrten die schwefligen Schuppen des feuergeschmiedeten Drachens und Blut spritzte pechige Striemen, die zähflüssig zum unendlichen Meer drängten, wo salzige Samen bleierne Kristalle gebären und der Ouroboros mit der unreinsten aller Unreinheiten die größte aller majestätischen Schönheit verbirgt. Dann schwand die dreifache Schlange und der Mond tat sich mit der Sonne zusammen, um den beflügelten Helden mit der siebenfachen Blume zu befreien. Auf dem Meer glühte ein goldenes Korn. Der Schwan breitete seine Schwingen aus. Weißer als weiß schimmerte der seidene Schleier um die herrliche Krone, und mit fernem Donnergrollen elektrischer Auroren strahlte der Palast mit unwiderstehlicher Kraft: Pepe hatte die goldenen Strahlen der ewigen Sonne und das Innere der Erde gesehen.

In diesem Stadium des großen Werkes hatte Pepe Merkurialwaßer zu ernten. Die äußerst heikle Operation konnte nur erfolgreich durchgeführt werden, wenn die Anweisungen Al-Razis aufs peinlichste eingehalten wurden. Er konnte sich zum Beispiel nicht leisten, die jungfräuliche Trennung mit Gewalt zu erzwingen, und auch der heilige Hain musste auf äußerst vorsichtiger Weise durchdrungen werden, denn sonst wäre es unweigerlich zu einer fatalen Implosion gekommen, - wie an jenem Montag, als der frische Duft von Tausenden von Blumen das Institut beherrschte. Für Pepe war die heikle Operation, and der so viele Meister gescheitert waren, ein Kinderspiel. Seine moderne Ausrüstung erlaubte ihm mit Präzision die Temperatur zu halten oder zu steigern, den Druck aufs Genaueste einzustellen und die Zeitabschnitte fehlerlos einzuhalten. Dank seiner modernen Ausrüstung war es beinahe Routinearbeit, den weißen Schwan in die drei Geister aufzutrennen. Auch bei der Transvasierung gab es keine Komplikationen wie bei den Alten Meistern, ja, Pepe fand es nicht einmal nötig, die umständliche Atwood-Methode anzuwenden. Seine moderne Apparatur erlaubte ihm sogar, das himmlisch Bächlein gleich nach der ersten Kalzination zu destillieren. Dennoch war es eine mühselige Arbeit, Tag für Tag an der Kapelle zu sitzen und die Destillationen über und über zu wiederholen und das himmlische Bächlein aufs Genaueste zu beobachten. Aber es hatte sich gelohnt. Endlich hatte er verstanden, warum der weiße Rückstand zu- statt abnahm und warum der Große Hermes auf die *Tafel der Pharaonen* geschrieben hatte "*... es senkt sich nieder zur Erde und erntet das Wesen des himmlischen Stoffs*".

Als Pepe den Rückstand kalzinierte, verlor der mit jeder Operation etwas an Glanz, bis er völlig matt und stumpf dalag. Es war das Reinste des Unreinsten und sollte schwärzer als schwarz werden und den toten Raben gebären, der in der formlosen Materia Prima den Keim des neuen Lebens trägt. Und richtig, die milde Wärme brachte das körnige Pulver zum Schmelzen. Es wurde so schwarz, dass man nicht mehr sehen konnte, was den Palast bewohnte. Vollständige Finsternis herrschte, als der Rabe starb. Es folgten unzählige Destillationen unter endlosem Meditieren und Beten, die Pepe in sein Innerstes sinken ließen. Schon nach dem ersten Durchlauf hatte er gesehen, dass sich eine kaum sichtbare Substanz bildete. Sie war weder Gas noch Flüssigkeit und war so perfekt durchsichtig, dass sie wie der reinste aller reinen Diamanten schillerte. Dies war die unbefleckte und heilige Philosophenquelle, die Essenz aller Essenzen und göttliche Blume, die Saint-Germain am böhmischen Hofe gezeigt hatte. Beim zweiten Durchlauf gab es deutlich mehr von der eigenartigen Substanz, und der Rückstand war deutlich golden. Dann folgte Durchlauf auf Durchlauf, denn Pepe hatte die Warnung des ehrwürdigen Gebers zu Herzen genommen und dem zweifachen König ohne Unterbruch gedient, bis sie Zwillinge vollendet waren.

Am Samstagnachmittag, als Pepe die drei Geister auf dem Labortisch aufreihte, waren die Zwillinge vollendet und für die chymische Hochzeit bereit. Links stand das Metall aller Metalle, Bote des Einen und legendäres Mercurium. Daneben lag der tote Rabe im königlichen Palast und ganz außen fermentierte der Realgar, die goldene Quelle, die das Prinzip des Lebens zeigen sollte.

Für die Alten war der erste Schritt zur Vollendung des Magnum Opus äußerst kritisch. Mancher hatte wegen der misslungene Transvasierung mehrere Male ganz von vorne anfangen müssen. Pepe aber hatte zum Brechen des hermetischen Siegels und zur Vereinigung der drei Geister nichts anderes zu tun, als einige wenige Verbindungsstücke aufzuschrauben, zwei Ventile zu öffnen und die peristaltische Pumpe laufen zu lassen. Allerdings tat sich im königlichen Palast gar nichts, als Pepe den Schalter niederdrückte. Gar nichts tat sich. Und doch war der doppelköpfige Held nicht tot. Pepe schwitzte mehr denn je, lief rosarot an, und die Venen auf seinen Schläfen quollen zu dunkelblauen Schläuchen auf, als er das deutliches Glimmen des unvergleichlichen Sohnes des Einen sah. Mit zittern Fingern reichte er zum

Kontrollgerät und drehte den Knopf vorsichtig, um die Temperatur so langsam wie möglich auf die erste Stufe zu bringen. Zögerndes Glühen des edlen Bernsteins, kitschig wie ein Sonnenaufgang, sagte die ersten Spuren des erhabenen Samens an. Bald würde das wahre Feuer mit Donner und Schmerzen erwachen! Zeit, um die Temperatur auf die zweite, gerechte Stufe einzustellen. Blitze, eine rollende Feuerquelle, das blanke doppelte Schwert, der Donnerhammer zerschmetterte unbehauene Steine, das goldene Bächlein plätscherte von den ewigen Bergen, noch fünf Schritte bis zur Kammer, wo der Lohn des Gerechten wartete.

Pepe drehte vorsichtig den Regulierknopf auf den dritten, sublimen Grad. Sturm durch die Gärten der silbernen Tränen, Blust im tiefsten Abgrund, grüne Vögel in Yamirs Haus, messerscharfe Zähne im kristallenen Meer. Eine Koralle mit blutrotem Stamm streckte sich aus der aufgewühlten See, Zähne nagten, Adler schrieen, und das Einhorn floh, als der Baum donnernd zusammenbrach. Die Saite zersprang, der goldene Krug zerbrach am ehernen Brunnen, Staub umhüllte den Morgenstern, Wyrm com snican toslat he Man, Zeit für den erhabenen, letzten Grad. Der Palast erzitterte, das Ei knackte und sprang mit einem ungeheuren Knall entzwei, um das steinerne Juwel aus der Stirne des Engels zu befreien. Der wunderbare Pfau entfaltete seine tausendfarbigen Federn, die metallisch glitzernd im Licht des Einen strahlten. Der edle Gral glühte im Triumph, und die sechshundertsechsundsechzig Posaunen spielten einen Walzer. Die sieben Siegel brachen und der erhabene Phönix mit der dreifachen Krone, Vater und Mutter aller Metalle, entstieg dem jungfräulichen Feuer. Der Schrei des fütternden Pelikans füllte den Palast, und der unvergleichliche Sohn der Sonne, der zweiköpfige König mit der doppelten Schlange, entstieg seiner goldenen Muschel. Mit der siebenfachen Blume der irdischen

Mutter in der Hand erstieg er die drei silbernen Stufen zu seinem Thron, beschützt von fünf goldenen Drachen und bedeckt vom Baldachin mit den sieben Gestirnen und den zwölf Tropfen der Aurora. Fünfzehnsaitige Lauten spielten an der Quelle aller Quellen, wo in den ewigen Gärten des Einen die Akazie blüht und die fünfundfünfzig Lilien ihren köstlichen Atem in der himmlischen Stadt verbreiten.

Im abgekühlten Reaktor war eine merkwürdige Substanz, extrem schwer, scharlachrot, und so fein gekörnt, dass Pepe nicht hätte sagen können, ob es sich um Pulver oder eine Flüssigkeit handelte.

* * *

Von den Unterlagen wissen wir, dass Pepe erschöpft mit der schweren Flasche in der Hand am Athanor stand. Bestimmt dachte er daran, dass er jetzt, da er das Große Werk vollendet hatte, auf dem besten Wege war, das Eine große Geheimnis zu erfahren, um selber ein Meister zu werden. Sein Erlebnis am Athanor war ja Beweis genug, dass er den wahren Stein der Weisen, die spagyrische Tinktur in der Hand hatte. Dann streifte ihn der wunderbare Duft des auroralen Effluviums, womit er einen weiteren Beweis für die Echtheit des Pulvers hatte, denn schlagartig war er erwacht, erfrischt und voller Lebenskraft. Wie wir aber später erfahren haben, tat er dennoch nichts von dem, was wir erwartet hatten. Nicht den geringsten Hinweis fanden wir in den Akten, dass er vertiefte Betrachtungen anstellte oder daran dachte, wie er den Stein für seinen lang ersehnten Rücktritt vom Institut nutzen könnte. Nein, er tat etwas Merkwürdiges, in unseren Augen eindeutig Dummes. Dass er eine kleine Portion der Tinktur in ein sauberes Reagenzglas abgefüllt hatte, wäre unserer Meinung nichts als vernünftig gewesen, dass er aber das kleine

Muster mit nach Hause nahm und den ganzen Vorrat des wertvollen Pulver im Feinchemikalienkasten verstaute, war uns zunächst ganz unverständlich.

3.2.2 Analyse

Pepes Frau hörte am Samstagabend kein Türschletzen, Pfeifen oder Singen. Als sie unauffällig über ihre Pfannen zum Vestibül hinüber spienzelte, sah sie niemanden zur Treppe nach oben stürzen. Ihr Mann hängte seinen Mantel wortlos in die Garderobe, zog die Schuhe aus und schlüpfte zum ersten Mal seit Wochen in seine Pantoffeln. Als sie wieder über ihrem Meisterstück gebeugt war und der süße Duft der Potage Aurora um ihre Nase strich, hörte sie die Pantoffeln über den frisch gebohnerten Boden schleifen, und als sie ganz nahe waren, da fühlte sie einen nassen Schmatz auf ihrem Nacken und sah gleichzeitig, wie ein Arm an ihren Wangen vorbei strich und nach dem Schalter am Herd langte. Sie hatte es gleich verstanden, dass das Abstellen eine Einladung war. Auch wenn sie es seltsam fand, sagte sie nichts, hatte sie doch schon monatelang kein Restaurant mehr von innen gesehen. Als sie dort waren, sagte sie auch nichts, aber es war wirklich überrissen, ausgerechnet zu jenem noblen Palast zu gehen, wo Bloss seine exquisiten Gäste auszuführen pflegt. Dabei hatte ihr Mann nicht einmal ein Spesenkonto für die Extrafagans!

Als sie wieder zu Hause waren, setzte ihr Mann Tee an, ohne dass sie ein Wort zu sagen hatte. Am Sonntag sass er den ganzen Tag an seiner Briefmarkensammlung, und am Montag ging der Abfallsack ganz allein zur Müllsammelstelle auf der Straße. So schön war es, ihren alten Ehemann wieder um sich zu haben! Sicher war da etwas faul, aber das war noch lange kein Grund, mit ihrem gefälligen und häuslichen Mann unzufrieden zu sein. Sie konnte einfach nicht anders, als sich gleich an die wunderbare Wandlung zu gewöhnen. Wie früher gab es jetzt wieder gemeinsame Teestunden, man schaute die Nachrichten zusammen an, und über das Abwaschen hatte sie sich überhaupt nie zu kümmern.

Dennoch hatte sie manchmal das vage Gefühl, er habe etwas Dummes getan oder habe ein anderes peinliches Geheimnis und würde sicher wieder seine früheren Gewohnheiten pflegen, wenn der Grund dazu ausgekommen oder vergessen war. Oft fragte sie sich dann, wie lange es wohl dauerte, bis er wieder oben bei den Büchern oder gar nicht zu Hause sein würde. Die klammen Momente wurden jedoch immer seltener, so beständig und hilfreich war er im Haushalt. Einmal hatte er sogar die Kirchenratssitzung geschwänzt, nur um mit ihr einen gemütlichen Abend bei einer guten Flasche Wein zu genießen! Es war gar nicht schwierig, sich an die neuen Umstände zu gewöhnen, brauchte es doch nur wenige Tage, bis sie sicher war, dass er nie wieder in die alten Gewohnheiten zurückfallen würde. Nach der ersten Woche hatte sie bereits zu denken begonnen, es sei ihr eigener Verdienst, einen so mustergültigen Ehepartner zu haben.

Am Institut hatte man Pepes Transmutation nicht so schnell zu Kenntnis genommen. Forzer war mit seinen Karrierenplänen zu beschäftigt. Dobler misste zwar die gemütlichen Rauchpausen und hatte vielleicht schon etwas bemerkt, aber es ging ihn ja nichts an und er hatte seine eigene Arbeit. Ob jemand am Kaffeetisch die neue Einstellung von Pepe zu Kenntnis genommen hatte, wissen wir nicht, denn niemand machte darüber eine Bemerkung. Oben, in der Chefetage, merkte man es zuerst, weil dem höheren Management schon nach einer Woche aufgefallen war, dass in letzter Zeit alles aus Pepes Sektion tadellos war und nie etwas fehlte. Kein einziges Formular war ununterzeichnet, unvollständig oder verspätet! Als Massurick, gestochen von dieser neuen Art, sich zu wundern begann und wie üblich so per Zufall bei Pepes Büro vorbeiging, war er richtig paff. Pepe war im Büro, und er arbeitete! Pepe lächelt sogar breit und fragte "Was gibt's?", anstatt wie üblich knallrot zu werden. Massurick wagte dann einen diskreten Blick ins Out-Kistchen und sah den längst überfälligen Vierteljahresbericht, offensichtlich vollständig und für die Bless zum Abschreiben bereit. Im Ablegen-Kistchen lag, ausgefüllt und unterzeichnet, die Kopie von Formular 'A' der Patentanmeldung. Verwirrt und verärgert von seinem überflüssigen Besuch im Untergeschoss verschwand er zum ersten Mal, ohne Pepe um einen kleinen Gefallen zu bitten.

Fräulein Bless hat es von Frau Drakke erfahren. Als die in ihrem Büro auftauchte, hatte sie zuerst ein ungutes Gefühl, wurde aber gleich eines Besseren belehrt, denn Frau Drakke erlaubte sich eine private Bemerkung und konnte gar nicht verstehen, warum alles aus Pepes Büro so plötzlich so ordentlich, ja geradezu vorbildlich war. Der Bless ist es dann auch aufgefallen, und so kam es, dass noch am selben Nachmittag die Neuigkeiten an die Kaffeerunde kamen, wo Pepes Beflissenheit mit ein paar unangebrachten Witzen geehrt wurde. Die Drakke aber erwartete ohnehin volle Hingabe aller Glieder der großen Familie und fand es überflüssig, weitere Bemerkungen fallen zu lassen. So lange alles hübsch und fein und reglementgemäß erledigt wurde, hatte sie nicht das geringste Bedürfnis, nach dem Grund für Pepes Wandlung zu fragen. Wahrscheinlich hatte sie sich diese Frage nie gestellt, weil Bloss in einem seiner eher seltenen intimen Moment ihre Achtung vor Pepe gewaltig geschürt hatte. Noch nie hatte sie so ein Lob gehört und musste es einfach glauben, dass Pepe einen wunderbaren Vorschlag für APLOT gemacht hatte und dass das Institut wirklich gesegnet war, einen so hingebungsvollen Mitarbeiter zu haben.

Hätte Bloss gemerkt, dass Pepe gar nicht meinte, was er sagte und ein ganz anderes Ziel verfolgte, als das Zosima-Projekt zu einem guten Ende zu bringen, und gar nicht der treue und gute Mitarbeiter war, wie er sich vorgestellt hatte, dann hätte er bestimmt Pepe nicht so in den Himmel gehoben, - und Pepes Geschichte hätte ganz anders geendet, als es zum Anfang und am Ende dieses Berichts beschrieben ist. Weder Bloss noch Drakke waren je auf den Gedanken gekommen, dass Pepe sie und alle anderen vom oberen Stock für lächerliche Anfänger hielt, die mit ihrem Komplott wer-weiß-was-für-ein obskures Ziel mit APLOT verfolgten, und beschlossen hatte, alles über den filzigen Zusammenhang herauszufinden[15]. Nie hätten sie denken können, dass Pepe seinen wunderbaren Vorschlag völlig aus der Luft gegriffen und nur deshalb angebracht hatte, weil er den Zusammenhang provozieren wollte.

Zum Zwischenfall, der Blossens Lob und Drakkes Bewunderung ausgelöst hatte, war es im Korridor gekommen, als Pepe auf dem Weg zur Kaffeepause mit Bloss zusammenstieß und ein dicker Stoß Papier von Blossens Armen auf den Boden fiel. Für Pepe war es ein Geschenk des Himmels, endlich einmal einen guten Blick unter den filzigen Teppich zu tun und beim Auflesen der Papiere so ganz nebenbei zu sagen, dass er wohl wüsste, wie das Zosima-Projekt anzupacken

---

[15] Vielleicht wollte Pepe die oben mehrfach erwähnte große Katastrophe verhindern, vor der Moroenius gewarnt hatte. Siehe Fußnote 27.

sei. Als er Bloss auftischte, man sollte doch an eine alternative Aktivierungsenergie denken, um das Deuterium besser zu nutzen, dachte Pepe wohl, nach dieser Einleitung schon eine Gelegenheit zu einer wirklich deftigen Provokation des Zusammenhangs zu haben. Leider kam es nie dazu, weil Bloss einen seiner berüchtigten Monologe los ließ, um klar zu machen, dass er der Boss und auf dem neuesten Stand der Forschung war. Er schwelgte die ganze Zeit in Runga-Kutta-Fehlberg, Deuterium, und vor allem in einem brandneuen Modell, in das die alternative Energie eingebaut werden sollte.

Es sah also gar nicht so aus, dass Pepes Bemerkung die Achtung der Drakke zur Folge haben könnte, schon gar nicht, dass Pepe wegen Blossens Monologs in unabsehbare Unannehmlichkeiten verstrickt werden sollte. Dies hatte damit zu tun, dass Bloss am Ende seiner Gedanken in Forzer den geeignetsten Sachbearbeiter für das neue Modell sah. Natürlich hatte Pepe die Folgen von Blossens Monolog nicht sehen können und war eher zufrieden mit ihm, denn, so wie es aussah, würde er den Forzer schon bald bis zur Erschöpfung mit Arbeit überhäufen, womit die Probleme mit APLOT ins Unendliche verschoben würden, bis eines Tages das unselige Zosima-Projekt dem unerbittlichen Aktenbestattung auf Doblers Pult anheim gebracht werden konnte. Leider war Pepe von den guten Aussichten so erbaut, dass er an Stelle der deftigen Provokation die allzu technische Bemerkung wagte, APLOT sei schon etwas unklar definiert und müsste doch zuerst einmal besser abgegrenzt werden. Bloss schaute ihn befremdet an, drehte Pepe den Rücken zu und verschwand mit seinem Bündel unter dem Arm, ohne ein Wort zu sagen.

Wegen der unerwarteten Wende und den guten Aussichten für APLOT machte sich Pepe in bester Stimmung zum Kaffeeraum auf, um die gute Neuigkeit Forzer beizubringen.

Die gute Laune erhielt einen tüchtigen Dämpfer, als er die Türe öffnete. Es herrschte eisige Stille über der Pausenrunde. Nur das Klappern von Blessens Stricknadeln war zu hören, und ab und zu das Geräusch von Papier, wenn Forzer im Produktekatalog die Seite umschlug. Als Pepe mit der Teekanne fertig war und sich mit der vollen Tasse dem Tisch zuwandte, konnte er gerade noch sehen, wie Forzers Augen nach unten rutschten und den Produktekatalog fixierten. Es war, als ob etwas ganz Besonderes am Brauen war. Der Techniker war in seinen Comic versunken, Dobler starrte gelangweilt aufs Sportblatt.

Letztendlich konnte die Bless die gespannte Stille nicht mehr aushalten und meinte, Doktor Massurick habe sich schlecht gefühlt und sei nach Hause gegangen. Schweigen. Dobler versuchte es mit dem Wetter, indem er es gerade das Beste für seinen abendlichen Angelausflug fand. Er hatte wesentlich besseren Erfolg, denn Forzer ging darauf ein und lobte die Klimaanlage seines Sportwagens. Die unangenehme Stille stellte sich aber dennoch von neuem ein. "Der arme Doktor Massurick muss zu Hause bleiben" war Blessens zweiter Beitrag. Weil aber dem niemand etwas anzufügen hatte, raffte sie ihre Siebensachen mit einem Seufzer zusammen und quetschte die Stricksachen in ihren Plastiksack. Da war jedem klar geworden, dass die kurze Pause zu Ende war. Das endgültige Ende kam aber erst etwas später mit dem Geräusch der rutschenden Stühle, dem Klappern von Kaffeetassen, die man ins Abwaschbrünnchen hineinstellte und dem Rauschen von Wasser, als der Techniker die Kaffeemaschine reinigte.

Pepe hielt Forzer unter der Türe an und setzte sein bestes Lächeln auf, doch kam es nicht zu dem großen Moment, den er sich ausgemalt hatte. Es gab keinen Forzer, der gleich die nächste Sprosse zum oberen Stock sah und voller Begeis-

terung den Auftrag, der immerhin von Bloss selber stammte, mit Freude und Dankbarkeit annahm und für alle Ewigkeit an Runga-Kutta kaute, bis sich das Zosima-Projekt wegen Blossens Pensionierung von selber erledigte. Im Gegenteil, Forzer war kurz angebunden. Er konnte gar nicht deutlicher sein, als er Blossens Auftrag dumm und überflüssig fand und mit dem Quatsch gar nichts zu tun haben wollte. Nicht einmal nach einer fadenscheinigen Ausrede hat er gesucht!
- Ich darf schon bitten!
- Dumm und Quatsch hab ich gesagt, und Sie sollten es doch selber wissen!
- Sollte ich?
- Steht doch alles in meinem Report, verdammt nochmals!
- Nun ..., also ...
- Vor zwei Wochen.
- Ach so, Der Bericht!

Dumm und überflüssig hatte Forzer gesagt, und genauso hatte er es gemeint. Es stimmt auch, dass er einen Bericht geschrieben hatte, der genau das besagt, wobei er allerdings mehr an seine Karriere als an APLOT gedacht haben dürfte. Dass sein Bericht große Wellen schlagen würde, hatte er bestimmt nie bezweifelt, schon gar nicht, dass er nach dem großen Tumult als strahlender Sieger die nächste, wenn nicht gleich mehrere Stufen auf dem Weg zur Spitze nehmen würde. Er hätte sich sicher beim besten Willen nicht vorstellen können, dass Pepe seinen Bericht ungelesen unterzeichnet hatte. Nie wäre er drauf gekommen, dass Pepe in ihm nicht den Fachmann und Kollegen, sondern den talentlosen Stümper eines obskuren Zirkels mit noch obskureren Absichten sah und alles, was von ihm kam, systematisch übersehen hatte. Und doch war es so, dass sich Pepe kaum an Forzers Meisterstück erinnern konnte, das so einschneidende Folgen haben sollte. Für ihn war es schlichte ein weiteres Stück vom Forzer, das keinen anderen Zweck hatte, als den oberen Stock zu beeindrucken, gerade gut genug, um es auf dem schnellsten Wege von In-Kistchen zum Out-Kistchen zu befördern, von wo es die Bless nach oben brachte, - und im oberen Stock bestimmt auch ungelesen abgelegt wurde. Pepe hatte doch Besseres zu tun, als seine kostbare Zeit mit dummen Fürzen zu verplempern!

Aus Pepes Tagebuch geht hervor, dass er dem Zwischenfall mit Forzer tatsächlich keine besondere Beachtung geschenkt hatte. Wahrscheinlich hatte er gedacht, dass das mit APLOT nun erledigt war, weil doch der Forzer nun auf eigene Faust die Aktenbestattung eingeleitet hatte. Forzers Bericht war im Tagebuch nicht einmal erwähnt! Ein anderes peinliches Erlebnis war im Eintrag dieses Tages aber im Detail beschrieben: Pepe sass nach dem Zwischenfall mit Forzer gemütlich in seinem Büro und war in Trimosins *Toison d'Or* vertieft, als das Telefon rang. Es rang dreimal, bis Pepe den Trimosin weg, die Mappe offen, den Parker bereit und den Hörer abgenommen hatte. Am anderen Ende war Arusashev. Pepe hatte die Rabenstimme gleich erkannt, obschon er seit Monaten nichts mehr von ihm gehört hatte. Das peinliche Erlebnis hatte aber nichts mit der Tatsache zu tun, dass Pepe Arusashevs vergammeltes Bündel immer noch nicht gelesen hatte, dass die Vertragunterlagen bereits ein schönes Stück in Doblers Beige nach unten gerutscht sind und dass Arusashevs Briefumschlag immer noch ungeöffnet in Pepes Pult lag.

Das peinliche Erlebnis hatte damit zu tun, dass Pepe daran gedacht hatte, Arusashev die Würmer aus der Nase zu ziehen. Unserer Meinung nach war Pepes Versuch aber zum vornherein zum Scheitern verurteilt. Wenn nämlich Arusashev tatsächlich zum Zusammenhang gehörte, hätte er gleich gemerkt, worauf Pepe hinaus wollte. Falls er aber nichts damit zu tun hatte, oder es den Zusammenhang gar nicht gab und APLOT nur ein dummes Programm ohne wirkliches Ziel war, dann hätte Pepe bestimmt die Achtung Arusashevs auf der Stelle verloren, was dann zu einer wahren Katastrophe hätte ausarten können. Jedermann am Institut wusste doch, dass ein guter Ruf für das obere Management viel wichtiger ist als wissenschaftliche Verdienste. Jetzt aber, wo sich die Pfuscher selber gemeldet haben, war es für Pepe trotzdem allzu schön, um nicht doch seiner Neugierde nachzugeben und durch das dicke Gestrüpp einen Blick auf das Geheimnis zu wagen. So verblendet war Pepe, dass er wirklich die kleine Provokation wagte und ohne Zögern sagte:

- Ach, guten Tag, Doktor Ahasverus.

Zum Krebsen von diesem überflüssigen Manöver war es zu spät. Arusashev hätte so oder so nichts gesagt und im besten Falle höflich seinen Namen wiederholt. Falls er nämlich zum Zusammenhang gehörte, hätte ihn doch jede andere Antwort verraten. Wenn er aber nicht dazugehörte, hätte er Pepes Anspielung ziemlich sicher gar nicht verstanden und auch nichts gesagt. Pepes "Doktor Ahasverus" erwies sich leider auch als ganz dumm, vielleicht sogar gefährlich, denn Arusashev war äußerst aufgebracht und fand es einen abgedroschenen Witz und außerdem eine üble und geschmacklose Beleidigung für sein kulturelles und religiöses Erbe, die er sich verboten haben wollte.

Pepe hatte verstanden, was die Stunde geschlagen hatte, murmelte eine vage Entschuldigung in den Hörer und glitt ohne Zögern vom heiklen Thema ab, um Arusashev mit dem vermaledeiten Magnus-Vertrag zu beglücken. Leider habe er, so Pepe, keine Zeit gefunden, die interessanten Unterlagen genügend zu studieren, habe aber trotzdem beim eher flüchtigen Durchlesen das große Potenzial des Projektes kennen gelernt. Schweigen, nur Schweigen kam aus dem Hörer. Nicht viel besser ging es, als Pepe stolz in den Hörer hinein hauchte, das obere Management sei wirklich sehr interessiert und habe beschlossen, der Magnus GmbH mit allen Kräften unter die Arme zu greifen. Das wusste Arusashev bereits. Er kannte offensichtlich die Gesinnung des oberen Stocks aufs beste, aber es war nicht der Magnus-Vertrag, worauf er hinaus wollte. Wie ein Wasserfall rauschte es aus dem Hörer, dass er inzwischen zum Interimspräsident der Zosima ernannt worden sei, die große Herausforderung mit größter Begeisterung angenommen und die neue Aufgabe äußerst motiviert angepackt habe. Er gab eine ausführliche Beschreibung der Zosima, als ob Pepe noch nie etwas von ihr gehört hätte, und dann schloss Arusashev damit, dass er sich jetzt schon auf die Zusammenarbeit mit dem Institut freue, die er zu vertiefen und auszubauen gedenke. Nach einer kurzen Pause wurde er etwas deutlicher und gab seinem immensen Kummer Ausdruck, dass die Zosima seit längerer Zeit die Forschungsaufgaben etwas sehr vernachlässigt hatte. Schließlich kam APLOT doch noch aufs Tapet.

Pepe musste etwas ganz Schlimmes erwartet haben, etwas über die verrückte Methodologie, die Rungas und die Kuttas, die Mangar und Arisashops, doch nichts von dem, nichts von Chemie oder Deuterium kam aus dem Hörer. Nie hätte er zu ahnen gewagt, dass Arusashev ausgerechnet ihn um Rat fragen wollte! Kaum zu glauben, dass Arusashev fast unterwürfig bat, ihn so schnell wie möglich zu treffen, um sein dringendes Bedürfnis zu befriedigen, mit dem Herrn Doktor die hängigen Forschungsprojekte der Zosima auszuleuchten. Selbstverständlich war es Pepe ein Vergnügen, und gewiss dachte er dabei den Zusammenhang auszuleuchten! Auch Arusashev war hocherfreut.

- Wirklich, Herr Doktor, ich bin Ihnen zu ewigem Dank verpflichtet, endlich einmal den Dingen auf den Grund zu kommen! Wahrscheinlich fühlte sich Pepe ganz ehrlich geschmeichelt, als Arusashev im anvertraute, dass er sich wirklich auf das Treffen freue und dass es für die Zosima tatsächlich entscheidend sei, bei dieser persönlichen und vertraulichen Sitzung endlich einmal die wahren Aussichten für APLOT kennen zu lernen. Das Allerbeste aber war, dass Arusashev es nicht ausschloss, dem Projekt eine brandneue Orientierung zu geben, falls überhaupt nötig. Das war alles.

Als wir im Tagebuch über den sonderbaren Anruf lasen, fragten wir uns, warum Arusashev ausgerechnet Pepe um Rat angefragt hatte, musste er doch schon längst erfahren haben, dass der nicht der richtige Mann war. Weder das Tagebuch noch die anderen Unterlagen haben einen vernünftigen Hinweis hergegeben. Weil aber im Tagebuch der Eintrag am Rand mit Frage- und Ausrufezeichen übersät war, haben wir genug Grund zu glauben, dass sich Pepe höchstwahrscheinlich dieselbe Frage gestellt hatte. Vielleicht hatte er sich auch gefragt, warum wohl Arusashev so wütend auf den Namen des ewigen Juden reagiert hatte. Es könnte ja durchaus sein, dass sich Pepe als gejagter Jäger vorgekommen war und gedacht hatte, Arusashev habe ihm angerufen, um ihm eine Falle zu stellen. Auf jeden Fall wissen wir, dass Pepe die bedenklichsten Gedanken hatte. Bestimmt hatte er sich gefragt, warum die Magnus die Zosima übernommen hatte, warum ausgerechnet Arusashev Präsident geworden war und warum das dumme Zosima-Projekt immer wichtiger zu werden drohte, - und darauf konnte Pepe nur eine einzige Antwort haben: Wegen des Zusammenhangs!

Pepe hatte an jenem Nachmittag noch einen anderen, nicht weniger überraschenden Anruf. Er hatte bereits seine

beklemmende Angst vor dem Zusammenhang mit seiner beliebten Ersatzdroge ausgetauscht und sass gemütlich in seinem gepolsterten Bürostuhl, um den Feierabend mit Trimosins *Toison d.Or* abzuwarten. Doch dann ging das Telefon los.
- Abend Dok. Kleen'n Moment.

Pepe hatte gerade noch Zeit, den Trimosin auf die Seite zu legen, den Ordner zu öffnen und dem Parker den Deckel abzuschrauben, als sich Bloss am anderen Ende meldete. Zum Glück konnte Bloss nicht sehen, dass Pepe wegen der überrissenen Magazinbezügen und den unzähligen Stunden, die er dem Institut gestohlen hatte, hochrot angelaufen war und auf die übelste Belästigung von Denen-dort-oben wartete. Hätte Bloss dies gesehen, wäre er vielleicht auch darauf gekommen, dass für Pepe nicht er, sondern der Zusammenhang am Draht war, und damit hätte die Unterhaltung höchstwahrscheinlich ein ganz schlimmes Ende gefunden. So aber war Bloss sehr zuvorkommend. Nichts von dem, was Pepe befürchtet hatte, trat ein. Im Gegenteil, Bloss hatte das Wohl der großen Familie im Sinn. Er startete mit den Veränderungen an der Zosima GmbH, kreiste in weitem Bogen um APLOT herum, und landete dann glücklich bei der verheißungsvollen Zusammenkunft mit Arusashev. Nichts, gar nichts Bedrohliches kam aus dem Hörer, kein einziger Vorwurf, nicht einmal von Forzers Bericht war die Rede. Bloss schien ganz begeistert, als er davon sprach, Arusashev wolle bestimmt die Zosima von oben nach unten umkrempeln und ihr eine völlig neue Richtung geben, auf dass, so wir er es sehe, APLOT endlich zu einem guten Ende komme.

Bloss schien in besten Laune zu sein und war sogar beinahe unterwürfig, als er den unbändigen Wunsch hatte, die herzlichen Beziehungen zur neuen Firma aufrecht zu erhalten und Pepe dabei inbrünstig bat, alles zu tun, um das Beste aus dem Treffen herauszuholen. Er hatte sich sogar dazu erniedrrigt, so ganz im Vertrauen zu erwähnen, er halte Pepe wirklich als den besten und einzigen Mann, der Arusashev die Stange halten und die Freundschaft der beiden großartigen Institute fördern und vertiefen könne. Die Warnung, dass Professor Arusashev absolute Aufrichtigkeit, Ehrlichkeit und stichhaltige, professionelle Argumente erwarte, war bestimmt das Kernstück von Blossens Anruf, denn damit war sein Diktat zu Ende. Es kamen nur noch sein Dank, dass sich Pepe für die schwierige Aufgabe zu Verfügung stellte, ein "Alles Gute" und die Anweisung, Pepe solle sich an Frau Drakke halten, die alles tue, um dem Treffen den würdigen Rahmen zu geben.

Pepe hielt den stummen Hörer und war gelähmt, und dies nicht nur, weil Bloss auf Aufrichtigkeit und Ehrlichkeit gepocht hatte! Es konnte ja kaum überhört werden, dass Bloss bereits mit Arusashev verhandelt und ohne Zweifel schon entschieden hatte, was mit APLOT geschehen sollte. Doch warum sollte er, Pepe, schon wieder der Krähe ganz alleine begegnen? Warum so nobel, wo doch Bloss und Arusashev den Rank bereits gefunden hatten? Erst als der Hörer in Pepes Hand zu piepen begann, hängte er auf, doch wurde nichts aus der gemütlichen Stunde hinter Trimosin. Unter dem Türrahmen stand ein dunkler, gefährlicher Schatten, der sich scharf vom grellen Licht im Gange abgrenzte.

- Tschulding Dok, Alles OK, Ambassador, Suite 202, Fraß für vier.

Die Institutskreditkarte flog in das In-Kistchen, und mit der letzten Anweisung war der Schatten weg:

- Achja, Frau mitbringen, V'gnügen.

Die Mappe mit den zwei vergoldeten Ecken ging zu, der Parker bekam seinen Deckel, dann verschwand beides in der Pultschublade, Nur Trimosins *Toison d.Or* wurde in der Aktenmappe verstaut. Pepe nahm seinen Mantel vom Kleiderständer und wunderte sich, warum es das Ambassador Hotel sein sollte, wo doch bis anhin nur Bloss das Privileg hatte, seine Gäste dorthin auszuführen, warum seine Frau auch dabei sein sollte und warum zum Teufel gar nichts von Massurick zu hören war. In Bezug auf Massurick war seine Frage am Garderobenständer überflüssig, denn der stand bereits unter dem Türrahmen und behauptete, wie immer, dass er rein zufällig vorbeigekommen sei. Das war, was er sagte, sein fiebriger Blick sprach aber eine ganz andere Sprache. Ungewöhnlich war auch, dass er diesmal nichts übers Wetter sagte und sich nicht nach Pepes Gesundheit erkundigte, als ob er etwas ganz Spezielles oder einen besonders lästigen kleinen Dienst im Auge hatte.

Als sich Massurick am Türrahmen anlehnte, war es für Pepe bereits mehr als klar, dass es mit dem Treffen im Ambassador zu tun hatte. Wahrscheinlich hatte Massurick nur gerüchtehalber etwas von der Bless etwas gehört, war er doch zu vage und zu unsicher, wie er das heikle Thema anpackte. Pepe aber wusste, dass Massurick nicht locker lassen würde, bis seine Neugierde befriedigt war und beschloss, weil es ohnehin bald fünf Uhr war, den Prozess abzukürzen und freiwillig das Thema Ambassador anzuritzen. Massurick löste sich tatsächlich von Türpfosten:

- Eben, genau darauf wollte ich hinaus.

Er glitt mit einem Schritt ins Büro, und schon ging es in Richtung Arusashev, der ja in letzter Zeit unheimlich wichtig geworden sei und schon so viel fürs Institut getan habe[16].

---

[16] Mit einem Fuß war Arusashev bereits am Institut. Als Mitglied des Nationalen Forschungsrates hatte er von Amtes wegen dem Aufsichtkomitee des Instituts anzugehören und hatte auch tatsächlich bereits an einer außerordentlichen Sitzung teilgenommen. Weil es dabei um Massuricks Department ging, wollen wir hier einen Auszug aus dem Protokoll wiedergeben, das uns freundlicher-

- Und gerade daher muss ich Sie inständig bitten, einen tadellosen Eindruck zu machen, was immer auch geschieht. Es ist ja wirklich keine Schande, die Sachen im besten Licht zu zeigen, auch wenn da und dort eine kleine Korrektur vonnöten sein sollte. Sie wissen doch, was ich meine?
Pepe hatte während seiner Karriere Massurick nie widersprochen und, weil er damit so gut gefahren war, tat er es auch diesmal nicht. Zudem hatte er wirklich keine Lust, Massuricks zufälliges Hineingucken zu verlängern und seinen Feierabend ins Unendliche zu verschieben, was wohl maßgebend dafür war, dass er so vage wie möglich und ganz in Blossens Stil antwortete. Dass er versprach, die ganze Problematik von allen Seiten und in allen Aspekten aufs gründlichste zu durch-

---

weise von Blossens Anwalt zur Einsicht zugestellt worden war, nachdem es vom Appellationsgericht für die Klage in Sachen Bloss versus Institut als nicht stichhaltig zurückgewiesen worden war. (Siehe Kapitel 4.1):
2. Die Motion des Gewerkschaftsvertreters zur Verbesserung der Sicherheit am Arbeitsplatz wurde verworfen.
3. Das neue Modell zu Projekt APLOT unter Berücksichtigung des Einsatzes einer neuen Alternativenergie kann wegen der veralteten Computer Hardware nicht zeitgerecht zu Ende gebracht werden.
4. Ein außerordentlich vielversprechendes Vertragsprojekt auf dem Gebiet der Biotechnologie soll vorangetrieben werden.
6. Eine neue vierteljährliche informative Institutspublikation mit dem Titel *Familienbulletin* soll zur Motivation der Belegschaft beitragen und über laufende Projekte orientieren.
7. Als Folge der internen Studie über die organisationelle Restrukturierung zur Amelioration der Effizienz in Sachen Aktenklassifizierung wurden eine neue Prozedur und ein verbessertes Archivierungssystem in Kraft gesetzt.

leuchten und bestimmt und unter allen Umständen die Interessen und Berufung des Instituts so gut wie möglich über allem scheinen zu lassen, tat denn auch seine Wirkung. Massurick musste von Pepe zutiefst beeindruckt sein, denn, so unglaublich es war, er streckte seinen Arm aus und gratulierte Pepe für seine philosophische Einstellung. Während Massurick mit seinem eigenartigen Griff Hände schüttelte, doppelte Pepe nach und sagte, er werde bestimmt nicht vergessen, die besten Grüße an Doktor Arusashev auszurichten. Dies war wahrscheinlich ausschlaggebend, dass Massurick sein zufälliges Hineingucken endlich abbrach.

Pepe zog seinen Mantel über, griff nach der Mappe, schnappte die Kreditkarte aus dem In-Kistchen und machte sich auf den Weg, um die Neuigkeiten seiner ahnungslosen Frau anzusagen.

3.3 Zusätzliche Messungen

3.3.1 Allgemeines

Zunächst zollte niemand dem denkwürdigem Treffen im Ambassador Hotel die angemessene Aufmerksamkeit, selbst am anderen Morgen fiel kein einziges Wort am Kaffeetisch. Jedermann ging seinen Gewohnheiten nach und verschwendete keinen einzigen Gedanken damit. Bloss hatte auf dem Golfplatz sein sakrosanktes Treffen. Die Drakke sass hinter ihren Formularen und erfand eine handvoll administrativer Memos, um Blossens neuen strategischen Plan in Kraft zu setzen und die übrige Belegschaft zu verärgern. Die Bless jagte auf Wunsch von Frau Drakke unvollständige Formulare und überfällige Monats-, Quartals- und Jahresberichte. Sie hatte dabei beide Ohren gespitzt und dennoch nichts Neues gehört. Forzer war zu sehr mit seinem Aufstieg in der Institutshierarchie beschäftigt, als dass er etwas hätte vernehmen können. Dobler war das Treffen ohnehin wurst und hatte außerdem den ganzen Morgen im Labor zu tun. Pepe hatte sich hinter zwei Beigen Bücher auf seinem Pult bequem in seinem dick gepolsterten Bürostuhl eingerichtet.

In den gewohnten, ruhigen Tagesablauf nisteten sich am späten Nachmittag beunruhigende Gerüchte ein, die aber mit dem Ambassador-Treffen vordergründig nichts zu tun hatten. Man hörte im Untergeschoss von Veränderungen im obersten Stock und begann bereits zu spekulieren, wer davon betroffen sein könnte. Verschiede Namen von Denen-dort-oben tauchten auf, und man munkelte, dass etwas mit dem

Budget nicht so ganz in Ordnung sei. Die Gerüchte rutschten dann einen Stock aufwärts, wo man hörte, dass die Gewerkschaftsbosse einen Streik beschlossen hätten. Schließlich wurde auch das Obergeschoss erfasst. Die Bless hörte dort kurz vor Feierabend zum ersten Mal etwas vom Ambassador-Treffen und von Pepe. Natürlich brannte sie darauf, das Neueste am nächsten Morgen am Kaffeetisch loszuwerden, aber niemand hatte Interesse an ihrer vertraulichen Quelle. Selbst ihre Anspielung, dass sich große Änderungen anbahnten, nahm keiner ernst. Forzer durchblätterte teilnahmslos einen Produktekatalog. Der Techniker schaute nicht einmal von seinem Comicbüchlein auf. Nur Dobler schien aufmerksam zuzuhören, bohrte dabei aber in der Nase. Pepe war gar nicht da. Die Bless war so enttäuscht, dass sie das Beste für sich behielt, ihre Stricksachen auspackte und wütend an ihrem Socken weiter machte. Dies war am Vormittag, doch nach der Mittagspause war die Bless wieder auf Trab, und ihre Hartnäckigkeit brachte es fertig, dass die Neuigkeiten am Nachmittag zu einem allgemein anerkannten Gerücht angewachsen waren[17]. Man sprach von unmittelbaren Entlassungen, von Streik, ja, am Abend war von der Auflösung ganzer Departemente die Rede.

Am nächsten Morgen hatte man schon vor der Kaffeepause gehört, dass im oberen Stock das große Seilziehen im Gange sei und jemand demnächst über die Klinge zu springen habe. Weil die meisten vermuteten, die Ursache für die Umwälzungen sei im Ambassador Hotel zu suchen, wurde Pepe so gut wie möglich vermieden. Niemand hatte Lust, in etwas verstrickt zu werden, falls sich die Gerüchte als wahr

---

[17] Auch wenn die Gerüchte völlig unbegründet waren, nahmen sie die Ereignisse vorweg, die das Institut umwälzen sollten.

erweisen sollten. Dass die Gerüchte in Wirklichkeit völlig aus der Luft gegriffen waren, zog niemand in Betracht, und so steigerten sie sich Unendliche und wurden dank Bless zur unumstößlichen Wahrheit. Noch vor der Mittagspause erfuhr man, das Institut werde aufgelöst. Am frühen Nachmittag wusste man sogar, dass die Magnus GmbH den ganzen Kram übernommen und Bloss rausgeschmissen habe. Diesmal war das Gerücht so stark, dass es in der Chefetage ernst genommen wurde. Der Drakke war es denn auch eine Selbstverständlichkeit, dass das, was man sich herumbot, auf dem schnellsten Weg von der Vorkammer ins Präsidium gelangte. Nie zuvor hatte sie Bloss so wütend gesehen, - als ob doch etwas von dem Geschwätz wahr sein könnte! Er war so aufgebracht, dass er sie anschrie, als er eine allgemeine Belegschaftsversammlung anordnete, um die Absurdität loszuwerden.

Für Bloss erwies sich die Belegschaftsversammlung als wahres Fiasko. Als er mit weinerlicher Stimme sein Bedauern ins Mikrophon wimmerte, dass die infamen und falschen Gerüchte größten Schaden anrichteten und für den guten Ruf des Instituts verheerende Folgen haben könnten, sassen die dort unten da, als ob es sie gar nichts anginge. As er entrüstet diejenigen warnte, die falschen Gerüchte verbreitet hatten, und ihnen mit schwersten Strafen drohte, sassen die einfach dort und taten nichts. Einer gähnte sogar! Offensichtlich hatte Bloss gemerkt, dass er gar nichts ausgerichtet hatte, denn er änderte seine Taktik und kam mit so vielen guten Neuigkeiten, als er zusammenkratzen konnte. Er stand nun mit dem optimistischsten Lächeln am Rednerpult und verkündete stolz, dass das Institut noch nie so gut gearbeitet habe und er den treuen Mitarbeitern zu ewigem Dank verpflichtet sei. Nie zuvor sei das Institut so stabil und erfolgreich gewesen, doch selbst dies änderte nichts an der Kälte des unbeteiligten Publikums. Bestimmt erwartete Bloss keinen Applaus, als er den finanziellen Erfolg betonte und sogar die Sektionsleiter einlud, Vorschläge für die Verwendung des bedeutenden Überschusses zu unterbreiten, aber so gar keine Reaktion zu sehen, das war enttäuschend. Er konnte doch nicht wissen, dass das Pack dort unten nur da sass, weil man wissen wollte, welches von den Gerüchten das Wahre war! Blossens Manöver waren von allem Anfang an zum Scheitern verdammt. Wie konnte er auch eine positive Einstellung erwarten, wo doch die älteren Mitarbeiter seit Jahren das Institut geprägt hatten und der allgemein verbreitete Argwohn gegenüber dem oberen Stock zu einer der beständigsten Einrichtungen geworden war! Wie konnte er auch Applaus erwarten, wo doch jedermann an seinen Führungsstil gewohnt und auf das Schlimmste gefasst war, wenn er gute Nachrichten ansagte! Offensichtlich hatte Bloss schon gemerkt, dass man ihm dort unten auf den Stühlen mit eisigem Misstrauen zuhörte, doch schaffte er es nicht, das Eis zu brechen, denn er machte die ungesunde Luft noch ungesunder, als sie ohnehin war, und vergiftete sie mit noch mehr guten Neuigkeiten. Sein Erfolg konnte gar nicht anders als mickrig sein, wenn man dem überhaupt Erfolg sagen konnte, als er mit extremer Freude und riesigem Stolz die Ehre hatte, den Gewinner des JPP, des jährlichen Partner-Preises, ankündigen zu dürfen. Auf jeden Fall wurde auf dem Parkett die Verkündigung von der großen Familie mit eisiger Kälte quittiert.

Pepe sass wie immer in der zweithintersten Reihe, gleich neben Dobler. So konnte er Team-Geist demonstrieren, fiel vorne nicht auf und war nahe der Türe, wo er jeweils bei der ersten Gelegenheit diskret hinausschlüpfte. Er hatte nie auf den JPP gehofft und auch nie diese Ehre angestrebt, genau so wie Dobler. Beide machten bei der feierlichen Ankündigung eine ironische Grimasse, die sie sorgfältig vor Bloss versteck-

ten. Beide hatten ihre Gedanken bei der Frage nach dem wahren Grund für die überflüssige Versammlung, doch dann nannte Bloss den Preisträger. Die beiden waren hellwach und hatten das Maul weit offen, als sie von Forzers dynamischem und innovativem Denken und seinem großem Einsatz zur Restrukturierung und Amelioration der Aktenklassifizierung hörten. Als der magere und zögernde Applaus endlich da war, schüttelte Dobler den Kopf, klatschte mit seiner flachen Hand auf seine Schenkel und sagte:
- Bei tiefen Jauchgruben schwimmt die Scheiße weiter oben.

Pepe hatte einen hochroten Kopf und bückte sich tief, um sein Lachen auszupusten[18]. Als er wieder gerade da sass und sich alle Mühe gab, nicht aufzufallen, huschte Forzer mit breitem Lächeln und mit gekrümmtem Rücken falsche Bescheidenheit spielend nach vorne. Dann erstickt der magere Applaus ganz. Man konnte neben dem Präsidenten den vor Triumph glühenden Forzer sehen, der versuchte, in aufrichtigster Bescheidenheit Überraschung zu zeigen und in tiefster Dankbarkeit die Ehre zu empfangen. Bloss hatte dabei sein vom Jahresbericht vertrautes Lächeln aufgesetzt. Mit der Rechten war er am Händeschütteln, und mit der Linken überreichte er dem überglücklichen Forzer ein goldbedrucktes Zertifikat. Als die Linke wieder frei war, streckte Bloss seinen Arm und zeigte mit der offenen Handfläche nach unten aufs Parkett. Damit war jedem klar geworden, dass Forzer ohne

---

[18] Dass Doblers Bemerkung tief ging, geht schon aus Pepes Tagebuch hervor, wo wir den Eintrag fanden, dass Pepe einen sehr schlechten Bericht über Forzers Stellenbewerbung geschrieben hatte und dennoch auf dem Anschlagbrett lesen musste, ein außerordentlich talentierter Mitarbeiter der Zosima GmbH habe das Institut bereichert.

Aussicht auf Beförderung oder Lohnverbesserung zu seinem Stuhl zurückkehren musste. Sein Abstieg vom Podium begleitete ein zweiter magerer Applaus, Bloss zitierte den Wahlspruch des Instituts und schloss die Versammlung, indem er noch einmal an die verheerenden Folgen von falschen Gerüchten erinnerte und diejenigen warnte, die sie verbreitet hatten. Dann verzog er sich durch die Hintertür, bevor jemand eine dumme Frage stellen konnte.

Man hörte Stuhlrücken, und in das Gemurmel und unterdrückte Gelächter rief jemand "Zum nachhaltigen Furzen unserer Ansprechpartner". Die Türe ging auf und ließ einen Schwall frischer Luft in die stickige Atmosphäre ein. Die große Familie schlürfte zögernd zur Arbeit zurück. Forzer hatte sich bei der Türe postiert, doch kaum einer hielt an, um die erwartete Gratulation zu entrichten. Dobler hatte dies sehen kommen und war schon weg; Pepe hatte Glück und entwischte im Rücken des Technikers, der anständig genug war, auf Forzers herausfordernde Erwartung einzugehen. Im Übrigen war Pepe seit Jahren an das ewige Restrukturieren und Straffen des Instituts gewöhnt und hatte dies nie allzu ernst genommen. Es regte sich bestimmt nicht auf, nur weil wieder einmal einer vom oberen Stock um seinen Stuhl zittere. Noch nie war er von den Umwälzungen betroffen gewesen, die sich jedes Mal mit Gerüchten lange vor dem eigentlichen Ereignis angemeldet hatten, und er war auch nicht der einzige mit dieser gleichgültigen Einstellung. Die meisten der bestandenen Veteranen hatten solche Manöver schon viele Male durchgelebt und wussten, dass für sie in den meisten Fällen die einzige Erneuerung ein handvoll neuer Formulare war.

Typisch für diese Einstellung war die Bless, die draußen auf Pepe wartete und ihn mit dem verständnisvollen Lächeln der Eingeweihten auf die Seite nahm:

- Alte Geschichte, nicht?

Bless war nicht drauf aus, Erinnerungen aufzufrischen. Unter normalen Umständen hätte sie es nämlich genossen, ihre Vertraulichkeiten einem anständigen Publikum anzuvertrauen, hätte mit obskuren Anspielungen begonnen und erst dann die Katze aus dem Sack gelassen, wenn die Zuhörerschaft gut genug und gehörig neugierig geworden war. Diesmal aber nahm sie Pepe auf die Seite. Auch wenn er sie und ihre Vertraulichkeiten normalerweise nie ernst genommen hatte, dieses Mal setzte er sogar die Brille auf, als ob sie ein richtiges Geheimnis hätte! Die Brille fiel aber gleich von der Nase. Pepe wurde käsig und ließ die düpierte Bless mit offenem Mund stehen, denn so ein Geschwätz war wirklich zu gefährlich. Niemals würde es Bloss dulden, dass einer als Vizepräsident ihm im oberen Stock in Sachen Forschung und Entwicklung dreinpfuschte! Bestimmt dachte Pepe, dass man ihn im Ambassador mit Arusashev gesehen hatte und dass die Bless nur deswegen das verrückte Gerücht gehört und höchstwahrscheinlich schon über das ganze Institut verbreitet hatte. Vielleicht dachte er aber auch, dass die Bless es von der Drakke hatte, weil die von Bloss dazu angestachelt worden war, um die Konkurrenz um Arusashevs Gunst aus dem Weg zu schaffen. Allerdings könnte Pepe auch an Massurick gedacht haben, weil der von Arusashev ausgelassen worden war, oder an Forzer, dessen angeborenen Neid und Ehrgeiz er schon zur Genüge kennen gelernt hatte. Wie dem auch sei, der Ursprung für das verrückte Gerücht war für Pepe im Ambassador zu suchen. Zwar war das Resultat des Treffens nicht unerfreulich, aber die zahlreichen Patzer und Peinlichkeiten hatten ganz bestimmt nicht zum allzu wohlwollenden Gerücht beigetragen.

* * *

Zum ersten Zwischenfall, den Pepe in seinem Tagebuch als Katastrophe bezeichnet hatte, kam es bereits in der Lobby des Ambassador Hotels. Von hinten sah Pepe wiederum hinter der Lehne eines massiven Chesterfields den weißen Haarkranz um die spiegelglatte Glatze. Die Börsenzeitung, die von zwei haarigen Pranken gehalten wurde, war auch da. Wiederum hatte Pepe dreimal zu hüsteln, bis die Zeitung nach unten ging und sich die Adlernase ihm zuwandte. Als die stechenden Augen unter den buschigen Augenbrauen aufblitzten, hatte Pepe die respektvolle Begrüßung, die er sich in der Drehtüre zum Hotel ausgeheckt hatte, bereits vergessen und stottere etwas von APLOT und dem Institut, was aber die stechenden Augen um keinen Deut milder stimmten. Dies wäre noch angegangen oder mindestens verständlich gewesen, aber Pepe erlebte einen weiteren peinlichen Moment, als eine Dame neben Arusashevs Chesterfield aufstand und sich unaufgefordert als Frau Doktor Germann von der Zosima-Abteilung der Magnus Gruppe vorstellte. Natürlich war es Arusashevs Fauxpas gewesen, doch Pepe fühlte sich für alles schuldig und hatte die größte Mühe mit dem optimistischen Geschäftslächeln, das er sich für diese Gelegenheit aufgesetzt hatte.

Das Lächeln erstarb, als Arusashev auf seine Uhr zeigte und meinte, der Herr Doktor sei die akademische Viertelstunde zu spät. Auch dies hätte Pepe verkraften können, wenn die Damen nicht unaufgefordert sich gegenseitig selber vorgestellt hätten und Pepes Frau nicht versucht hätte, der Begegnung eine persönliche Note zu geben. Als sie nämlich die Germann fragte, ob sie mit dem Grafen Saint-Germain verwandt sei, fühlte Pepe einen schwarzen Blitz unter Arusashevs Brauen herüberschießen und wurde aschgrau. Wie konnte auch seine Frau so etwas sagen, wo doch der Arusashev einer von Denen und vielleicht sogar Saint-Germain selber war! Zum Glück korrigierte die Germann das Missverständnis ohne Seitenblick zu Arusashev, was aber dennoch Pepes Befürchtung keinen Abbruch tat, dass eine enorme, unabwendbare Katastrophe bevorstand.

Man gab sich gelassen, als man die Marmortreppe zu den Empfangssuiten hinaufstieg, die Damen vorne, hinten Arusashev mit seinem Jünger. Halbwegs oben hielt Arusashev, holte tief Luft, und der erwartete unaufhaltsame Wirbelsturm nahm seinen Lauf. Noch einmal wollte er das Gespräch auf streng vertraulicher Basis verstanden haben. Für ihn seien der persönliche Ideenaustausch und die offene und ehrliche Meinung des Herrn Doktor ganz besonders wichtig. Als er dann auch noch meinte, das Gespräch sei nicht nur für ihn und die Zosima so wichtig, sondern könnte potenziell auch für das Institut schwerwiegende Folgen haben, wurde das Netz der vorstehenden Venen auf Pepe Schläfe offensichtlich. Arusashev musste das gesehen haben und sagte nochmals etwas von "strikte vertraulich" und "persönlicher Gedankenaustausch, den das Institut vorderhand nichts angehe". Die Venen stachen trotzdem noch deutlicher aus Pepes Schweinchenhaut, sodass Arusashev nachzudoppeln hatte und meinte, dass er sehr wohl zwischen seine Anstellung bei der Zosima und seiner Funktion als Mitglied des Nationalen Forschungsrates unterscheiden könne, wo er von Amtes wegen dem Aufsichtkomitee des Instituts beizusitzen habe. Mit einem kollegialen Schulterklopfen ging es dann ein paar Stufen aufwärts.

Arusashev wurde noch vertraulicher und verriet, dass die Zosima auf Germanns Partnerschaft leider habe verzichten müssen, obschon sich der Germann bis anhin ziemlich verständig erwiesen habe. Noch intimer wurde er, als er meinte, es habe schon etwas Stoßen gebraucht, bis der Germann endlich eingesehen habe, warum die Magnus schwere Zweifel an

der Lebensfähigkeit der Zosima hatte, aber schlussendlich habe sich der Germann doch noch recht freiwillig in die Bedingungen der Magnus gefügt. Da waren die Venen auf Pepes Schläfen kaum mehr zu sehen. Leider, so Arusashev, habe die neue Zosima dem Germann einige Zugeständnisse machen müssen, obschon mit der Übernahme eine ganz neue Ausrichtung und ein brandneuer strategischer Plan in Kraft gesetzt worden ist. Der Germann sei von APLOT so besessen gewesen, dass die Magnus kaum eine andere Wahl hatte, als Germann in den Verhandlungen nachzugeben und das dumme Projekt in der einen oder anderen Weise irgendwie zu einem guten Ende zu bringen. Der Germann habe ja immer noch ein beachtliches Minderheitspaket an Zosima Aktien.
    - Sie wissen doch, was ich meine?
Pepe nickte, als ob er verstanden und gar nichts gegen die Anwesenheit der Germann hätte.
    - Im Großen Ganzen war der Germann soweit doch ein ganz netter Kerl.
Selbstverständlich habe die Magnus das große Potential der Zosima schon seit langem erkannt und habe die erkleckliche Summe bei der Übernahme keine Sekunde bereut, auch wenn man genau gewusst habe, was für ein Saustall da auszumisten war. Umso mehr sei er stolz darauf, dass man gerade ihn mit der großen Herausforderung betraut habe, den alten Pot seetüchtig zu machen. Es sei ja ein kleines Wunder gewesen, dass die alte Zosima so lange ohne Strategie und ohne Geschäftsplan steuerlos herum getuckert und nicht untergegangen sei. Nicht einmal für die zahlreichen Forschungsprojekte habe man bei der Zosima eine klare Richtung gehabt und habe sie an alle möglichen dubiosen Forschungsanstalten wahl- und planlos vergeben.

- Kein Wunder, dass für die Zosima nie etwas herausgeschaut hatte. Bis auf den letzten Tropfen hatte man sie gemolken, die Zosima! Vielleicht ging es Arusashevs tatsächlich um das Verständnis und Mitgefühl eines vollwertigen Partners, möglicherweise wollte er aber nur einen unwichtigen Bewunderer beeindrucken. Pepe hingegen spürte ganz deutlich, dass Arusashevs Vertraulichkeit das Schiff auf einen Kollisionskurs mit jenem magnetischen Kliff gesetzt hatte, wo Mannschaft und Schiff in den tiefsten Abgrund gesogen wurden. Dennoch kam nichts desgleichen aufs Tapet, kein Deuterium, kein Deuteron, keinen Runga und keinen Kutta, nicht einmal Forzers Bericht. Ganz im Gegenteil, Arusashev fand APLOT schlichte dumm! Für ihn war das Projekt nicht nur viel zu teuer, sondern auch völlig überflüssig. Manger und Arushov hätten doch schon in den dreißiger Jahren gesagt, dass sich so etwas schon aus theoretischen Gründen nie durchführen lasse. Leider aber beharrte Arusashev auf Manger und Arushov und hatte damit zwar den Kurs gewechselt, steuerte aber gleichzeitig auf ein anderes, ebenso gefährliches Kliff zu. Hätte doch Pepe bei Dobler angepocht! Ja, dann hätte er mitreden können und es nicht nötig gehabt, von Magner und Arbusashov abzulenken und seine seit Jahren bewährte Taktik anzuwenden, so nebenbei zu fragen, was denn eigentlich das Wort Zosima bedeute. Dann hätte er auch nicht die unselige Erfahrung gemacht, dass Arusashev nicht darauf hineinfiel. Arusashev brachte keine Geschichte über einen dynamischen Geschäftsmann, einen genialen Erfinder oder die denkwürdigen Umstände der Gründung, bei der sich ein normaler Präsident normalerweise stundenlang ausgelassen hätte. Er hielt hartnäckig an Manger und Arushov fest.

Arusashev musste geahnt haben, dass Pepe den Faden verloren hatte und verzweifelt vom Thema abzulenken versuchte, denn die Frage kam ziemlich abrupt und brutal, ob der Herr Doktor die Arbeit von Manger und Arushov überhaupt kenne. Pepe hatte gleich gemerkt, dass es nichts brachte, beleidigt und ebenso unhöflich zu sein und antwortete wie ein schlechter Kandidat am Anwaltsexamen, die Autoren hätten ganz klar gezeigt, dass zwar herkömmliche Methoden ungeeignet seien, dass aber eine revolutionäre Alternativmethode unter Umständen durchaus erfolgreich ins Auge gefasst werden könnte, wenn die grundlegenden Prämissen im Detail neu bearbeitet würden. Dazu meldete Arusashev allerdings seine Zweifel an, beharrte aber glücklicherweise nicht weiter auf Manger und Arushov und fuhr mit seinem Monolog über APLOT fort, ohne dass Pepe einen weiteren peinlichen Moment auf der Marmortreppe zu erleben hatte. Pepes Äderchen waren kaum mehr sichtbar, als die beiden Herren zu den Damen stießen.

Die Damen sassen bereits am Tisch und lasen Menükarten. Pepes Frau hatte bei ihrer Ankunft zur Germann gesagt, die Suite sei wirklich nett. In Wirklichkeit war sie überwältigt. Die echten Kristallleuchter, die silbernen Damastvorhänge, die auf Hochglanz polierten Möbel und die historischen Persönlichkeiten, die auf allen vier Wänden in massiven Goldrahmen prangten, waren bestimmt nicht ihre Welt. Beim Anblick des schweren Wandteppichs im Empfangszimmer hatte sie zur Germann gesagt:

- Ein echter Seidenberserker!

Pepes Frau war von Anfang an von der luxuriösen Suite entzückt, aber wohl fühlte sie sich auf keinen Fall. Dazu trug sicher die Germann ihren Teil bei, die schon beim Aufstieg auf der nie enden wollenden Marmortreppe mit jeder Geste und jedem Wort gezeigt hatte, wer High Society und kultiviert war, und wer nicht. Pepes Frau musste sich wie eine Schülerin gefühlt haben, die zum ersten Male die Bezirksschule betreten und Spießruten zu laufen hatte, um ihre ländliche Herkunft zu verstecken. Wie gerne hätte sie doch mit der Germann etwas wirklich anregendes besprochen, etwa ihre Strickarbeiten, die Damenriege, wo sie neulich als zweite Aktuarin gewählt worden war, das neue Kuchenrezept, das sie ganz alleine erfunden hatte, oder auch den Makrameekurs, den sie an der Universität erfolgreich und mit Zertifikat bestanden hatte. Aber nein, das ging doch nicht als Frau des Sektionsleiters und wichtigen Professors: Hier hatte man Kultur, kiloweise.

Vielleicht hätte Pepes Frau die Unterhaltung doch besser über Schnittmuster angefangen, denn ihr zaghafter Versuch, Kulturelles anzuschneiden, ging tüchtig fehl. Als sie nämlich von den historischen Interessen ihres Mannes erzählte, hakte die Germann gleich neugierig ein und wollte Genaueres wissen. Pepes Frau hatte sich zu winden und quetschen und faselte etwas von alten Büchern und Chemie, bis sie es schließlich doch zugeben musste, dass sie es nicht so genau wisse. Sie hatte aber den diplomatischen Takt der Germann sehr geschätzt, als die sich ohne weitere Bemerkung auf das bevorstehende gastrologische Erlebnis freute.

Während die Damen über ihren Menükarten brüteten, war Arusashev immer noch bei seinem Monolog, schien von ihnen nicht die geringste Notiz zu nehmen und machte keine Mine, je absitzen zu wollen. Erst als sich der Kellner diskret mit zwei weiteren Menükarten in Tischnähe zeigte, unterbrach Arusashev seinen Redefluss und machte mit der Hand das einladende Handzeichen. Mit der abschließenden Bemerkung, die Zosima sei nach ihrem Gründer Zoroaster Simian benannt, sass man ab. Eine wohltuende Ruhe stellte sich ein, denn niemand erwähnte Runga oder Kutta oder hatte höflich zu sein, und niemand hatte sich zu fragen, was der Spaß denn eigentlich koste, nicht einmal Pepe. Es gab als Vorspeise Volau-vent Sauce Financière und als Suppe Potage Aurore. Als

Hauptspeise konnte man zwischen Filet de Sole Sauce Cardinal, Filet Mignon Sauce Bonnefoy und Cailles Sarcophage wählen. Als Dessert gab es eine Crème Renversée aux Abricots d'Or und Vanille Plombière, eine wärmstens empfohlene Eisspeise. Zum Abschluss waren Kaffee oder Tee und Gâteau Reine de Saba vorgesehen. Die Wahl des Weines war nicht so einfach, insbesondere nicht für Pepe, dem der Kellner die Karte aufgezwungen hatte. Hätte er doch nicht seinen besten Anzug angezogen! Es war so leicht, den billigsten Wein auszuwählen, wenn er mit seiner Frau ausging, doch bei diesen Kennern und diesen teuren Weinen! Verständlicherweise versuchte er, die Weinkarte über den Tisch Arusashev zuzuschieben, der aber lehnte leider kategorisch ab.

- Wer zahlt, befiehlt!

Pepe versuchte vergebens einzuwerfen, die Zosima habe doch die Rechnung letzen Endes selber zu begleichen, denn Arusashev war in die Menükarte versunken, als ob er nichts gehört hätte. Auch Pepes Versuch mit der Germann gab nichts her, denn sie winkte mit ihrem Zeigfinger gleich ab, als Pepe sie über dem Rand der Getränkekarte fixierte. Zum Glück gab es auf der Karte eine kurze Beschreibung der Weine. Sein Vorschlag für einen kurzen, leicht fruchtigen Weißen und einen füllig körperreichen Roten mit erdigem Bukett wurde denn auch mit einem leichten Kopfnicken allerseits gnädig aufgenommen. Leider fand Pepe diese Kombinationen nicht und hatte auf die Schönheit der Namen, die höchsten Preise und die Qualitätsmarke 'Grand Cru' zu vertrauen. Der Weiße war ein Chablis Montée de Tonnerre; als Rotwein wählte Pepe mit derselben Methode einen Burgunder Passetougrain, Domaine de Millefleurs.

Der Kellner verschwand mit den Karten, Pepes Frau gab einen erwartungsvollen Seufzer der Vorfreude ab, und die Stille stellte sich erneut ein. Diesmal war es die Germann, die etwas zur Auflockerung und zum Wohl der Tafelrunde beisteuern wollte. Es war aber nicht zum Wohl von Pepe, schon gar nicht zum Wohl seiner Frau, die den vernichtenden Blick ihres Mannes fühlte, als von seinem historischen Interesse die Rede war. Niemand achtete auf den Kellner, der mit den Pastetchen zurück war, denn alle fixierten Pepe, seine Frau natürlich ausgenommen, die mit hochrotem Kopf auf ihren leeren Teller starrte. Arusashev hatte aufgehört mit seinem Löffelchen zu spielen, und die Germann tippte nervös auf ihre Stuhllehne. Pepe kratzte sich am Kopf und hatte alle Mühe, einen aufgeräumten und gelassenen Eindruck zu machen. Es stimme schon, dass er für die Geschichte der Naturwissenschaften ein ganz besonderes Interesse habe, doch seien seine historischen Kenntnisse schon etwas zu mager, um ein anständiges Buch zu schreiben. Allerdings stimme es auch, dass er sich zurzeit ziemlich intensiv damit beschäftige. Er sei ja wegen seiner Aufgaben an der Universität geradezu gezwungen, für seine Nachdiplomstudenten eine kurze Geschichte der vorindustriellen Methoden der chemischen Prozesse zu verfassen. Seine Arbeit sei, in der Tat, schon ziemlich fortgeschritten, und er werde es bestimmt nicht unterlassen, der Frau Germann einen Separatabzug zu senden, falls sich zufälligerweise ein geeigneter und williger Verleger finden lässt.

- Bescheidenheit macht schlechte Tugend, Herr Doktor! Dies war Arusashev, doch Pepes Befürchtung, lächerlich gemacht zu werden, eine saftige Beleidigung einstecken zu müssen oder ganz einfach und rücksichtslos vom Tisch gewiesen zu werden, traf nicht ein. Im Gegenteil, statt der erwarteten Abkanzlung spendete Arusashev ein unerwartetes, wenn auch ziemlich bedenkliches Lob.

- In Ihrem Bericht, den mir Massurick zugestellt hatte, beweisen Sie doch, dass Sie viel mehr verstehen, als Sie zugeben! Ich muss schon sagen, sehr eindrücklich, Ihre

Kenntnisse! Ausgezeichnet, wie Sie die eindeutig alchemistischen Tendenzen in APLOT herausschälen und zeigen, dass das ganze Projekt gerade aus diesem Grund so falsch angepackt worden war. Erstklassig, ein wahres Meisterstück!

Nichts, gar nichts hatte Pepe darauf zu sagen, denn die Pastetchen wurden serviert. Mit der sich einstellenden Stille stellte sich auch seine gute Laune ein, trotz des verhängnisvollen Berichts, den er nie gesehen hatte. Mit dem ersten Stich in die Vol-au-vents war APLOT fast vergessen, ja, man kam beim Kauzeremoniell sogar aufs Wetter zu sprechen. Dann kam die Suppe. Pepes Frau verriet das Rezept der Potage Aurora, das sie im Feinkochkurs gelernt hatte, und Arusashev fragte sie sogar, wie viel Salz man zuzugeben habe. Für Pepe hieß dies, dass APLOT und Forzers Bericht in weite Ferne gerückt waren und er ungestört seine Suppe genießen konnte, auch wenn sie nicht gerade gut war. Allerdings bekam seine gute Laune einen kleinen Dämpfer, als der Kellner den Wein brachte. Pepe schwenkte das Glas, roch und versuchte den Wein, wie er es am Fernsehen gesehen hatte, - und sah dabei, wie Arusashev mit der Germann einen abschätzigen Blick wechselte und die Germann unauffällig, aber ganz genau die Flasche ins Auge fasste. Nie hätte Pepe gedacht, dass ein so teurer Wein den Erwartungen nicht entsprechen könnte! Dann kam das Hauptgericht, Filet Mignon Sauce Bonnefoy für jedermann, abgesehen von Arusashev, der seine Cailles Sarcophage genoss. Pepes Frau war ganz begeistert, als sie den wunderschönen Frühlingssalat aufgetischt bekam.

Mit dem Kuchen kam auch APLOT wieder auf den Tisch, aber Pepes hoffnungsvolle Erwartung wurde von Arusashev gleich vom Tisch gefegt. Zwar tönte es zu Beginn recht verheißungsvoll, als ob es doch noch zu einer offiziellen Aktenbestattung kommen sollte. Arusashev war nämlich mir

Pepes Bericht einhellig einverstanden, dass APLOT schlecht und falsch gemacht worden sei, hatte dann aber trotzdem die unglückselige Idee, dass eine radikale Neuausrichtung mit einer völlig neuen Methodologie unter Umständen doch zu den erhofften Resultaten führen könnte. Es kam noch schlimmer, als er meinte, das Konzept sei ja nicht so schlecht, wie es den Anschein habe, und dass er Bloss und Germann nur unterstützen könne, wenn sie behaupteten, das Projekt könnte unter Umständen für die industrielle Anwendung eine große Bedeutung haben. Den Todesstoß gab er Pepes Hoffnung, als er sich voller Begeisterung bereit erklärte, die nötige Summe einzuschießen, um das Projekt von Grund aus neu aufzubauen. Das Allerschlimmste aber war dabei, dass Arusashev bereits mit dem Unterminister Maister gesprochen hatte und voll Stolz verkündete, dass auch der Staat an APLOT interessiert sei. Dies war besonders gefährlich, denn Maister war einer der wenigen, die sich von Blossens abenteuerlichem Hokuspokus nicht beeindrucken ließen und ihn von seinen krassen Fehlentscheidungen abhalten konnten[19]. Diesmal würde Maister gar nichts tun! Pepe schluckte leer, und Arusashev nahm ein tüchtiges Stück Kuchen. Dann kam doch noch die lästige Frage, wann denn ein vernünftiger Projektvorschlag vorliegen könne. Nochmals schluckte Pepe leer, bevor zugab, dass er nicht in der Lage sei, dies gleich zu beantworten, müsse er doch erst einmal sein Schlüsselpersonal befragen, Forzer, Dobler, und so weiter. Zum Glück hatte Pepe dies nicht weiter zu vertiefen, weil Arusashev wahrscheinlich so etwas erwartet und genug von APLOT hatte.

---

[19] Meisters Ministerium war seit Jahren der Hauptsponsor des Instituts, aber davon wusste Pepe nichts.

- OK. - Übrigens, Sie sollten wirklich ein Buch über Alchemie schreiben! Bei den Kenntnissen! Wirklich, wirklich hervorragend, Ihre Analyse von APLOT!
Pepe wurde ganz rot, so unsicher war er, ob es Arusashev wirklich so gemeint hatte oder ob es vielmehr eine ironische Bemerkung oder dessen Art von Humor gewesen war. Als er versuchte, ebenso schleierhaft zurückgeben, war seine Antwort eher prophetisch und klang überhaupt nicht undurchsichtig.
- Ja, vielleicht doch, ja vielleicht nach der Pension.
Arusashev sagte nichts dazu, als aber Pepe zugab, er habe die Bemerkung über die Schlange nicht vergessen, sah man Arusashev zum ersten Male lächeln, vielleicht zum ersten Male überhaupt.

Dann begann die Germann zu gähnen, Pepe verlangte die Rechnung, - und Arusashev zahlte ungeachtet Pepes Einwänden.

3.3.2 Taxonomie

Blossens dramatischer Auftritt und die Hartnäckigkeit, mit der die Bless das Neueste verbreitete, blähten die Gerüchte zu geradezu grotesken Proportionen auf. Pepe hatte zwar nichts mitbekommen, aber von den absonderlichen Blicken an der Kaffeepause hatte er gleich gespürt, dass etwas Besonderes am Brauen war. Dass das Geflüster, das man ihm vorenthielt, mit dem Ambassador-Treffen zu tun hatte, war anzunehmen, weil er aber dahinter nur die Bless vermutete, sass er beruhigt auf seinem angestammten Platz und genoss seinen ungesüßten Kräutertee. Ausserdem war die Begegnung mit Arusashev nicht so schlecht gelaufen; seine Frau hatte sich ziemlich gut gehalten; es gab kein wirkliches Problem mit der Germann. Gar nichts gab es, was dem guten Einverständnis mit der Zosima etwas hätte anhaben können! Die paar Patzer waren längst vergessen, und bestimmt wurde das Treffen vom oberen Stock als Erfolg betrachtet, denn sonst wäre doch die Drakke schon längst mit einem der berüchtigten Memos von Bloss aufgetaucht.

Anderseits hatte Pepe gemischte Gefühle, wenn er an das Ambassador-Treffen dachte. Dies hatte nichts mit APLOT zu tun, das leider gerettet war und ohne Zweifel unendlichen Ärger und peinliche Qualen mit sich bringen dürfte. Auch mit Arusashev hatte es nichts zu tun, nicht einmal damit, dass der bestimmt alles in Gang setzen würde, um Pepe daran zu hindern, seine bewährte Methode zur Aktenbestattung anzuwenden. Nicht einmal das neue Zosima-Projekt war an Pepes Unbehagen schuld, obschon es Pepe nicht eben erbaute, ein neues und erst noch realisierbares Projekt verfassen zu müssen, wo er doch nicht einmal das alte verstanden hatte. Dobler und Forzer zu motivieren oder eher zu zwingen, das dumme Projekt auszubrüten, war auch nicht an Pepes zwiespältigen Gefühlen schuld.

Bei Pepes Sorge ging es um Forzers Bericht, den er zwischen Trimosin und Avincenna ungelesen unterschrieben hatte. Es war schon längst nicht mehr lediglich ein weiteres Stück vom Forzer, das wie alle anderen auf dem schnellsten Wege vom In-Kistchen zum Out-Kistchen befördert worden war. Von Büro zu Büro, Office zu Office, Office zu Büro und von Büro zu Office hatte es Karriere gemacht und die höchsten Stellen beschäftigt. Massurick hatte es, Bloss hatte es, Maister hatte es wahrscheinlich auch, und Arusashev hatte es ganz bestimmt. Nur er, der offizielle Autor, hatte es nicht! Nicht einmal gelesen hatte er das gefährliche Stück! Ja, wenn Bloss es gelesen hätte und um das dumme Zosima-Projekt wüsste, dann wären tatsächlich Pepes Aussichten alles andere als rosig. Wenn Bloss erst noch von Pepes fabulöser Beförderung gehört hätte, oder gar die Gerüchte stimmten, ja dann würde Bloss das unerhörte Stück jedermann zeigen und mit einem fürchterlichen Streich den Schuldigen vernichten. Es würde Pepe gar nichts nützen, ein aufgehender Stern in Arusashevs Firmament zu sein.

Bloss schlug zu. Entscheidend war aber nicht Forzers Bericht, vielmehr die ins Unendliche gesteigerten Gerüchte um Pepes Beförderung. Bless hatte nämlich gehört, wie der Techniker zu Dobler etwas von Jackpot gesagt und Dobler dabei "PepitiPepito" gesungen hatte. Für sie war dies selbstverständlich nicht die Folge, sondern die Bestätigung des Gerüchts, das sie so eifrig den ganzen Tag weitergegeben hatte: Sie brannte darauf, die Neuigkeit im oberen Stock loszuwerden. Ihr Erfolg war zunächst ziemlich mager. Frau Drakke verzog keine Miene und fuhr unbeirrt fort, auf ihrem Keyboard herumzuhacken. Massurick lächelte ungläubig und schloss die Türe. Es sah tatsächlich nicht so aus, als ob einer sie ernst nähme. Einer aber nahm sie ernst, und das war Bloss. Als ihm seine ergebene und vertrauenswürdige Sekretärin von Pepes fabelhafter Beförderung erzählte, war er außer sich und gleich entschlossen, seine Fehler bei der Belegschaftsversammlung mit einem noch schlimmeren, geradezu selbstmörderischen zu ergänzen.

Wie wir noch zeigen werden, hatte Blossens Entscheid dramatische Folgen. Wir haben dennoch Verständnis für seinen katastrophalen Entschluss. Erstens hatte er bis anhin immer auf seine ergebene Sekretärin zählen können und war nie von ihr enttäuscht worden. Niemals hätte er darauf kommen können, dass seine rechte Hand einen völlig aus der Luft gegriffenen Tipp gegeben hatte! Zweitens hatte ihm sein Vertrauensanwalt Doktor Teufel auf dem Golfplatz, wo sie sich regelmäßig trafen, die Laus in den Kopf gesetzt, die mutmaßliche Beförderung Pepes sei mit größter Wahrscheinlichkeit von Arusashev im Ambassador Hotel ausgeheckt worden, denn es sei nicht auszuschließen, dass der in seinem Hinterstübchen bereits daran denke, das Institut zu übernehmen. Drittens musste es für Bloss mehr als verdächtig gewesen sein, dass Arusashev nicht mit ihm oder mit Massurick, sondern ganz allein mit Pepe verhandeln wollte und dass dabei das gute alte APLOT so plötzlich unter die Räder gekommen war. Unserer Meinung nach hatte Bloss also genug Grund, um für seine Zukunft zu bangen, auch wenn es die Konspiration aus Blessens Küche gar nicht gab.

Bloss wollte eine Entscheidung, und zwar sofort! Etwas abzuwarten und ein solides Dossier aufzubauen, um auf juristischem Weg Arusashevs Intrige zu entgegnen, wie es Doktor Teufel vorgeschlagen hatte, war nicht sein Brot. Bloss dachte eher an eine Belegschaftsversammlung, um Arusashev anzuschwärzen, ließ aber die Idee doch fallen, weil es ja das letzte Mal auch nicht so geklappt hatte. Als er erwog, Arusashev anderswie zu erpressen, riet ihm Doktor Teufel vehement ab, weil dies tonnenweise Memos, Briefe und Affidavits bedeuten würde, was äußerst gefährlich sei und letzten Endes gegen ihn verwendet werden könnte. Diesen Rat nahm Bloss zu Herzen, aber zu Doktor Teufels Bestürzung entschied er, auf ein umfassendes juristisches Dossier zu verzichten und stattdessen einen radikalen Weg zu gehen. Natürlich kam es für ihn nicht in Frage, die Prozedur aus Band VII der allgemeinen Verwaltungsrichtlinien zu befolgen, um Pepe rauszuschmeißen, denn dies hätte beträchtlichen Widerstand und endlose Verhandlungen bedeutet. Wenn dann zu allem Übel auch die Gewerkschaft ihren Dreck darunter mischte, wäre der Ausgang ohnehin alles andere als sicher. Nein, Bloss wollte eine schnelle und endgültige Lösung, bevor Regenwolken sein sonniges Königreich bedeckten. Zwar lief sein ursprüngliches Projekt fehl, Pepe zu terrorisieren, bis er für einen vernünftigen Kompromiss reif war und froh sein konnte, dort zu bleiben, wo er war; dass es aber so rund lief und es in einer einzigen, kurzen Sitzung zur endgültigen Lösung kommen sollte, hatte Bloss bestimmt nicht erwartet.

Von der folgenreichen Sitzung in Blossens immensen und leeren Büro hatte uns Massurick erzählt. Es habe zuerst gar nicht gut ausgesehen, denn man habe über zehn Minuten auf Pepe warten müssen. Bloss habe bereits befürchtet, Pepe würde mit Arusashev auftauchen, doch dann habe man im Vorzimmer die Drakke gehört:

- Gehnserein!

Unter der Türe habe man dann Pepe in seinem dreckigen Labormantel mit dem breitesten Lächeln sehen können, als ob er wegen dem Treffen im Ambassador ein Lob zu empfangen habe. Es habe sogar ausgesehen, dass Pepe mit seinem blöden Lächeln recht hatte. Bloss habe nämlich gleich mit der Ambassadorsitzung begonnen und etwas von einer "exzellenten Allianz" und "wunderbaren Partnerschaft" gefaselt. Allerdings sei Bloss viel zu freundlich gewesen, als dass Massurick nicht gemerkt hätte, dass da etwas nicht stimmen konnte. Er sei denn auch zwei Schritte zurückgetreten und habe sich respektvoll und außer Schusslinie hinter Blossens Rücken gestellt. Er habe gut daran getan, denn es habe nicht lange gedauert, bis Bloss der Unterhaltung eine saure Note aufgesetzt hatte und bei Pepes APLOT-Bericht angelangt war. Zum Glück habe Bloss auf Pepe gezeigt und ganz vergessen, dass Massurick das unselige Stück auch unterschrieben hatte, denn dann wäre er bestimmt zusammen mit Pepe am gleichen Abgrund gestanden. So aber sei er auf beinahe sicherem Grund gestanden und habe von hinten ungestört zuschauen können, wie es Bloss mit weinerlichen Stimme nicht fassen konnte, dass einer in der großen Familie dem Arusashev aufgebunden hatte, das Zosimaprojekt sei dumm und falsch, entbehre jeder wissenschaftlichen Grundlage und enthalte erst noch alchemistischen Hokuspokus. Bloss habe seine Stimme ziemlich angehoben und habe am Ende Pepe angeschrieen, er sei ein Terrorist, der die Geschäftsethik des Instituts absichtlich unterminiere und dem öffentlichen Ansehen unendlichen Schaden anrichte.

Massurick hat uns gegenüber zugegeben, er habe schon gewusst, dass Pepe recht hatte, als er sagte, APLOT entbehre jeder wissenschaftlichen Grundlage und gäbe es nur wegen Blossens Familienbanden. Er habe dies schon gleich zu Beginn des Projektes gemerkt, habe aber geschwiegen und damals wegen Blossens unverhohlenen Drohungen nichts gesagt. Er habe auch dieses Mal nichts gesagt, sei schweigend hinter Bloss gestanden, doch sei sein Schweigen eher eine Kriegserklärung als ein sich demütiges Fügen gewesen. Weil diesmal Bloss sein Problem ganz allein zu lösen hatte, habe er sich noch etwas besser in Blossens Schatten verdrückt und als unbeteiligter Zuschauer einem Theater beigewohnt, das ihn nicht berührte und das für Pepe in einem dramatischen Finale enden sollte. Es sei ihm ja völlig klar gewesen, dass Maister das öffentliche Ansehen und das Publikum war, das vor dem Zosima-Bericht geschützt werden musste. Dass Bloss gerade deswegen um seine eigene Zukunft zu bangen begonnen hatte, sei ja offenkundig gewesen. Er habe zwar später erfahren, dass der ganze Krawall nur dem Geschwätz der Bless zuzuschreiben war, aber damals sei er sicher gewesen, dass es einzig und allein wegen dem dummen, überflüssigen und teuren Zosima-Projekt gewesen sei, wofür das Institut nie die geringste Kompetenz hatte. Nie hätte er denken können, dass so eine Nebenfigur wie Pepe der Hauptschuldige an Blossens Sorgen sein könnte. Gewiss habe er kein Mitleid mit dem Opferlamm gehabt und habe sich so klein wie möglich gemacht und sich darauf konzentriert, so vertrauenswürdig und interessiert wie möglich dreinzuschauen. Er habe ja nicht wissen können, wie das Ganze noch ausgehen sollte. Am allerbefremdendsten sei gewesen, dass Pepe auf Blossens Geschrei gar nichts entgegnet habe und mit seinem blödem Lächeln dagestanden sei, als ob es ihn überhaupt nichts anginge. Nicht einmal die Verschwendung von institutseigenem Gut und all die Arbeitszeit, die Pepe dem Institut für seine privaten Angelegenheit gestohlen hatte, schien ihn zu treffen. Er sei lächelnd dagestanden, als ob Blossens Einschüchterung umsonst gewesen wären. Dann sei Pepes Lächeln doch noch erstorben und Pepe habe ganz forsch dreingeschaut, als er Bloss zurückgab, Arusashev sei im Ambassador von selber drauf gekommen, wie dumm und kostspielig das ohnehin falsch angepackte Zosima-Projekt sei. Pepe habe sogar die Frechheit gehabt, Bloss zum Absitzen aufzufordern, und es sei ein kleines Wunder geschehen, denn Bloss habe offenbar Schlimmeres erwartet und sei tatsächlich abgesessen. Bloss habe seine Stirn in der Linken aufgestützt und ganz niedergeschlagen noch einmal die ungeheuren und dramatischen Konsequenzen des skandalösen, verleumderischen und untolerierbaren Berichts vorgeführt. Dann sei er ganz still und ganz bleich geworden, als ob er auf eine besonders heftige Attacke wartete. Ganz stumm sei er dann aufgestanden und habe seinen Gang zum Fenster gemacht, wo er auf den Parkplatz hinab gestarrt habe. Bloss habe vielleicht schon etwas Zeit zum Verdauen oder Nachdenken gebraucht, vielleicht habe er sich am Fenster auch überlegt, wie dem Pepe anderswie beizukommen sei. Es sei aber alles anders gekommen, als sich Bloss möglicherweise ausgeheckt hatte. Als er sich nämlich vom Fenster abgewandt hatte und vielleicht für einen ganz saftigen Tiefschlag bereit war, sei er einem gelas-

senen und unerschütterlichen Pepe gegenüber gestanden. Wie ein richtiger Professor, der etwas ganz Wichtiges zu sagen hatte, habe der Pepe in seinem schmutzigen Labormantel ausgesehen. Seine Brille sei fest auf der Nase gesessen, seine Rechte in der Manteltasche, und seine Linke habe er ausgestreckt wie ein Staatspräsident, der eine neue Verfassung verkündete. Keine Spur von dummem Lächeln habe man sehen können.
- Ich könnte schon behilflich sein.
- Bitte sehr?
- Sie sitzen doch in der Tinte, nicht ich!
- Sie meinen doch nicht ...
- Doch, doch! ... falls die Abfindung gut genug ist, bestimmt, mein Präsident!

Die Abfindung sei auch gut genug gewesen. Keine einzige Forderung habe Bloss abgelehnt, ja er habe die Zahlen sogar etwas aufgerundet. Überhaupt habe die Unterredung in Harmonie und Frieden und mit einem glücklichen Ausgang für jedermann geendet. Nur die Drakke sei verstimmt gewesen. Ganz wütend habe sie Band VIII der allgemeinen Verwaltungsrichtlinien aus dem Gestell gerissen und die längste Zeit darin herumgefummelt, bevor sie es gewagt hatte, die Formulare auszufüllen. Wie eine Furie habe sie dann auf ihrem Keyboard herumgehackt, während Bloss wie ein Tiger das Vestibül auf- und abgemessen habe. Dann habe sie endlich den Institutsstempel aufs Formular geknallt. Bloss habe es nicht einmal durchgelesen und ohne Wimpernzucken unterschrieben. Wäre die Drakke nicht so demonstrativ wütend gewesen, hätte die Zeremonie bestimmt mit einem herzlichen Händedruck und den besten Wünschen geendet, so aber habe man aber kaum ein Wort gewechselt, als man auseinander ging. Im Übrigen erzählte uns Massurick, dass ihm Bloss nach der Sitzung gesagt habe, wie erleichtert er gewesen sei, als sich der

Pepe so freiwillig als Opferlamm gemeldet hatte und dass er von einem Akademiker noch nie eine so klare, kurze und erst noch vernünftige Antwort erhalten habe.

Massurick selber konnte mit dem Resultat auch zufrieden sein. Er hatte überlebt, und es sah ganz so aus, als ob er noch viele Jahre fest im Sattel sitzen sollte. Wie uns aber die Bless erzählte, hatte Massurick sein eigenes Problem mit APLOT. Nicht eigentlich mit APLOT, eher mit Pepes Bericht, den sie ihm vor ein paar Tagen zur Genehmigung hingelegt und schon zwei Minuten später in ihrem Posteingang wieder gefunden hatte. Er habe nämlich nach der Sitzung im Präsidium den Bericht verlangt und sich damit im Office eingeschlossen. Wie er ihr eine halbe Stunde später unter der Türe gesagt habe, sei er von Pepes Arbeit wirklich überrascht gewesen. Noch nie habe er von Pepe ein so klares und lesbares Dokument erhalten. Nicht ein verwirrender Satz und keine einzige der langweiligen Mathematikpassagen sei darin gewesen, und, was ganz ungewöhnlich gewesen sei, es habe nichts als die lautere Wahrheit enthalten. Pepe habe es sogar mehr als deutlich gesagt, dass das Zosima-Projekt dumm, überflüssig und eine reine Geldverschwendung sei. Massurick habe zwar zugeben müssen, nicht alle obskuren Referenzen zu veralteten Methoden und Apparaturen oder den verrückten lateinischen Autoren verstanden zu haben, doch habe Blossens Behauptung tatsächlich gestimmt, dass Pepe das Zosima-Projekt als alchemistischen Unfug bezeichnet hatte. Ganz im Gegensatz zu Bloss habe er aber nichts über Hokus, und schon gar nichts über Pokus gefunden.

4. DISKUSSION

4.1 Prinzipielles

Schon vor der Mittagspause prangte Pepes Rücktritt am Anschlagbrett. Es konnte kaum übersehen werden, doch sagte niemand etwas am Kaffeetisch. Auch Dobler warf nur einen flüchtigen Blick darauf und glaubte, wie alle anderen auch, die dort angehalten hatten, mit keinem Wort der Geschäftsleitung, dass sie es zutiefst bedauerte, den Abschied des treuen und verdienstvollen Mitarbeiters mitteilen zu müssen. Zudem hatte Dobler schon vorher von Pepes Abschied von offizieller Stelle gehört, als ihm die Drakke höchst persönlich die neuesten Verwaltungsmaßnahmen durchgab. Es ging dabei darum, dass Doktor Massurick ad interim die Position des Sektionschefs übernommen hat.

Um es mit Doblers Worten zu sagen, es war ihm scheißegal, welcher Arsch sich auf dem gepolsterten Bürosessel breitquetschte. Und doch dachte er daran, dass von nun an keiner mehr and den Türpfosten klopfen und mit den dummen Fragen kommen würde. Keiner würde eklig um den heißen Brei herumstreichen, nur um einen kleinen Dienst zu erbitten, der nicht abgewiesen werden konnte und sich auch meistens nicht so klein erwies. Von nun an würde er, Dobler, sich ganz alleine und für alle Ewigkeit mit dem verschissenen APLOT herumschlagen, und er würde es sein, der ganz allein zum Ambassador zu gehen hatte. Dann würde er zu Fall gebracht, genau wie Pepe, der sich in was-weiß-der-Teufel für eine Verschwörung verstrickt hatte. Ja, warum eigentlich hatte es den Pepe getroffen, der so lange am Institut mit Nichtstun überlebt hatte und bestimmt nichts Falsches gemacht hatte? Wieso nicht Massurick, der ebenso wenig tat und zudem noch nie etwas begriffen hatte? Warum nicht Forzer mit seinen überspannten Ambitionen? Ja, warum eigentlich waren die Gerüchte um Pepes Beförderung so falsch?

Die Drakke hatte längst aufgehängt, als Dobler sich ausmahlte, wie Pepe niedergeschlagen oder wütend in seinem Büro rumorte und die veralteten Bücher aus dem Gestell mit den dunkel getönten Glastüren einpackte oder wehmutsvoll beim Durchwühlen seines Aktenschrankes an die vergangenen Jahre dachte. Natürlich hatte Dobler, wie alle andern auch, kein Mitleid mit Pepe, und auch er fand den Entscheid der Geschäftsleitung nicht ungerecht. Trotzdem dachte er an Pepe, der vielleicht einsam und traurig in der Bibliothek sass oder in seinem Labor herumlungerte, wo man ihn so oft an seiner verrücken Apparatur basteln gesehen hatte. Zwar hatte Dobler kein Verlangen, in Würde von seinem früheren Boss Abschied zu nehmen, der möglicherweise auf jemanden wartete, der ihn trösten konnte. Auch war es ihm bestimmt im Innersten zuwider, Pepe aufzusuchen und nicht zu wissen, was zu sagen. Anderseits war es gleichwohl eine großartige Gelegenheit, gegen seine moralischen Prinzipien zu handeln, um nach einem letzten Paff am Hintereingang und einem letzten Schwatz über das Wetter oder so den Pepe Leine ziehen zu sehen!

Ganz vorsichtig piekte Dobler durch den Türspalt seines Büros in den leeren Gang. Da war aber kein Pepe und schon gar nicht die traurige Stille, die er sich ausgemalt hatte. Von Pepes halboffener Türe war ein wahrer Klamauk zu hören. Schubladen wurden aufgerissen und zugeknallt, manchmal tönte es, als ob Kartonschachteln herumgekickt würden. Ab und zu gab es dumpfe Plumpser, wie von schweren Gegenständen, die auf den Boden geschmissen wurden. Merkwürdigerweise war der Tumult von leisem Singen und gelegentlich von fröhlichem Pfeifen untermalt. Unter der Türe sah denn Dobler auch keinen niedergeschlagenen oder wütenden Pepe, wie es die traurigen Umstände hätten erwarten lassen. Nein, Pepe schien bester Laune lustvoll in der obersten Schublade seines berühmten Möbelstücks zu fummeln. Es sah ganz so aus, als ob sich Dobler vergebens auf den feierlichen Moment vorbereitet hatte, denn Pepe würdigte ihn keines Blicks und steckte seinen Arm noch tiefer in die Schublade

Das sonst so saubere und ordentliche Büro war nicht wieder zu erkennen. Es war ein unheimliches Puff, sogar der Boden war mit Büroklammern, Radiergummis, Bleistiften, Kugelschreibern, Papierfetzen, alten Heftchen und wissenschaftlichen Zeitschriften übersät, ja, sogar Bücher waren dort zu sehen. Der sonst auf Hochglanz polierte und aufgeräumte Schreibtisch war mit schmutzigen und vergilbten Papierhaufen überdeckt, und die goldene Tischuhr, der elektrische Bleistiftspitzer und die Schreibmappe mit den goldenen Ecken waren verschwunden. Nur die Gedenktafel für die langjährige Mitgliedschaft bei der IFG und Pepes Namenstäfelchen waren noch da, nachlässig zwischen zwei unordentlichen Papierstößen eingeklemmt. Der Tafel mit dem Wahlspruch lehnte am fast leeren Büchergestell, und daneben stand eine Reihe von säuberlich beschrifteten Kartonschachteln. Sämtliche Schubladen der Aktenschränke waren gezogen und deren Inhalt lag auf dem Boden verstreut. Es war ein wahnsinniges Puff. Nur das überfüllte In-Kistchen war unberührt.

Der feierliche Moment, dem Dobler mit Bedenken entgegengesehen hatte, fand nicht statt. Pepe war mit plündern so beschäftigt, dass Dobler dreimal zu hüsteln hatte, bis sich

Pepe bequemte aufzusehen. Es war ein kurzer, flüchtiger Blick, und schon war Pepe wieder bei seiner Schublade. Dann endlich schaute er auf: Die beiden sahen sich an und hatten einander nichts zu sagen. Es gab keine Erinnerungen über die gemeinsamen Jahre auszutauschen, kein Versprechen, sich ab und zu wieder zu sehen, kein böses oder bitteres Wort, kein Bereuen und kein Dankeschön, nicht einmal eine letzte Rauchpause am Hinterausgang gab es. Statt dessen schmiss Pepe seine Handvoll Schätze, die er in der Schublade gefunden hatte, in einen Plastiksack, den er mit der anderen Hand hielt, bückte sich und griff nach zwei weiteren Plastiksäcken, die am Pult angelehnt waren. Dann stand er für einen Moment wortlos da und fixierte Dobler mit seinem linken Auge. Er habe ja nicht viel mitzunehmen, sagte er, und bat Dobler um einen letzten kleinen Gefallen. Es ging um die Kartonschachteln mit den Büchern, die ihm Dobler nachzuschicken hatte.

Dann war Pepe weg. Dobler wartete über eine Viertelstunde, erst dann hatte er den Verdacht, dass Pepe sein letztes Wort gesprochen hatte, ging zum Fenster und sah, dass der rote Pickup-Kleinlaster verschwunden war. Dobler stand die längste Zeit am Fenster, starrte auf den leeren Parkplatz und fragte sich mehr als einmal, ob der Lebensabschnitt, der mit Pepe abserviert worden war, gut oder schlecht gewesen war. Sicher, Dobler hatte Pepe nie gemocht, hatte keine Spur von Respekt für ihn, und wie oft hatte er am Kaffeetisch faule Witze fallen lassen! Gleichwohl fühlte er sich einsam und verlassen, als er so allein am Fenster auf den leeren Parkplatz starrte. Ja, er vermisste bereits die dummen Fragen nach den Kindern, die kleinen Dienste, das Rauchen an der Hintertür und die gemeinsame Front gegen Forzer!

Während unserer Untersuchung hatte uns Dobler erzählt, dass er sich beinahe mit Gewalt vom Fenster habe lösen müssen. Wir wissen auch, dass er dabei beschlossen hatte, das Beste von der neuen Lage der Dinge zu machen und dabei das eingeleitet hatte, wovon am Anfang und am Ende dieses Berichts die Rede ist: Dobler hatte sich entschieden, Pepes Hochburg auf eigene Faust zu plündern. Allerdings war er bei seinem Raubzug nicht auf der Suche nach Erinnerungsstücken, er waren vielmehr nützliche Dinge, die er sich unter den Nagel zu reißen suchte, etwas, das er zu Hause oder vielleicht sogar bei der Arbeit brauchen konnte. Selbstverständlich hatte er nicht erwartet, die Mappe mit den goldenen Ecken oder gar den Parker zu finden, doch irgend etwas Gutes musste doch in diesem höllischen Puff vergessen worden sein! Dobler pflügte sich mit seinen Füßen einen Weg durch das Chaos auf dem Boden, da und dort einen Papierfetzen mit der Fußspitze drehend, durchsuchte im Detail die Aktenschränke, doch nichts, gar nichts Brauchbares war zu finden, nicht einmal im Büchergestell mit den getönten Glastüren war etwas brauchbares. Alles war schmutzig und kaputt, und der berühmte Bürostuhl, den er eigentlich ganz gerne gehabt hätte, der war tabu. Jedermann würde es sehen, wenn er in seinem Büro darauf thronte. Auch Forzer würde es sehen, und dann würde es nicht lange dauern, bis der im oberen Stock dafür sorgte, dass das exklusive Möbelstück einen standesgemäßen Besitzer findet.

Andererseits lud ihn der berühmte Stuhl geradezu ein, mindestens einmal für einen besinnlichen Moment darauf Platz zu nehmen und den Anblick des unverstellbaren Sessels vis-à-vis von der erhöhten Stellung aus zu genießen. Dobler rief aber seine Erinnerung an Pepes erniedrigende Kur nur für einen flüchtigen Augenblick wach, denn die Aussicht, im ehrwürdigen und berühmten Pult zwischen ihm und dem Sessel etwas wirklich Gutes zu finden, war zu mächtig. Die kalte Dusche kam aber schon in der obersten Schublade, weil außer dem Bostitchapparat, der so alt war, dass man dafür kaum passende Klammern finden konnte, alles unbrauchbar oder zerbrochen war. Nicht einmal eine anständige Büroklammer war zu finden. Dann kam der Rest dran: Schublade um Schublade wurde herausgerissen, durchwühlt, ausgeleert, und der Inhalt aufs Genaueste unter die Lupe genommen. Aber auch da war nichts, nichts als Scheiße. Als Dobler rechts unten am Pult vor dem untersten Ablagefach auf den Knien lag, hinderte ihn ein dickes, unordentliches Bündel Papier am Zugang zum letzten seiner Jagdreviere.

Mit aller Mühe zwängte er seinen Arm durch, um zu den noch nicht erforschten Gegenden zu gelangen, doch so weit kam es nicht, denn das Bündel war viel zu dick. Dann sprach das Schicksal. Als er nämlich seinen Arm zurückzog, fiel das staubige Pack auseinander und die oberste Schicht kam offen auf dem Boden zu liegen. Vielleicht war es Zufall, vielleicht aber war das Bündel so gemacht, dass ausgerechnet die verhängnisvolle Seite oben lag. Es hätte ja durchaus sein können, dass es von Anfang an so hingelegt worden war, um die Neugierde der Neugierigen anzustacheln und sicher zu stellen, dass es nicht verloren ging. Wie dem auch sei, Dobler konnte gar nicht anders, als auf die rot unterstrichenen Schlagworte zu starren. Als er dann die Seite mit "Zauberbücher" und "Zauberei" umschlug und ihm gleich das "Magische Quadrat" entgegensprang, hatte er einen richtigen Lachanfall und konnte sich von Pepes irrwitzigen Absurditäten kaum erholen. Damit war aber Dobler von Pepes Magie bereits bezaubert. Keine Sekunde dachte er daran, das schmutzige und abgegriffene Bündel in das Ablagefach zurück zu legen, es in den Abfalleimer zu schmeißen, oder es ganz einfach auf dem Boden beim anderen Schrott liegen zu lassen. Nein, ganz sorgfältig hob er es auf und legte es sorgfältig auf Pepes gepolsterten Thron, - womit Dobler einen ersten Schritt in Pepes wunderbare Welt getan hatte[20].

Weil hinten im Ablagefach, wo das Bündel gelegen hatte, auch nichts zu finden war, nahm Dobler den unordentlichen Papierstoß mit in sein Büro, wo es in seiner Ziegenledermappe verschwand. Vielleicht tat er dies, um sich damit am Kaffeetisch über Pepe lustig zu machen, vielleicht auch nur, weil er in Pepes Büro nichts Besseres gefunden hatte. Im Nachhinein hatte er auch zugeben müssen, dass er nie hätte erwarten sollen, in Pepes Prunkstück von Ordentlichkeit etwas Brauchbares zu finden. Immer war es blitzblank, nirgendwo gab es eine unordentliche Stelle, die einen vergessenen Schatz hätte verbergen können. Zum Glück hatte sich Dobler trotz dieser trüben Aussichten zuerst auf Pepes Büro konzentriert und nicht mit dem viel mehr versprechenden Labor begonnen. Sonst hätte wahrscheinlich Forzer das Bündel entdeckt, es bestimmt als triviale Kindereien befunden und in den nächsten Abfalleimer geschmissen. So aber verschwand das schicksalsvolle Bündel in Doblers Mappe, bevor er sich im Labor umsah.

Es wäre wirklich eine Sünde gewesen, sich nicht in Pepes Labor zu stürzen und zu riskieren, dass jemand anders

---

[20] In der Tat, das Bündel ist der wichtigste Teil unserer Akten, die wir in diesem Bericht so oft erwähnt haben. Warum Pepe die Unterlagen in seinem Büro hinterlassen hatte, können wir nicht mit Bestimmtheit sagen. Es ist aber durchaus möglich, dass er sein Vermächtnis einem künftigen Adepten schenken wollte. Dobler hatte damals von der Bedeutung des Bündels keine Ahnung und hob es eher zu seiner Unterhaltung auf. Auf jeden Fall behielt er es nicht als Andenken an Pepe. Auch hatte er damals nicht vermutet, dass es um Pepes merkwürdige Versuche ging, schon gar nicht, dass das unordentliche Bündel sein eigenes Leben drastisch verändern sollte.

auf dieselbe Glanzidee kam. Dort herrschten seit jeher Schmutz und Unordnung, voller Verstecke für Kostbarkeiten, - ein Paradies! Ein richtiger Saustall war es, Pepes Labor. Alles war dreckig und durcheinander, der Labortisch, die Schränke, die Abzugskapelle, ja sogar das Fensterbrett. Nur der Boden war frei und gähnte vor Sauberkeit. Auf dem Tisch lag ein wüster Haufen von allerlei zerbrochenen Glaswaren, dreckigen Reagenzgläsern, verschiedenster Glas- und Plastikbehälter, Thermometer, Papiertaschentücher, ja, ein halbverrissener Gummihandschuh und eine zerbrochene Sicherheitsbrille lagen dort in diesem Puff. Das Fensterbrett dahinter sah nicht anders aus, abgesehen vom schimmelüberzogenen Sandwich, das zum Himmel stank. Ein Riesenpuff war auch in der Abzugkapelle, wo Pepe mit seiner Spielerei einen unglaublichen Haufen Abfall zurückgelassen hatte. Mitten aus einem Berg von Reagenzgläsern, pH-Papier, Spateln, Pipetten, Gummizapfen, Glas- und Plastikhahnen, allerlei Verbindungsstücken, Röhrchen und Schläuchen ragte Pepes dreckiger und eher primitive Versuchsapparat. Rechts davon, in einem Nest von zerbrochenem Glas, lag eine brandneue Stoppuhr, Doblers erste wertvolle Entdeckung. Sonst aber war nichts Brauchbares in der Kapelle.

Unter der Kapelle war ein Schrank für die Lagerung von Säuren eingebaut, den Dobler nicht zu öffnen wagte. Ihr gegenüber stand der Schrank für Feinchemikalien, für den er die gleichen Bedenken hatte. Seine Neugierde war aber zu stark, um nicht endlich einmal herauszufinden, was Pepe während all der Abende und Wochenende getan hatte. Ganz langsam drückte er den Griff zum gefährlichen Objekt nach unten und wagte mit äußerster Behutsamkeit einen Blick hinein. Doblers Vorsicht war nicht nötig gewesen. Alles war in bester Ordnung, alles war sauber und glänzend, alle Chemikalien waren in geeigneten Behältern, sauber und klar beschriftet und mit den vorgeschriebenen Sicherheitswarnungen versehen. Die technischen Merkblätter und die Vorschriften zur Handhabung und Unfallverhütung waren feinsäuberlich in einem Ordner eingereiht, die Erste-Hilfe-Ausrüstung war komplett und auf dem neuesten Stand. In diesem Muster von Ordentlichkeit fand Dobler alle möglichen Chemikalien, die meisten anorganisch und auffallend viele Antimon- und Quecksilberverbindungen. Auch einige arsenhaltige waren darunter.

Mitten in den originalverpackten Chemikalien und den glänzenden Phiolen, Erlenmeyers, Fläschchen, Kolben und Standgläser sass ein eigenartiges, unförmiges Glasgefäß in einem Korkring. Es war weder rund noch oval, eher eiförmig, und in seinem Hals stak ein alter Gummizapfen. Es war auch das einzige Gefäß, das schmutzig war. Auf seinem Bauch klebte eine fettige, kaum lesbare Etikette, die Dobler, so gut es ging, mit seinem Taschentuch reinigte. Aber, da war nur Pepes Namen, keine Identifikation, keine Indexnummer, kein Hinweis auf die Zusammensetzung oder den Gebrauch, ganz abgesehen vom normalerweise rot unterstrichenen Verfallsdatum. Auch im Ordner war nichts zu finden, - total reglementwidrig und unvereinbar mit guten Gepflogenheiten, - und so verlockend zu wissen, was das war! Dobler netzte sein Taschentuch mit etwas Spucke und rieb ein Fenster auf dem Behälter frei, bis er glänzte wie die andern Flaschen. Dann sah er durch das Fenster auf eine merkwürdige, dunkelrote Substanz.

Er hätte beim besten Willen nicht sagen können, ob es ein extrem feines Pulver oder eine Flüssigkeit war. Außerdem war es so schwer, dass es eigentlich hätte fest sein müssen. Als Dobler die Flasche schwenkte, konnte er ganz deutlich einen tiefen, vollen Klang hören. Wie das Läuten einer riesigen Kirchenglocke tönte es. Dobler hielt die Flasche in seiner

Linken, mit der Rechten nahm er den Korkring, ging zur Abzugskapelle hinüber, wischte dort mit dem Korkring ein Plätzchen frei, legte den Korkring ab und setzte Pepes Flasche drauf. Dann zog er seine Sicherheitsbrille an, drehte am Schalter für den Ventilator und zog mit aller Kraft am Gummizapfen. Der aber, der sass fest. Als Dobler mit seinem Swiss Army Knife etwas am Siegel kratzte, löste sich der Zapfen dennoch von selbst, und der Flaschenhals spuckte ein feines Wölklein aus, das im Abzug verschwand. Dobler zog dann seinen Lieblingsspatel aus der Brusttasche seines Labormantels und versuchte, etwas von der merkwürdigen Substanz zu entnehmen, doch sie rann ab wie eine Flüssigkeit und ließ eine feine Spur zurück, die eher wie ein Pulver aussah. Der traditionelle Schnupper am Flaschenhals ergab nichts, nicht einmal der Duft nach frisch gepflügter Erde sagte Dobler etwas.

Wie alle anderen unbekannten Substanzen, war Pepes Pulverflüssigkeit ein echtes Problem für Dobler. Wir haben zwar bereits in Kapitel 3.1.3 berichtet, dass er am Institut für die Sicherheit am Arbeitsplatz zuständig war, doch wollen wir an dieser Stelle noch anfügen, dass ihm nicht nur die kleinen Unglücksfälle, sondern leider auch die sichere Entsorgung von Abfallchemikalien oblag. Nach der Regel hätte er nämlich die unbekannte Substanz zuerst analysieren lassen müssen und erst dann einen Vorschlag für die geeignete Entsorgung machen können. Dazu wäre allerdings ein mehrseitigen Antragsformular auszufüllen gewesen, das erst noch vom Topmanagement gutgeheißen werden musste, bevor es von der firmainternen Sicherheitskommission beurteilt und dem Umweltschutzausschuss zur Absegnung weitergeleitet werden konnte, um von der ISO-14000 Kommission die Erlaubnis zu bekommen, Doblers Vorschlag durchzusetzen. Weil Dobler als Sicherheitsbeauftragter beratendes Mitglied all dieser

Kommissionen war, kannte er die Regeln bestens und wusste, was dies zu bedeuten hatte. Er wusste aber auch, dass Pepe nie das geringste Risiko auf sich genommen hatte und bestimmt nie gewagt hätte, mit giftigen oder gefährlichen Substanzen umzugehen, oder so etwas gar herzustellen. Wenn Pepe zum Beispiel auf einer Flasche "krebsverdächtig" las, hatte er immer Grund genug, um sich bei Dobler nach den Kindern zu erkundigen und den kleinen Gefallen zu erbitten, die Flasche aufzumachen und eine Probe zu entnehmen. So ein Schisshase war er, der Pepe. Es war wirklich nicht nötig, die ganze Entsorgungsprozedur durchzustehen, nur um Pepes harmlosen Abfall zu beseitigen, wo es doch die viel bequemere Lösung gab, die Flasche in die Tasche zu stecken, wo das Swiss Army Knife gewesen war, und sie im Pausenraum diskret mit dem Küchenabfall zu beseitigen.

* * *

Niemandem fiel das dumpfe Geräusch auf, mit dem der Kaffeefilter in den Abfalleimer plumpste, so gebannt hing die Kafferunde an Blessens Lippen. Normalerweise nahm man, wie wir bereits angetönt haben, ihre vertraulichen Indiskretionen vom oberen Stock nicht so ernst, doch diesmal hatte jeder erkannt, dass die Nachrichtenquelle, die die Bless nicht genannt haben wollte, die Drakke war. Zudem ging es um Pepe, und jedermann befürchtete, vom neuesten Fehlentscheid von Denen-dort-oben betroffen zu sein. Anscheinend sei Bloss wegen Pepes Zosimabericht oder dem Ambassadortreffen oder so, sie wisse das nicht so genau, ganz aus dem Häuschen geraten und habe Pepe und Massurick zu sich ins Präsidium beordert. Es habe aber gar nicht lange gedauert, bis alle drei in bester Laune wieder herausgekommen seien. Als sich die Bless dann verplauderte und sagte, Frau Drakke sei von Blossens Anweisung richtig verwirrt gewesen und habe die Formulare für Pepes frühzeitige Pensionierung mit größtem Bedenken ausgefüllt, hatte niemand mehr den leisesten Zweifel, dass es tatsächlich so gewesen war. Dann griff die Bless zu ihrem Plastiksack mit den Stricksachen und fügte an, dass Frau Drakke ihre Beherrschung beinahe verloren habe, als Pepe sie bei der Unterzeichnung scharf angesehen hatte und mit dem falschesten Lächeln der Welt leise, aber ganz deutlich "Catarina, Oh, Oh, Oh" gesungen hatte. Die Bless packte die Wolle und die Nadeln aus, und mit dem abschließenden Wort, Pepe habe eine ganz tolle Abfindung erhalten, war die Audienz zu ende.

Niemand sagte etwas in die Stille, wo man nur das Klappern von Blessens Stricknadeln und das leise Klirren hören konnte, als Dobler Zucker in seinen Kaffee mischte. Forzer griff zu einem der Reklamehefte, die in Tischmitte aufgestapelt waren. Der Techniker zog sein Comic aus der Gesäßtasche und schob sein Sportmagazin zu Dobler hinüber. Jedermann hing still seinen Gedanken nach, was das alles zu bedeuten hatte. Niemand hatte eine Ahnung, warum es mit Pepe so weit gekommen war, doch drehten sich bestimmt alle Gedanken um Pepe, Bloss und seine Belegschaftsversammlung von der vergangenen Woche. Wahrscheinlich war jedermann auch bei den Gerüchten, die sich so falsch erwiesen hatten, und dachte mit Bedenken daran, dass der Rausschmiss von Pepe ein Vorspiel für etwas viel Schlimmeres sein könnte. Auch Dobler sagte nichts und blätterte abwesend im Sportheftchen. Schließlich nahm Dobler schweigend einen letzten Schluck und machte sich ohne Bemerkung über Pepes Wegschleichen auf den Weg zum Labor, um einen letzten, abschließenden Blick auf Pepes Chaos zu werfen. Etwas über die Stoppuhr oder das rote Pulver zu sagen, wäre doch allzu dumm gewesen.

* * *

Was die Bless so alles am Pausentisch herum zu bieten hatte, blieb normalerweise im engen Kreis der Kaffeerunde, denn man war, wie gesagt, meist skeptisch, wenn sie etwas vom oberen Stock ausplauderte. In der Regel hatte die Pausenrunde damit auch recht, doch diesmal gab es keine Zweifel, dass sie die Wahrheit gesagt hatte, sodass das Neueste die Türschwelle mit Posaunen und Trompeten überschritt und sich in kürzester Zeit zum allgemeinen Tagesgespräch durchmauserte. Es ging von Büro zu Büro, von Labor zu Labor, machte den Sprung außer Haus und wurde im Ministerium für Wissenschaft und Technologie vernommen, wo Maister seine Sekretärin am Telefon mitangehört hatte. Diesmal kam es auch bis zur Lokalzeitung, wo man sich gleich an die Arbeit machte, die Verschwendung von öffentlichen Geldern anzuprangern. Und so kam es, dass Blessens Nachrichten eine öffentliche Angelegenheit wurde und Maister gar keine andere Wahl hatte, als sich der öffentlichen Meinung zu beugen, unvoreingenommen das öffentliche Interesse zu vertreten und Bloss wegen der Verschwendung öffentlicher Gelder seines Amtes zu entheben.

In der Redaktion der Lokalzeitung war man immer noch am Schreiben, als Maister seinen Entscheid dem Institut zukommen ließ, so schnell ging das. Überhaupt nichts hatte man am Institut gehört, bevor es offiziell mitgeteilt wurde. Dass Bloss aus allen Wolken gefallen war und den Entscheid gleich angefochten hatte, wissen wir von Doktor Teufel, den Bloss mit der Klage gegen Maister und das Institut beauftragt hatte. Sonst können wir über Blossens Abschied leider nichts berichten, hatte sich doch Frau Drakke kategorisch geweigert, darüber Auskunft zu geben. Hingegen wissen wir, dass Massurick einer der ersten war, der von den Umwälzungen erfahren hatte. Richtig erleichtert sei er gewesen, als ihm die Drakke die neueste administrative Maßnahme durchgegeben hatte und dabei erfahren durfte, dass er überlebt hatte. Er sei auch nicht wirklich überrascht gewesen, als ihm die Drakke sagte, Doktor Arusashev sei mit unmittelbarem In-Kraft-Treten ab sofort mit der Aufgabe des Institutspräsidenten betraut worden[21]. Ganz überbewältigt sei er aber eine halbe Stunde später gewesen, denn Arusashev sei höchst persönlich in seinem Büro aufgetaucht. So etwas hätte Bloss nie getan! Bestimmt war Massurick überglücklich, als er dabei erfuhr, dass Forzer zum neuen Sektionschef ernannt werde. Das Beste aber war nicht, dass er endlich seinen Interim-Job losgeworden war. Als nämlich Arusashev bei seinem kurzen Besuch auf Geschäftliches zu sprechen gekommen war und diktierte, dass sich das Institut von nun an auf Prüfwesen und Verfahrenstechnik konzentrieren werde, war für Massurick das unselige APLOT endlich abgeschrieben.

Forzer war von der neuen Berufung des Instituts ebenfalls hell begeistert. Er hatte die besten aller Gründe, der neuen Firmenpolitik enthusiastisch zuzustimmen, ernannte ihn doch Massurick, am Türpfosten angelehnt, zum neuen Sektionschef. Forzer hätte der glücklichste Mensch auf Erden sein können, wenn Massurick nicht so nebenbei erwähnt hätte, Arusashev habe ihn trotz der Neuorientierung beauftragt,

---

[21] Wir sind den Gründen für Arusashevs Ernennung nachgegangen, konnten aber nicht nachweisen, dass er dank des Zusammenhangs an die Spitze des Instituts berufen worden war. Wir möchten aber nicht unerwähnt haben, dass Frau Drakke eine Sitzung mit Germann und Bloss organisiert hatte und dass von dem Moment an Arusashev ein Atomwaffengegner-Abzeichen am Kragen trug,

APLOT so schnell wie möglich zu einem guten Ende zu bringen. Forzer hatte selbstverständlich seine Ernennung nicht in Frage stellen wollen und verdankte die Ehre für den verantwortungsvollen Auftrag mit größtem Respekt, ja beinahe Unterwürfigkeit. Sicher hatte er es aber gehasst, sich für das dumme Zosima-Projekt, das er früher so gerne unter seinen Fittichen gehabt hätte, ausgerechnet jetzt kümmern zu müssen, wo er sich doch so darauf gefreut hatte, endlich einmal seine nächtlichen Überstunden loszuwerden!

4.2 Morphogenesis

Dobler hatte die Gewohnheit, vor dem Einschlafen ein paar wenige Zeilen zu lesen. Seine bevorzugte Lektüre war dumm und langweilig und durfte auf keinen Fall spannend, aufregend oder anspruchsvoll sein, denn dies hätte bedeutet, dass sich die Schrift nicht aufzulösen begann, seine Augen sich nicht nach oben drehten, und seine Augenlieder nicht zu schwer wurden, um offen gehalten zu werden. Das Allerbeste war so langweilig, dass er nach einer oder zwei Seiten gerade noch die Energie aufbrachte, zum Schalter zu langen und das Licht auszulöschen. Am Abend, als er in Pepes wunderbare Welt eindringen sollte, wartete das Bündel, das er am Nachmittag entdeckt hatte, verheißungsvoll auf Doblers Nachttischchen. Er sass auf dem Bettrand, als er es auf seinen Schoß nahm, um eine geeignete Stelle auszusuchen, die ihn schnell und sanft in tiefen Schlaf wiegen sollte. Beim ersten Durchblättern erwies sich Pepes Bündel alles andere als verheißungsvoll. Da war ein Chaos von unverständlichen Zeichnungen, Photokopien, An- und Beimerkungen, Notizen und

Gedichten, die ihn irgendwie ansprachen und neugierig machten und nie erlaubt hätten, gedankenlos ein paar Seiten zu lesen und auf den wunderbaren Augenblick zu warten, wo seine Augenlieder zu schwer wurden. Schon dachte er, das Bündel auf das Nachttischchen zurückzulegen und als Ersatz für sein Lieblingsschlafmittel auf das Schnarchen seiner Frau in seinem Rücken zu horchen, fand dann aber doch noch etwas Geeignetes.

Es waren Pepes Definitionen, die am Nachmittag offen auf dem Boden gelegen sind. Die unendliche Liste mit den verrückten Erklärungen und all den monotonen Wiederholungen war so vielversprechend, dass Dobler die paar Seiten zwischen Zeigfinger und Daumen einklemmte, sie aus dem Bündel herauszog und sich bereits beim Abliegen auf den großartigen Moment freute, wo sich die Welt in Nichts auflöste. Pepes Liste schien tatsächlich zu halten, was sie versprach, denn schon nach der ersten Seite fühlte Dobler seine Augenlider schwerer werden. Einmal hatte er sich sogar richtig wach zu rütteln, um einen Satz fertig zu lesen. Dann aber erwies sich Pepes Liste plötzlich ungeeignet, weil Dobler schlagartig hellwach war und einen richtigen Lachanfall hatte, als er entdeckte, dass Pepe von seinem eigenen Durcheinander verwirrt gewesen sein musste. Pepes "Transmittierende Gastroenteritis", fein säuberlich zwischen "Theosophie" und "Transzendental" eingereiht und durchgestrichen, hatte das getan! Da zischte es hinter seinem Rücken, es sei spät und er solle doch etwas Rücksicht nehmen. Bald kam wiederum das gewohnte Schnarchen von nebenan; um Doblers Schlaf war's jedoch getan. So etwas Dummes hätte er ja nicht einmal Pepe zugetraut! Es ging einfach nicht anders, als den ganzen Pepehaufen aufzunehmen und unten in der Stube nach weiteren Rosinchen zu durchsuchen.

Die ganze Nacht harrte Dobler auf seinem Sofa aus und hatte kein Bedürfnis, sich etwas aus dem Kühlschrank zu holen, Musik zu hören, eine Zigarette anzustecken oder den Fernseher anzustellen. Da gab es die dümmsten Erklärungen für unmögliche Formeln, absurde Zeichnungen waren mit unpassenden Randbemerkungen übersät, falsche Berechnungen bewiesen noch falschere Behauptungen, dämliche Gedichte begleiteten groteske Zeichnungen. Da gab es auch einen ganzen Zoo von Löwen, Skorpionen, Drachen, Pfauen, Schlangen und alle möglichen Ungeheuer, die sich in den eigenen Schwanz bissen. Manchmal war ein klarer Satz für einen guten Gedanken in einem unglaublichen Wirrwarr eingebettet, meistens war aber mit dem Chaos gar nichts anzufangen, wie beispielsweise das folgende Rezept zeigt: "*Nimm ein einundeinhalb Unzen Morgentau und ein Viertel oder etwa eine halbe Unze Mittagsröte als Seele, oder einundeinhalb Unzen Ferment als Hälfte der Goldfarbe, und Du hast drei Unzen*". Anderes tönte wie poetische Gebete, war aber noch weniger verständlich: "*Apage Satana. Die Sonne, der Mond, Gott und die Natur sind nicht für nichts im Spagyrischen Handwerk. Breche das kristallene Siegel, wo die wunderbaren Farben in den metallenen Strahlen der Sonne spielen und wo der Narziss das Formbare wandelt*".

Dobler unterhielt sich prächtig und merkte gar nicht, dass er auf dem besten Wege war, in Pepes Welt einzusinken. Sein höhnisches Gelächter war allerdings schon vor Mitternacht ziemlich selten geworden, und Pepes blumige Ausdrücke hatten weitgehend ihre abenteuerliche Farbenpracht verloren. Nach und nach ragten sogar ganze Sätze aus dem dichten Nebel, in den sie Pepe eingepflanzt hatte. Auch die zahlreichen Zeichnungen und die verrückten Gedichte hatten etwas von ihrer abstrusen Absurdität verloren. Dobler hatte bereits zu denken begonnen, dass etwas anderes als Blödsinn hinter der irrationale Überschwänglichkeit steckte. Zudem war da auch das Wort "Gold". Es gab unzählige goldenen Quellen, Sonnen, Feuer, Löwen, Drachen, Pfauen, ja, Pepes ganzer Zoo war vergoldet. Kurz nach Mitternacht wurden die verständlichen Sätze so zahlreich, dass Dobler bereits einige Ideen erkennen konnte. Damit hatte zwar Pepes Bündel einiges an Reiz verloren, doch dann entdeckte Dobler, dass irgendwo in Pepes abgegriffenen Papierhaufen ein Rezept zur Goldherstellung versteckt sein musste, womit das Bündel in neuem, abenteuerlichem Glanz strahlte.

Ohne Pepes verknitterte Aufzeichnungen wäre Dobler bestimmt nie auf die irre Idee gekommen, dass einer nach der Jahrtausendwende den ganzen Fortschritt verpasst hatte und immer noch versuchte, Schrott in Gold zu wandeln. Und doch, da gab es keine Seite ohne "Gold". Zudem fand Dobler Dutzende von alten und akzeptierten Meistern, Hunderte von veralteten Namen und Zeichen für Chemikalien, ein Überfluss von dummen Rezepten und allegorischen Zeichnungen, die mit Gold zu tun hatten, und unzählige längst überholte Apparaturen, wie etwa der Athanor, der schon fast vergessen war und den bestimmt niemand mehr brauchte. Und da war auch die Photokopie aus Kenelm Digbys *Testament* mit der roten Randbemerkung "Bestellnummer APLOT-07! Als Dobler auch noch die Skizze dazu fand, war es mehr als klar, dass die alten und akzeptierten Pfuscher überlebt hatten und dass Pepe einer von denen war, die immer noch den veralteten Theorien aus dem Mittelalter anhing: Es war ein eiförmiger Glasbehälter mit einem kurzen, dicken Hals, genau so wie er ihn in Pepes Feinchemikalienschrank gefunden hatte.

Gar nicht mittelalterlich sahen Pepes Berechnungen aus. Auf den ersten Blick waren es eher thermodynamische Entwicklungen auf dem neuesten Stand der Kenntnis, doch dann holte Dobler einen Bleistift, riss ein Blatt vom Bauernkalender aus der Küche ab und begann, Pepes Gesudel etwas genauer unter die Lupe zu nehmen. Es war von unhaltbaren Prämissen, von gewagtesten Hypothesen und Zusammenhängen überladen, die allzu ausgefallen waren, als dass sich je ein seriöser Thermodynamiker hätte daran wagen dürfen. Dennoch, es gab keinen einzigen offensichtlicher Fehler! Ja, Dobler war ganz durcheinander, als sein Küchenzettel voll war. Es ging einfach nicht anders, als ein größeres Blatt zu holen, sein altes Kompendium für Chemie und Physik aus dem Gestell zu klauben und nachzurechnen. Er prüfte alles, vorwärts, rückwärts, machte doppelte Kontrollen und begann, alles noch einmal mit einer zweiten Methode nachzurechnen. Kein einziger Fehler war zu finden! Alles war richtig. Die chemischen Bindungen stimmten, interne Energie und Potentiale, ja sogar Entropie war fehlerfrei berechnet. Selbst an den komplexesten Entwicklungen gab es nichts zu rütteln! Kurz, Dobler war erschüttert von Pepe, den er so lange unterschätzt hatte. Noch am Nachmittag hätte er Pepe nicht zugetraut, zwei Zahlen ohne Taschenrechner zusammenzuzählen zu können, doch jetzt war er soweit, dass er Pepes verknitterten Papierhaufen ernst zu nehmen hatte.

Selbstverständlich hatte Dobler zu der Zeit kein Interesse an Pepes 'Licht von dem Einen', der 'Quelle aller Dinge' und dem wirklichen Geheimnis in Pepes Bündel. Es war vielmehr die praktische Anwendung von Pepes veralteter Wissenschaft, die es ihm angetan hatte. Dennoch war es gerade das Rezept zur Goldmacherei, das ihn langsam aber sicher in Pepes wunderbare Welt eindringen und in ihm den Traum von der wahren Meisterschaft erwecken sollte. In der Nacht aber, als Dobler zum ersten Male an Pepes Bündel sass, war es einzig und allein die Goldherstellung, die ihn dazu trieb, die geheimnisvollen Zeichnungen, die bizarren Rätsel und Gedichte und die verschrobenen Symbole zu entziffern, sich in Pepes Labyrinth zurecht zu finden und das riesige Puzzle richtig zusammen zu setzen. Seite für Seite nahm sich Dobler vor. Jede einzelne wurde aufs Genaueste geprüft, doch als er die letzte umblätterte, war er nicht schlauer geworden. Dabei hätte er doch merken müssen, dass Pepes Licht nichts mit der Energie zu tun hatte, die nötig war, um Rost in Gold zu wandeln! Trotzdem war es Pepes Licht, das Dobler weiter brachte, denn immer wieder wurde es im Zusammenhang mit Deuterium genannt. Dabei gleich an APLOT zu denken, lag also auf der Hand, so gut wie es auf der Hand lag, dass die vom oberen Stock das dümmste aller dummen Projekte geschaffen hatten, um die wirklichen Absichten mit dem Zosima Projekt zu vertuschen. Dies konnte doch nichts anderes sein, als Gold für ihren eigenen Sack herzustellen!

Wohl gerade, weil Dobler auf der falschen Spur war, hatte er zum ersten Male Pepe aufrichtig zu bewundern. Es war ja sonnenklar, dass denen vom oberen Stock der Schuss in die Hosen gegangen war und sie nur staunen konnten, wie Pepe massenhaft Gold gemacht und ihnen keine Chance gegeben hatte, die Früchte ihrer Machenschaft zu pflücken! Warum denn sonst war Pepe so arbeitswütig gewesen? Das lag doch gar nicht in seiner Natur! Warum denn sonst hatte Pepe Tag und Nacht geschuftet und ganze Wochenende an seinem Spielzeug gebastelt? Nicht einmal an der Kaffeepause war er gewesen, der Pepe, so geeilt hatte es, Denen-von-dort-oben das Wasser abzugraben! Ja, warum denn sonst war Pepe bei seinem Rausschmiss so glücklich, und warum wohl wurde der Bloss gleich darauf auch abgeschossen? In einem Wort, für Dobler war alles klar und bestimmt der beste Anreiz, koste es was es wolle, Pepes Bündel aufs peinlichste zu durchsuchen und dann so viel Gold zu machen, dass ihm Die-von-dort-oben in die Kappe scheißen konnten.

Trotz Pepes verschrobener Sprache, der hirnverbrannten Definitionen und der bekloppten Erklärungen, trotz der dämlichen Gedichten, absurden Bildern und grotesken An- und Beimerkungen kam Dobler gut voran. Manchmal kam ihm ein Geistesblitz und glaubte, etwas verstanden zu haben. Meistens tappte er aber blindlings im Dunkeln und versuchte vergeblich, in Pepes trüber Suppe einen guten Mocken anzustechen und herauszufischen. Zudem waren die wenigen guten Sätze in einem Meer von überflüssigen und eher nach Greisenweisheit stinkenden Passagen eingebettet. Was sollte er schon mit dem *königlichen Palast*, dem *philosophischen Ei*, der *Quelle aller Moral*, dem *ewigen Licht*, oder dem *innersten Wissen* anfangen? Sätze wie *"Öffne deine ganze Seele hin zum Einen und zum Wunderbarsten aller Wunder"* tönten auch nicht gerade wie ein gutes Nachschlagewerk, schon gar nicht wie eine vernünftige Versuchsanleitung. Ja, manchmal hätte man ganze Abschnitte mit einem einzigen Wort sagen können, wie beispielsweise folgendes Rezept zeigt: *Nimm sechs Unzen Amalgam und mische mit achtzehn Unzen Schwefelsäure. Erhitze in einem warmen Sandbad und dekantiere die klare Lösung. Wasche den weißen Rückstand und zermahle ihn in einem Porzellanmörser. Dann gib sechzehn Unzen Kochsalz dazu und fülle anschließend einen Glaskolben mit einem Drittel auf. Erhitze sorgfältig auf kleiner Flamme bis rote Dämpfe erscheinen. Dann erhöhe die Temperatur und heize während sieben Stunden, und Du wirst 16 Unzen vom grauen Wolf erhalten.* Das war doch gar nichts anderes als die Herstellung von Quecksilberchlorid! Unglaublich, die vielen Worte für ein Produkt, das Pepe fix und fertig und im höchsten Reinheitsgrad problemlos vom Magaziner hätte beziehen können!

Am leichtesten zu verstehen waren die kurzen Sätze, von denen Dobler immer mehr entdeckte. Er blätterte immer weniger ziellos im ohnehin abgewetzten Bündel und hatte weit vor dem Morgengrauen Einiges mitbekommen. Einzelne der ausgefallenen Zeichen hatte er auch entziffern können und hatte bereits herausgefunden, dass der Löwe, die Schlange, das Skorpion und überhaupt der ganze Zoo aus Pepes Aufzeichnungen Salze bedeuteten. Auch die Gestirne und der Rest des Himmels hatten ihren Reiz des Absurden verloren, als er gemerkt hatte, dass sie für Elemente und chemische Reaktionen standen. Sonst aber führte sein Weg zum Magnum Opus durch dicke Nebelfetzen, die sich nur dann und wann etwas auflösten, wenn er eine neue Entdeckung machte, um gleich umso dichter zu werden. Die lichten Stellen waren gerade gut genug, ihn wach zu halten und bis zur ersten Morgenröte ein gutes Stück auf dem mühsamen Weges zu Pepes Geheimnis voranzubringen. Jedes Mal aber, wenn er einen chemischen Prozess oder eine neue Sequenz von Verfahren entdeckte, stolperte er über neue unerwartete Schwierigkeiten und kam zu spüren, wie weit er vom Ziele war.

Immer wieder stolperte er über das geheimnisvolle Licht, das, wie erwähnt, fast immer mit Deuterium zusammen genannt wurde. Nicht etwa, dass Dobler ans Zosima-Projekt dachte, nein, er wusste schon, dass das aus ganz anderen Gründen kein Zufall sein konnte: Es ging einfach nicht anders, als das Bündel noch einmal ganz von vorne anzufangen. Ganz von vorne las er, und ganz genau las er, was da über das Deuterium zu finden war, und er war noch nicht in der Hälfte, als er den entscheidenden Eintrag fand. Es war die zweite Randbemerkung zur Figur XXIV von Stoltenbergs *Chymisches Lustgärtchen*, wo Pepe schrieb, dass das *Forum Tauri* von Böhmes *Via Sancta Intra Muros* eine absolute Notwendigkeit zur erfolgreichen Transmutation sei. Dies war eine von Doblers wichtigsten Entdeckungen, denn nun wusste er, dass es beides brauchte, das Licht und das Deuterium, um Blech in Gold zu wandeln. Weniger bedeutend, aber umso aufschlussreicher war Pepes Randbemerkung zur Figur VVD von Abulafias *Secretum Sixtinae*, wo Dobler eine ausführliche Beschreibung des geheimnisvollen Lichtes fand. Das konnte doch nur die 'Alternative Aktivierungsenergie' sein, mit der er tagtäglich belästigt worden war. Alle waren damit gekommen, Pepe, Forzer, Massurick, selbst Bloss hatte bei ihm mit abwegigen Fragen angeklopft! Pepe hatte sich gleich mehrere Male unter der Türe gezeigt, und immer hatte Dobler geduldig und so gut er konnte auf die dummen Fragen geantwortet, die sich jetzt gar nicht als so dumm und naiv erwiesen. Ja, er selber, Dobler, war dumm und naiv gewesen und hatte, ohne es zu merken, Pepes Taschen mit Tonnen von Gold gefüllt! Nie hatte sich Dobler gefragt, warum Pepe von da an seine primitive Apparatur zusammen zu basteln begonnen hatte und tagelang und ganze Wochenende im Labor schuftete. Keiner hatte es gemerkt, worauf Pepe hinaus wollte, und niemandem ist es aufgefallen, dass Pepe so gut wie keinen Widerstand gegen das dumme APLOT gezeigt hatte. Alle hatte er an der Nase herum geführt, der Pepe, so clever war er, der Pepe!

Die wahre Natur des geheimnisvollen Lichtes, das Dobler den Weg durch den dichten Nebel hätte zeigen können, war Pepes best gehütetes Geheimnis. Dennoch gab Dobler nicht auf und begann das Bündel halbherzig noch einmal von vorne, um hinter Pepes Wunderding zu kommen. Hätte er sich aber gefragt, warum in Pepes Sauordnung nicht die magerste Spur von Gold zu finden gewesen war und wie es möglich sein konnte, in der eher primitiven Versuchsapparatur eine namhafte Menge Gold zu produzieren, hätte Dobler wahrscheinlich nach dem wahren Licht und dem wirklichen Geheimnis des Magnum Opus gesucht. So aber war es nicht das Wunder aller Wunder, sondern die wunderbare Aussicht, sein eigenes Gold zu haben, sein goldenes Zeitalter und die so ersehnte Unabhängigkeit von Denen-dort-oben, die ihn bewegte, Pepes Bündel noch einmal ganz von vorne durchzugehen. Er verschwendete über eine Stunde mit dem mysteriösen Licht, bevor er aufgab und beschloss, das Geheimnis von hinten anzupeilen und mit dem Gebrauch des Steins der Weisen, wie Pepe den Katalysator genannt hatte, zu beginnen. Ganz überzeugt von seiner neuen Taktik war Dobler wahrscheinlich nicht, denn noch einmal öffnete er sein altes Kompendium für Chemie und Physik und rechnete Pepes verrücktes Modell noch einmal nach. Er prüfte vorwärts, rückwärts und machte alle möglichen Kontrollen, aber da war wirklich kein einziger Fehler. Molekulare Bindungen, chemisches Potenzial und sogar Entropie stimmten. Ja, Dobler hatte keinen Grund, nicht doch seine Energie mit dem Gebrauch des Steins der Weisen zu verschwenden. Und, - es war wirklich spannend. Mit jeder gelesenen Seite drängte es ihn, mehr zu lesen, mehr zu wissen und tiefer in Pepes mysteriöse Welt einzudringen. Mit jeder Seite, die er fiebrig las, entdeckte er Neues und fühlte sich mit jeder neuen Seite wie auf einer abenteuerlichen Entdeckungsreise, wo der Forscher bei jeder Entdeckung auf neue, dunkle Pfade stieß und neue Funde machte. Als die ersten Sonnenstrahlen Doblers Wohnzimmer beglückten, hatte er bereits beschlossen, nicht zur Arbeit zu gehen. Krankheitshalber.

Zuerst fand Dobler Arsen, Antimon und Schwefel am vielversprechendsten. Etwas später konzentrierte er sich auf alle möglichen Stickstoffverbindungen, und dann tat er einen wesentlichen Schritt vorwärts, indem er sich auf Quecksilberverbindungen stürzte. Dies hätte an und für sich zum großen Arkanum führen können, aber Dobler sah nichts als seine finanzielle Unabhängig und hatte damals gar kein Interesse an der wahren Natur von Quecksilber. Nur das, was mit der Transmutation von billigen Metallen in Silber und Gold zu tun hatte, verdiente seine Aufmerksamkeit. Wie wir aber noch zeigen werden, gab Doblers Geldgier dennoch den Anstoß dazu, dass er sich später mit dem echten Geheimnis vertraut machte und beinahe zum wahren Meister wurde. Zur Pausenzeit am Institut sass Dobler immer noch auf seinem Sofa und hatte bereits herausgefunden, dass der *sterbende Rabe* und Trimosins *grüner Drachen*, die mehrere Male in Pepes *Chymischer Hochzeit* erwähnt waren, ein und dasselbe waren, was ihm unumstößlich bewies, dass das Quecksilber nicht nur extrem wichtig für die Transmutation, sondern auch wesentlich zur Herstellung von Pepes Stein der Weisen war. Außerdem bedeutete dieser äußerst wichtige Zusammenhang, dass dabei das Deuterium eine entscheidende Rolle spielt, weil es zur Bindung von Pepes geheimnisvollem Licht des Einen dient. Mit der Entdeckung aus der *Chymischer Hochzeit* öffneten sich Pepes Akten wie eine vom frischen Tau genährte Blume, sodass Dobler in kürzester Zeit auf dem besten und direktesten Weg bei Pepes verstecktem Rezept angekommen war. Bald würde er sein eigenes goldenes Zeitalter erleben, seine Freiheit und die so lang ersehnte Unabhängigkeit vom Institut erlangen.

Mittags las Dobler, dass das deuteriumhaltige Zwischenprodukt äußerst flüchtig ist und einen starken Duft von frisch gepflügter Erde hat. Genau so ein Wohlgeruch hatte sich am Institut ausgebreitet, als die Kaffeepause nicht aufhören wollte! Ja, diesmal erinnerte dich Dobler an jenen Montag Morgen, als ihm zum Pepes Veränderung ersten Mal aufgefallen war, wenn er auch völlig falsch lag, als er dabei an Pepes Erfolg in der Goldproduktion dachte. Leider entdeckte Dobler auf derselben Seite, dass er die beste Gelegenheit bereits verpasst hatte, mühelos viel Gold zu machen, denn offenbar war der Stein der Weisen weder flüssig noch fest, außerordentlich schwer und von dunkelroter Farbe. Hätte er doch nur nicht Pepes eiförmige Flasche mit dem Küchenabfall entsorgt! So einfach wäre es gewesen, das Zeug auf etwas Blei oder einen

Haufen alter Kupfermünzen zu streuen, ein wenig zu heizen und frisch und fröhlich einzukassieren! So leicht wäre das gewesen! Er hätte keine Unannehmlichkeit mit Pepes schmutzigem Haufen gehabt, keine mühsame Freinacht, kein Problem mir Pepes Geheimnis. Heizen und einkassieren, nur das hätte er getan, die ganze Nacht, und schon am Morgen hätte er genug Gold gehabt, dass Die-Dort-Oben ihn am Arsch lecken konnten. Leider aber hatte er Pepes Flasche mit dem Küchenabfall entsorgt und musste nun das ganze Magnum Opus ganz von vorne anfangen, Hunderte, wenn nicht Tausende von Malen kalzinieren, sublimieren, abduzieren, assanieren, zeritieren, kodumpolieren, kolliquieren, konjugieren, kopulieren, edulzerieren, exhalieren, fermentieren, gradulieren, impastieren, imprägnieren, lixivieren, mortifizieren, präzipitieren, putrefaktionieren, rektifizieren, retinktieren, subduktieren, destillieren, fixieren, triturieren, und dabei die Produktion des roten Pulvers aufs genaueste und wochenlang, vielleicht sogar monatelang überwachen.

So nahe war er an Pepes Geheimnis, ja selbst das geheimnisvolle Licht hatte das schmutzige Bündel preisgegeben, aber leider wurde nichts aus seinem Gold, und es würde nie etwas werden. Nie würde er tag- und nächtelang am Athanor sitzen, nie käme er zu all den teuren Chemikalien, und wenn er den Magaziner um spezialangefertigte Glaswaren fragen würde, würde es das ganze Laboratorium erfahren. Man wusste doch, wie pedantisch, zuverlässig und getreu der denen vom oberen Stock Bericht erstattete. Jedermann hätte beide Augen offen und würde sehen, was sich in Doblers Labor tat. Dann würde man sich das Neueste von Mund zu Mund, Labor zu Labor und von Büro zu Büro erzählen, und es bräuchte keine halbe Stunde, bis es die Bless im oberen Stock ausplaudert. Jedermann würde eine Parallele zu Pepes

Subversion ziehen, womit seine Goldproduktion ohnehin im Eimer wäre.

Doblers Traum war zu Ende. Er war niedergeschlagen und müde, denn nie würde er einen vernünftigen Vorrat an rotem Pulvers besitzen. Im Versteckten ließe es sich schon wegen der vielen Chemikalien nicht machen, und ganz offen wäre es noch viel schwieriger, weil er dazu eine offizielle Projektnummer haben müsste. Dobler hatte aber weder die Zuständigkeit noch ein Budget, und Forzer würde bestimmt alles in Gang setzen, damit Dobler nie ein Budget und nie eine Projektnummer für seine Goldmacherei erhielte. Kurz, Doblers verheißungsvoller Tag endete in Kummer und Schwermut, und seine Begeisterung ging in Trübsinn auf, als er ganz niedergeschmettert Pepes wertvolle Bündel in seinem Kasten mit der Briefmarkensammlung einschloss.

4.3 Synopsis

Nach dem enttäuschenden Tag, den er mit Pepes Bündel verbracht hatte, war Dobler wieder bei guter Gesundheit. Wie immer hatte er sich eine gute halbe Stunde zu spät durch den Hintereingang hineingestohlen und seinen Arbeitstag mit der Zeitung begonnen, die er zwischen den wieder von Neuem gewachsenen Papierbeigen auf seinem Pult ausbreitete. Die längste Zeit schaute er auf das Blatt und las dennoch nichts. Seine Gedanken waren beim wertvollen und nutzlosen Bündel im Kasten mit der Briefmarkensammlung und kreisten um den Verlust seines Goldes und der ersehnten Freiheit, die er sich bei Pepes Akten erträumt hatte. Keine Sekunde lang dachte er an Arbeit, doch dann wurde er vom Telefon aus seiner Träumerei gerissen.

Wie befürchtet war es sein neuer Boss, Forzer, und wie erwartet, schnarrte die eklige Näselstimme etwas vom Wetter und stellte die dümmste aller dummen Fragen nach Doblers Kindern. Doblers ohnehin nicht gerade gute Laune sank auf ein neues Tief, aber er wagte es dennoch nicht, etwas zu sagen und wartete geduldig auf die kleine Gefälligkeit, die er auch seinem neuen Chef nicht verweigern würde. Ja, Doblers Aussichten waren alles andere als auf Rosen gebettet. Wer hätte schon gedacht, dass es ausgerechnet die kleine Gefälligkeit war, die ihn begeistert auf das eklige Schnarren horchen ließ! Selbstverständlich hatte Forzer keine Antwort auf seine Fragen erwartet und Dobler nicht aufgedrängt, persönlich oder intim zu werden. Er hatte mit Pepes und Blossens Rausschmiss begonnen, beharrte auf die leider allzu zahlreichen vernachlässigten Projekte, war dann ziemlich ausführlich bei der guten Zusammenarbeit mit der Zosima-Gruppe und kam schließlich doch noch auf die kleine Gefälligkeit. Es ging um APLOT, das er von Grund auf neu bearbeitet haben wollte. "Von Grund auf" hatte er gesagt! Als es dann um die kleine Gefälligkeit ging, über ein effektives und wirksames Projekt nachzudenken, welches mit minimalem Ressourceneinsatz alle Aspekte der komplexen Anforderungen des projekttypischen Umfelds systematisch und optimal integriert, da sah sich Dobler bereits an einem brandneuen, ganz stark von Pepes Methode gefärbten Projekt arbeiten. Bald würde er eine Projektnummer haben, und dann würden die Chemikalien, die teure Ausrüstung und die unerschwinglichen Steuergeräte für die automatische Produktion des roten Pulvers ganz von selber kommen. Und dann würde er dank Pepe einen ganzen Haufen Gold machen, mit Glanz und Gloria verduften und APLOTs Ruine mit dem herzlichsten Lächeln dem Forzer überlassen.

Dobler hatte alle Mühe, seine Begeisterung zu verbergen, aber er schaffte es und verriet sich nicht. Gerade jetzt, da der Erfolg in Griffnähe war, war es doch ausschlaggebend, den Forzer in die richtige Bahn zu lenken, ernsthafte Bedenken zu haben und, warum nicht, von Zeit zu Zeit zu gähnen! Und, - es ging durch wie Butter. Schon bei Doblers Unbehagen mit der Runga-Kutta-Fehlberg-Methode zeigte sich der erste Erfolg, denn Forzer reagierte mit ungeduldigem Hüsteln. Als Dobler auch noch die Wirksamkeit von Deuterium in Frage stellte, wurde Forzers Hüsteln ganz deutlich, und verschiedene Male versuchte er, Dobler zu unterbrechen. Am besten aber wirkte Doblers Zweifel an der alternativen Energieart, denn diesmal wurde er tatsächlich unterbrochen. Forzer gab eine ausführliche Lektion über die Methode von Manger und Arushov und hatte alle möglichen Argumente, um Dobler von seinem skeptischen Standpunkt abzubringen und ihn von der Machbarkeit des Zosima-Projekts zu überzeugen. Da gähnte Dobler zum letzten Mal und gab dann doch noch seinen Widerstand auf. Das Beste aber war, Vorversuche zu erwähnen: Forzer war so begeistert, dass Dobler gleich eine Projektnummer, ein großzügiges Budget und so viel Mannstunden für das wichtige Projekt bekam, dass er nach dem Aufhängen einen richtigen Lachanfall hatte[22].

Von da an war Dobler ein Vorbild für die ganze große Familie. Er kam am Morgen immer pünktlich an und wurde nie beim Zeitungslesen erwischt. Wenn er nicht an seinem Pult sass und wie besessen am Computer herumhackte oder am Telefon mit Lieferanten verhandelte, war er bestimmt im Zeichnungsraum am Skizzieren seiner Apparatur, an der EDV-Abteilung, wo er die Entwicklung seiner Programme für die Prozesssteuerung überwachte oder in der Bibliothek, aber selbst dort gab es kein gemütliches Herumlungern. Meist sass er hinter Beigen von Büchern oder an der Konsole zum Internet und informierte sich über die neueste Entwicklung in der Thermodynamik. Auch war Dobler so pflichtbewusst und zuverlässig, dass Frau Drakke kein einziges Mal einen Rapport vermisste oder ein verspätetes oder unvollständiges Formular zurückweisen musste. Massurick hörte keine einzige Klage und erwischte Dobler kein einziges Mal an der Hintertür beim Rauchen oder, wie früher, bei einem Plauderstündchen, bei dem er jeweils die übrige Belegschaft mit seinen faulen Sprüchen von der Arbeit abzuhalten pflegte. Selbst der Kaffeepause blieb Dobler fern.

---

[22] Der plötzliche Meinungswandel Doblers hätte Forzer eigentlich auffallen müssen. Wäre Forzer nicht so von sich selber eingenommen und etwas vorsichtiger gewesen, hätte Dobler höchstwahrscheinlich das Institut nie verlassen, schon gar nicht als gemachter Mann.

Forzer konnte über Doblers Einsatz nur staunen und hatte gute Gründe, sich auf einen weit vor der angesetzten Frist abgelieferten Bericht zu freuen. Als er Doblers dicke Bündel auch tatsächlich viel früher als erwartet auf seinem Arbeitstisch hatte, war die Arbeit nicht so schlampig wie es sich Forzer vorgestellt hatte. Ganz im Gegenteil, Doblers Werk war makellos. Es war wirklich gut ausgelegt, sorgfältig aufgebaut, in jeder Weise vollständig und zudem gut leserlich. Die Pläne waren sauber, die vorgeschlagenen Apparaturen zweckgemäß, sogar die Theorie war gut durchdacht, wenn auch das Kapitel über Deuterium etwas zu lang war. Die Listen und Bestellformulare waren vollständig, das Budget war zwar etwas überrissen, doch in jeder Hinsicht bestens begründet. Doblers Vorschlag für APLOT war so vorbildlich, dass Forzer seine dynamische Unterschrift ohne Augenzwinkern auf das mustergültige Stück setzte. Massurick hatte nie ein besseres Projekt gesehen und unterschrieb, ohne in die Details zu gehen. Auch Arusashev hatte keinen Grund, seine Unterschrift zu verweigern, nachdem Massurick und Forzer Doblers Plan wärmstens empfohlen hatten.

Nach seinem durchschlagenden Erfolg ließ Doblers Hingabe zu APLOT kein bisschen nach. Man sah ihn schnelle Lieferung und 'günstige' Preise verhandeln oder in seinem Büro sitzen, wo er Verträge kontrollierte oder Bestellscheine ausfüllte. Davon hatte die Drakke in kürzester Zeit eine ganze Beige auf ihrem Pult, fand aber trotzdem alles ganz reglementgemäß und in Ordnung. Später kamen die ersten Lieferungen. Dobler verglich jede einzelne aufs genaueste mit seiner Spezifikation, den Verträgen und Bestellscheinen und war so sorgfältig, dass die Bless keinen einzigen Fehler fand, als sie von Frau Drakke gebeten worden war, alles noch einmal nachzuprüfen! Die Wochenrapporte, Zwischenberichte und gelegentlichen Abrechnungen waren so vorbildlich, dass Forzer über Doblers Leistung eine Bemerkung am Kaffeetisch wagte. Später sah man Dobler in seinem blitzblank gereinigten Labor, wo er die neue Apparatur zusammenstellte. Er prüfte die Funktionstüchtigkeit jedes einzelnen Stücks, kontrollierte mehrmals jede Teileinheit, und, als er die ganze Apparatur zusammengebaut hatte und sicher war, dass alles wie vorgesehen funktionierte, schloss den königlichen Palast am Steuer- und Überwachungsgerät an. Forzer war hocherfreut, als der Apparat zu APLOTs Vorversuch in so kurzer Zeit fertig war, ja, er ging gleich zu Massurick und sorgte dafür, dass das höhere Management von der großartigen Leistung seiner Sektion erfuhr.

Selbstverständlich war man im oberen Stock hocherfreut, dass die Versuchsanlage für den wichtigen Vorversuch zum Zosima-Projekt weit vor der angesetzten Frist bereit war. Arusashev war so begeistert, dass er sich gleich zum Untergeschoss im Ostflügel aufmachte, um das Meisterstück höchstpersönlich in Augenschein zu nehmen. In der Abzugskapelle von Doblers Labor sass eine ganze Batterie von makellos glänzenden Reaktionsgefäßen, die mit einer Serie von Solenoidventilen untereinander verbunden waren. Jeder einzelne Reaktor war mit allen möglichen Sensoren bestückt und konnte automatisch gefüllt oder geleert werden, und bei jedem war Temperatur, Druck und pH individuell steuerbar. Daran angeschlossen war ein dickes Vielfachkabel, das wie eine Schlange aussah, die aus der Kapelle zum Sun-Computer bedienten Steuergerät kroch. Die Raffinesse und Vollständigkeit der Anlage musste Arusashev zutiefst beeindruckt haben, denn er überhäufte Dobler mit Lob und unterstrich ganz besonders das ausgeklügelte Sicherheitssystem, mit dem Dobler Unfälle wegen zu hoher Temperatur oder zu hohem Druck praktisch ausgeschlossen hatte.

Nach Arusashevs kurzem Besuch überprüfte Dobler noch einmal die Apparatur aufs Genaueste. Alle Sensoren, Ventile, Verbindungsstücke und elektronischen Einheiten funktionierten aufs beste und die verschiedenen Computerprogramme machten genau das, was sie tun sollten: Endlich war Dobler so weit, dass er mit Zuversicht in die Zukunft blicken konnte. Der Hauptreaktor wurde mit Pepes Mercurium bestückt und sorgfältig verschlossen, das Kontrollgerät angeschlossen und das Programm im Sun-Computer aktiviert, womit alles bereit war, den APLOT-Vorversuch mit der Start-Taste anzufahren. Zur offiziellen Einweihung seiner Goldmanufaktur drückte Dobler aber nicht selber auf die Taste, sondern fand es angebracht, Forzer und Massurick zu einer kurzen Zeremonie einzuladen und das große Magisterium mit ihrem Segen vom Stapel laufen zu lassen.

Forzer war zuerst da. Er glühte vor Stolz auf die großartige Leistung seiner Sektion und sah bestimmt schon, wie APLOT ihn auf dem schnellsten Weg in den oberen Stock katapultierte. Massurick kam, wie es sich für einen vielbeschäftigten Chef gehört, mit angemessener Verspätung. Als sich die traditionelle Diskussion ums Wetter erschöpft hatte, gab Dobler eine kurze, mit unverständlichen technischen Wendungen gespickte Einleitung, wobei er verständlicherweise die besser passenden Ausdrücke aus Pepes Akten sorgfältig vermied. Doblers Gäste nickten ab und zu verständnisvoll und schienen zutiefst beeindruckt zu sein. Jedenfalls hatten beide ihre Köpfe tief in der Abzugskapelle, als Dobler bei der Erklärung seiner Versuchseinrichtung angelangt war, und beide inspizierten Doblers Apparat aufs genaueste und wollten wenigstens so zeigen, wer schlussendlich für APLOT verantwortlich war. Keiner wollte etwas Dummes sagen und stellte wohl deshalb keine einzige Frage. Forzer lobte die saubere Arbeit und die zukunftsweisende Technik. Weil sich

Massurick als aufgeschlossenen Weltbürger verstand, gab er seiner Genugtuung Ausdruck, dass Hightech endlich den Weg ins Institut gefunden hatte. Dann kam der Höhepunkt der Zeremonie: Dobler lud Massurick ein, die Start-Taste zu drücken. Als auf dem Bildschirm die Meldung "Versuch erfolgreich gestartet" aufblinkte, gab Massurick einen Seufzer der Erleichterung von sich und man konnte es ihm ansehen, dass er stolz darauf war, das so wichtige Zosima-Projekt eingeleitet zu haben. Weder Massurick noch Forzer haben je erfahren, dass damit Doblers Freiheit begonnen hatte.

* * *

Von da an war Dobler wieder täglich an der in letzter Zeit ziemlich aufgelichteten Kaffeerunde. Jeden Tag wurde seine Pause etwas länger, doch Forzer sagte nichts, denn APLOT lief wie am Schnürchen, genau so, wie es ihm Dobler vorausgesagt hatte. Frau Drakke wusste auch, dass Doblers Disziplin in letzter Zeit nachgelassen hatte, aber auch sie sagte nichts, weil Doblers Berichte und Formulare nach wie vor pünktlich und reglementgemäß ausgefüllt waren. Da Massurick auch keine Klage gehört hatte, Dobler hinge etwas viel in der Bibliothek herum, sei ständig auf der Schwätze oder am Hinterausgang beim Rauchen und mache, wenn er nicht gerade am Zeitungslesen sei, andauernd überflüssige Privatgespräche, sagte auch er nichts und freute sich zuversichtlich auf den Moment, wo er APLOT endgültig loswerden würde. Selbstverständlich sah auch Dobler zuversichtlich in die Zukunft und fand es nicht einmal für nötig, sich ab und zu im Labor umzusehen. Auch er freute sich auf den Moment, wo er APLOT loswerden würde und dachte ständig an den Haufen roten Pulvers, der ihn davon befreite, noch länger am Institut auszuharren und mit dem Meschuggick und dem Furzer freundlich umgehen zu müssen.

Allerdings stand noch ein kleines, nicht unwesentliches Hindernis auf dem sonst geraden und ebenen Weg zu seiner Freiheit. Dobler hatte zwar die chemischen Vorgänge bei der Transmutation von Blei in Gold schon längst verstanden, leider aber war dies bei weitem nicht genug. Es war wirklich jammerschade, dass er immer noch keine Ahnung hatte, wie das Pulver anzuwenden war. Nichts, absolut nichts war in Pepes Akten. Wenn er wenigstens gewusst hätte, ob das Pulver zuerst in Wasser oder einem anderen Lösungsmittel aufgelöst werden musste, ob er es direkt aufs Blei streuen durfte oder ob er es sonst irgendwie vorbereiten musste! Nicht einmal die Temperatur für den so wichtigen Prozess hatte Pepe erwähnt, geschweige denn ein Verfahren für die Vorbehandlung des Bleis! Kaum zu glauben, dass Pepe so viel überflüssige Poesie zusammen geschmiert und den entscheidenden Schritt für die Anwendung seines Magnum Opus ganz vergessen hatte!

Dobler schaute trotz der Schwierigkeiten guten Mutes in eine rosige Zukunft, denn noch ging es Wochen bis zum Öffnen des Reaktors. Bis dann war alles unter der Kontrolle des unfehlbaren Sun-Computers. Bis dann würde er Pepes Bündel noch einmal gründlich durchgesehen haben und alle Zeichnungen, Skizzen und Photokopien aufs Genaueste kennen. Auch Pepes Randbemerkungen und poetischen Ergüsse würde er Buchstaben für Buchstaben studiert haben, ja selbst die seltsamen Zahlen- und Buchstabenrätsel würde er bis ins kleinste Detail gelöst haben. Dann würde Pepes Bündel ohne Zweifel sein letztes Geheimnis preisgegeben haben.

Doblers Vorversuch lief tatsächlich ohne Panne ab und hätte ihm erlauben müssen, in Muße Pepes Geheimnis nachzugehen. Leider aber zog das fehlerlose Experiment die Aufmerksamkeit des oberen Stockes auf sich. Allein die Tatsache, dass Doblers Maschine den einhelligen Applaus erweckt hatte, hätte Dobler alarmieren müssen, aber erst der Anschlag am schwarzen Brett über den gewaltigen Fortschritt von APLOT ließ Böses ahnen. Und dann zeigte sich prompt Forzer mit seiner dummen Frage nach den Kindern unter dem Türrahmen. Dobler sah ihm gleich an, dass es um die Notiz am schwarzen Brett ging und spürte, dass sich die kleine Gefälligkeit als Anschlag auf seine Goldproduktion entpuppen könnte. Und so sah es tatsächlich auch aus, denn Forzer fand es eine ausgezeichnete Idee, den gewaltigen Fortschritt von APLOT mit einer Publikation zu würdigen. An und für sich wäre dies für Dobler sehr delikat und ein sehr ernst zu nehmender gefährlicher Angriff auf seine Zukunft gewesen, doch hatte er Glück, weil Forzer, am Türpfosten angelehnt, keine formelle Institutspublikation verlangte. Kein Mensch würde je den internen Bericht lesen, den Forzer so schnell als möglich haben wollte. Nie käme das Elaborat einem Fachmann in die Hände und niemand würde merken, um was es bei APLOT in Wirklichkeit ging. Eine nichts sagende Einleitung, gespickt mit Forzers beliebter Terminologie aus dem Managerkurs, ein paar Bilder, begleitet von einer oberflächlichen Beschreibung anstelle von mühsam erarbeiteten und aussagekräftigen Sätzen, eine eingehende Beschreibung des Sicherheitssystems und eine nebulöse Schlussfolgerung würden mehr als genug sein, um im oberen Stock ein gnädiges Kopfnicken zu erwecken.

Genau so kam es. Das schäbige, schale und überhaupt schluderige Manuskript schlug ein, selbst Arusashev war davon begeistert. Noch am selben Nachmittag tauchte Massurick in Doblers Büro auf, ohne um den kleinsten kleinen Gefallen zu bitten. Keine fünf Minuten später war Forzer auch da und deutete voller stolz mit der Linken auf Doblers Meisterstück, das er in der Rechten hielt. Ein richtiges Ereignis war es, Doblers Elaborat. Massurick akzeptierte denn auch mit Entzücken Forzers Vorschlag, den so wichtigen Meilenstein im *Familienbulletin* publik zu machen[23]! Wohl weil Massurick die wunderbare Idee auch Arusashev schmackhaft machen konnte, erschien Doblers Bericht in der nächsten Ausgabe unter der Rubrik *Innovatives Denken*. Doblers Apparatur diente sogar zur Illustration der Titelseite. Selbstverständlich hatte es Dobler für sich behalten, dass die Weiße-Schwan-Phase aus dem Magnum Opus ganz deutlich zu sehen war.

* * *

Der Applaus vom oberen Stock war einhellig, und Dobler konnte wieder ungestört Pepes letztem Geheimnis nachgehen. Seine Kaffeepausen wurden immer länger, und er wurde auffallend viel bei der Raritätensammlung der Institutsbibliothek gesehen. Wenn er außer Haus zu tun hatte, war er meistens in der Nationalbibliothek oder dem Internet-Café und hatte sich jedes Mal getreulich mit einer stichhaltigen Begründung bei Frau Drakke abgemeldet. Dass er allzu oft krank war, ist der Drakke zweifellos auch aufgefallen, doch sagte sie nichts. Doblers Rapporte waren ja nach wie vor pünktlich und tadellos.

Dann kam der Tag, an dem APLOT zu Ende gehen sollte. Als Dobler die Türe öffnete, sah er von weitem, dass sich im Reaktor etwas Wesentliches geändert hatte. Die Masse war rabenschwarz, so schwarz, dass er nicht hätte sagen können, ob sie fest oder flüssig war, - und sie tat gar nichts, lag wie tot im philosophischen Ei. Aus der Nähe sah Dobler einige we-

---

[23] Siehe Anmerkung 16, Nummer 6

nige kleine Bläschen auf der Oberfläche. Plötzlich begann die Masse zu glühen. Es zischte und rumpelte und pumpelte in ihrem Bauch, und ab und zu war ein Geknatter zu hören, das etwas an das Geknatter einer Maschinengewehrsalve erinnerte. Es begann heftig zu kochen. Schwarzer Schaum füllte den Palast vollständig auf, aber auf dem Bildschirm war dennoch alles ohne Fehl und Tadel. Druck, Temperatur und pH waren genau dort, wo sie sein sollten, und auf allen Indikatoren für das Sicherheitssystem stand "O.K". Auf der rechten oberen Ecke des Bildschirmes blinkte "Endphase", und unten links zeigte die Uhr genau 32 Minuten Count-down.

Der Sun-Computer trieb die Temperatur auf die zweite Stufe. Damit begann die Masse zu schillern und in rascher Folge von einer Farbe zur anderen zu wechseln. Erst als Dobler Kristalle aus ihrer Oberfläche wachsen sah, merkte er, dass er soeben den *Im Stein geborenen Pfauenschwanz* gesehen hatte. Die Kristalle wuchsen, bis sie unter ihrem eigenen Gewicht zusammenbrachen, worauf der Sun die Temperatur auf die dritte Stufe brachte. Eine matte Haut bedeckte nun die brodelnde Masse. Sie zitterte und bildete da und dort Auswüchse, die wie riesige Eiterbeulen dem Druck darunter stand zu halten versuchten. Sie platzten aber dennoch an verschiedenen Stellen auf und pufften mit scharfem Zischen ein deutlich goldenes Gas aus, das den ganzen königlichen Palast mit dickem Nebel füllte. Das Klicken verschiedener Solenoidventile war zu hören, der Nebel lichtete sich, und auf dem Bildschirm blinkte das Wort "Abkühlungsphase". Ein Rest lichten Nebels war immer noch zu sehen, als das letzte Ventil aufging und dem Computer das Signal gab, den Versuch zu beenden. Auf dem Bildschirm stand "Bitte warten", während der Indikator für die Backup-Prozedur wie wild blinkte. Mit einem letzten Klick wurde der Computer ganz still. Im kristallklar gewordenen Reaktor lag eine scharlachrote Masse.

Mit äußerster Vorsicht entfernte Dobler die Sensoren und Verbindungsstücke und nahm Pepes philosophisches Ei zaghaft aus dem Athanor. Dann hielt er es in seiner Hand, schwenkte es behutsam und hörte wieder den leisen Klang einer riesigen Kirchenglocke. Er zog seinen Lieblingsspatel aus der Brusttasche, und wiederum rann die Masse wie eine Flüssigkeit ab und ließ eine feine Spur zurück, die wie Pulver aussah. Sie war auch extrem schwer, und aus dem Hals kam derselbe Duft, den er an Pepes Flasche vom Feinchemikalienkasten gerochen hatte. Ja, es war dasselbe scharlachrote Pulver, das er damals dummerweise im Pausenraum mit dem Küchenabfall entsorgt hatte. Es war Pepes *Stein der Weisen*.

Nur, Dobler war Pepes Geheimnis keinen Schritt näher gekommen und wusste immer noch nicht, wie das Zeugs zu gebrauchen war. Überhaupt nichts Brauchbares hatte er gefunden. Nichts war in Pepes Akten, nichts in Bibliotheken, Büchern, Zeitschriften, staatlichen und privaten Archiven, auch im Internet war nichts zu finden. Gar nichts war in den Hunderten von Homepages, die er besucht hatte, nichts bei den Chemikern, Metaphysikern, regulären und irregulären Freimaurerlogen, Zeugen Jehovas, Paramedizinern, Philosophen, Okkultisten, UFO-Forschern, Astrologen, Hellsehern und Handlesern, und auch bei den verschiedensten Gesellschaften, Vereinen, Firmen, Bruderschaften, Universitäten, Kirchen gab es keine vernünftige Antwort. Selbst bei den Rappern, Rockern und Drogenhändlern war nichts zu finden. Wie uns aber Dobler während unserer Untersuchung erzählte, sei die Versuchung dennoch zu groß gewesen, um nicht doch mit dem roten Pulver einen Schuss ins Blaue zu wagen und seine finanzielle Zukunft zu beschleunigen. Da es gerade Mittagszeit gewesen sei und keine Gefahr bestand, dass jemand Telefonierte oder am Türpfosten angelehnt eine dumme Frage stellte, habe er mit seinem Spatel eine kleine Probe entnommen und auf ein Stück Blei gestreut, das er schon Wochen zuvor in einem Schmelztiegel vorbereitet hatte. Während der süße Duft der Aurora um seine Nase gestrichen sei, sei er damit zum Muffelofen gegangen und habe es dort ganz vorsichtig erwärmt. Durchs Fenster in der Ofentür habe er zugesehen, wie das Blei gar nicht schmelzen wollte und bei 500°C immer noch fest war. Das Pulver habe dann zu glühen begonnen. Bei 700°C sei es zwar verschwunden, das Blei sei aber zu grauem Staub geworden. Als er eingesehen habe, dass sich das Pulver nie in Gold verwandeln würde, habe er auf den Öffnungsmechanismus gedrückt, worauf die Tür des Muffelofens mit einem Knall aufgesprungen sei und das graue Pulver ausgespuckt habe. Wie Schnee sei auf den Laborboden gerieselt, sei aber leider kein Gold gewesen.

Dennoch war Doblers Vertrauen in Pepes Methode ungebrochen. Er hatte ja den besten Beweis für deren Richtigkeit im Reaktorgefäß. Außerdem wusste er doch von seinen tage- und nächtelangen Stunden an Pepes Bündel, was Beharrlichkeit und Geduld alles fertig bringen. Eines Tages würde er bestimmt den richtigen, so unerlässlichen Transmutations-Prozess entdecken, und dann bräuchte er das so wertvolle rote Pulver und erreichte die so lang ersehnte Freiheit in kürzester Zeit. Dobler verfuhr wohl gerade wegen seinem Vertrauen in Pepes Methode ganz umgekehrt wie Pepe. Zwar entnahm auch er eine Probe aus dem Reaktor und transferierte sie in ein Reagenzglas. Im Gegensatz zu Pepe aber versorgte er die kleine Probe im Kasten mit den Feinchemikalien und verstaute den Palast mit dem ganzen Vorrat in seiner Manteltasche, um ihn am Abend nach Hause zu nehmen und für den großen Tag aufzubewahren, an dem er dank Pepe seine goldene Zukunft aufbaute.

Der Tag mit dem großen Ereignis war nicht nur wegen dem fehlenden Rezept in Frage gestellt: APLOT war zu Ende. Jeder konnte das sehen, auch Forzer, der ohne Zweifel die wichtige Etappe zu seinem Aufstieg in den oberen Stock überall ausposaunen würde. Dann würde es nicht lange dauern, bis sich Massurick unter der Türe zeigte und die großen Linien des endgültigen Projekts diktierte, - und dann würde Forzer Massuricks geniale Gedanken in die Tat umsetzen. Dobler könnte nur untertänig nicken, wenn er damit beauftragt würde, seine Goldene Zukunft selber zu vernichten. Er, Dobler, würde es sein, der all die Pläne auszuarbeiten hätte, die Instrumente und Programme entwickelte, die endlosen Listen und Formulare ausfüllte, mit den Lieferanten verhandelte, die Lieferungen kontrollierte, Bestellungen und Rechnungen prüfte und die uferlosen wöchentlichen, monatlichen und jährlichen Berichte und Abrechnungen erstellte. Das durfte doch nicht sein!

Für die sich anzeichnende Katastrophe, die Doblers Zukunft bedrohte und den über Pepes Bündel eingesetzten Schweiß zu nichts gemacht hätte, fand Dobler gleich eine elegante, wirksame und erst noch wenig aufwändige Lösung. Zunächst holte er den Reservereaktor, den er in Pepes chaotischem Puff gefunden hatte. Dann füllte er ihn mit Hahnenwasser und mischte etwas Dreck hinein, um eine attraktive Farbe zu erhalten, fügte ihn in die Apparatur ein, schloss alle Sensoren und Ventile wieder an und drückte auf die Start-Taste, die Massurick so glücklich gemacht hatte. So einfach war das. Nichts hatte er zu reinigen, nichts zu kalibrieren, und die Messung der Parameter war ja ohnehin nicht nötig. Nie würde Forzer merken, dass APLOT zu Ende war, so gut sah das aus, als der Sun wieder gemächlich auf das Ende des Vorversuchs tickte. Alles war in bester Ordnung, alle Indikatoren für das Sicherheitssystem zeigten "O.K", - und Dobler hatte keine Ahnung, was er anstellte, als er die Start-Taste drückte.

Hätte er es gewusst, hätte er es bestimmt mit einer ausgiebigen Kaffeepause gefeiert.

* * *

Abends öffnete Dobler seinen Kasten mit der Briefmarkensammlung, um seinen Vorrat an rotem Pulver hinter dem Haufen von Pepes Aufzeichnungen zu verstauen. Mit seiner Hand fuhr er hinter das Bündel, um auf der überladenen Ablage Platz zu schaffen. Vielleicht war es nicht ganz zufällig, dass dabei ausgerechnet die entscheidende Photokopie aus dem *Mutus Liber* von der Beige rutschte und auf den Boden glitt. Es hätte ja durchaus sein können, dass das Blatt so gemacht war, um entdeckt zu werden, - und dass Pepe es über und über bekritzelt hatte, um die Aufmerksamkeit seines Jüngers anzustacheln. Wie dem auch sei, Dobler las das Blatt auf und entdeckte gleich das Wort *Tscheche*, das in winzigen Buchstaben unter der Seitenzahl *33* stand. Noch weniger auffallend war der Kreis mit dem Punkt darin, der gleich daneben stand. Natürlich wusste Dobler, dass das Zeichen für Gold stand, doch war dies nicht genug, um hinter Pepes Geheimnis zu kommen. Seltsamerweise aber hatte Dobler im Moment, wo er das Wort *Tscheche* las, die plötzliche Eingebung, dass man früher dafür "Böhme" sagte und dabei gleich an den großen Jakob Böhme gedacht, der in seinen Aufzeichnungen mehr als einmal geschrieben hatte, er besitze eine wunderbare Farbe und wisse, wie sie zu verwenden sei.

Den nächsten Morgen verbrachte Dobler an der Abteilung für seltene Bücher der Nationalbibliothek und erfuhr schon vor der Kaffeepause, wie Pepes Stein der Weisen zu gebrauchen war. Am Abend machte Dobler zum ersten Mal in seinem Leben freiwillig Überstunden. Es war auch das erste Mal am Institut, dass ihm die Überstunden etwas brachten.

5. SUBSTANTIELLES

5.1 Grundlagen

Als Dobler bei der Drakke vorsprach, um einen Hausschlüssel zu verlangen, verzogen sich ihre übermäßig geschminkten Lippen zu einem abschätzigen Lächeln, ganz so, als ob die abendlichen Überstunden nicht stattfinden sollten. Vielleicht war dies, weil sie von Natur aus misstrauisch und aus Prinzip gegen alles war, was ihrer Kontrolle entglitt, vielleicht war es aber auch wegen der schlechten Erfahrung, die sie mit Pepes nächtlicher Tätigkeit gemacht hatte. Jedenfalls blieb die hässliche Grimasse hartnäckig auf ihrem Gesicht kleben, als sie zum Telefonhörer griff und Forzer anwählte, um nachzufragen, ob alles in Ordnung sei. Beim Abhängen waren ihre Lippen wie immer zu einer runzligen Kugel zusammengekniffen. Dann fummelte sie stumm in der obersten Schublade ihres Pults, um das gefährliche Institutseigentum hervorzuklauben.

Am späten Nachmittag sass Dobler hinter einer Beige von unvollständig ausgefüllten Formularen und halbfertigen Berichten, die er während des Tages vernachlässigte und für den Abend aufgespart hatte. Die Bürotüre ließ er sperrangelweit offen, denn Forzer sollte doch sehen, dass die Überstunden nötig waren und sich lohnten. Gegen Fünf herrschte ziemlich dichter Verkehr im Gang, und Dobler hatte ab und zu kurz zu nicken, wenn man ihm einen schönen Abend wünschte. Dann nahm der Verkehr schnell ab, und um Fünf kam keiner mehr vorbei. Als letztes hatte Dobler die strammen Schritte der Drakke gehört und gerade noch sehen können, wie sie im Vorbeigehen einen fürchterlichen Blick ins Büro schmiss. Dann war es still genug, um die ganze Beige in seiner Schublade verschwinden zu lassen und den Parkplatz zu überprüfen. Forzers Sportwagen war verschwunden, und damit war die Bahn frei.

Für das, was Dobler im Schilde führte, brauchte er weder teure Apparaturen noch raffinierte Computerprogramme, nicht einmal ein Rezept hatte er aufgeschrieben. Mit seinem Lieblingsspatel aus der Brusttasche nahm er zunächst eine Probe roten Pulvers aus dem Reagenzglas vom Feinchemikalienkasten und streute es auf eine Wachsfolie, die er am Morgen vorbereitet hatte. Er zückte eine Pinzette aus der Brusttasche, bog die Ecken der Folie nach oben und bearbeitete das kleine Paket, bis das rote Pulver gut abgedichtet in einer kleinen Kugel eingeschlossen war. Die Pinzette packte das Kügelchen und wanderte zum Labortisch, wo es Dobler sorgfältig auf ein Stück Blei legte, das er auch schon am Vormittag in einem Schmelztiegel vorbereitet hatte. Der Tiegel mit der kostbaren Fracht kam dann in den bereits vorgewärmten Muffelofen. Dobler schloss die Türe und klebte sein Gesicht ans Fensterchen, um ganz genau zu sehen, was sich da innen tat. Dann drehte er den Knopf des Thermostats gleich aufs Maximum.

Merkwürdigerweise wollte das Wachskügelchen einfach nicht schmelzen und war bei 200°C immer noch ganz. Keine Spur von Flüssigkeit, kein bisschen Dunst, nicht die kleinste Verformung! Bei 250°C begann es etwas zu schwitzen und schrumpfte dabei, als ob es vom Blei aufgesogen würde. Bei 300°C war es weg. Keine Spur von Wachs oder Pulver war zu sehen, einfach weg war es, das Kügelchen. Bei 330°C hätte das Blei geschmolzen sein müssen, aber selbst bei 500°C, 700°C, ja sogar bei 800°C war es fest und völlig intakt. Erst gegen 900°C konnten ein paar Tröpfchen an seiner Oberfläche gesehen werden. Bei 1000°C schien es ein bisschen weich zu werden, wurde aber erst über 1065°C deutlich flüssig. Es begann zu glühen und spritzte Funken, wurde bläulich, dann gelblich, und schließlich war es ganz flüssig, - und hatte ganz deutlich einen goldenen Glanz: Die perfekte Kocherei! Bei 1200°C war Dobler sicher, dass die Reaktion vollständig war, stellte das Gerät ab, verdrückte sich auf die Seite des Muffelofens und löste mit dem Zeigfinger den Öffnungsmechanismus aus. Es gab keinen Knall, und kein Pulver wurde ausgespuckt. Die Türe ging langsam und leise auf, und innen im Gerät strahlte ruhig und glitzernd Doblers Zukunft. Er zückte die Laborzange aus der Brusttasche seines Mantels, fasste den Tiegel und schmiss ihn, entgegen aller guten Gepflogenheiten, mit einem Schwung in das ebenfalls bereits am Morgen vorbereitete Becherglas neben dem Muffelofen. Es knackte und klirrte grell, als das Porzellan im kochenden Wasser entzwei sprang. Als endlich alles ruhig war, lag auf dem Boden des Becherglases, mitten in den Trümmern des zersplitterten Tiegels, ein glänzendes Klümpchen Gold.

Es hatte die raue Oberfläche und die dreieckige Form, die Böhme in seinem *Opera Theosophica* beschrieben hatte, und dennoch war es kein Anlass zu Überschwänglichkeit. Ja, diesmal wollte er es ganz genau wissen und fischte die Probe mit der Pinzette aus dem Becherglas. Dann trug er sie ohne die leiseste Gemütsbewegung ins anliegende Instrumentationslaboratorium, wo er das Röntgenrasterspectrophotometrische Elektronenmikroskop, oder X-Ray SEM, wie es im Jargon heißt, auch schon am Morgen aufgewärmt, kalibriert, programmiert und für seine Probe vorbereitet hatte. Nachdem er den Start-Knopf gedrückt hatte, dauerte es eine Weile, bis das Papier mit den Messresultaten aus dem Printer herauskroch. Als es soweit war, war für die längste Zeit nichts als eine gerade Linie zu sehen, als ob nur Luft gemessen würde.

Dann aber schwenkte die Linie radikal von ihrem Kurs ab und zeichnete einen glatten, steilen Berg auf das Papier. Nicht die kleinste Abweichung war zu sehen, die auch nur einen Schatten von Silber oder Blei, oder einem anderen Element verraten hätte. Es war reinstes Gold.

Trotz des unwiderlegbaren Beweises gab es keinen Jubelschrei. Stumm und regungslos stand Dobler am SEM und starrte auf die glitzernde Probe, ja, selbst als er sie in der Hand hielt, gab's kein Entzücken, kein Hochgefühl, nicht einmal einen Anflug von Freude. Er hatte zwar genug rotes Pulvers, um einen ganzen Haufen Gold zu machen, leider aber war er weit weg vom Ziel, aus seinem Haufen Gold mit einer richtigen Transmutation richtiges Geld zu machen. Da halfen kein Geheimnis aus Pepes Bündel und kein noch so sorgfältiges Lesen, ganz abgesehen davon, dass Scharen von Neidern sich melden würden, falls es ihm gelänge. Alle Verwandte, Freunde und Kollegen würden platzen vor Eifersucht und keiner würde ihm die Geschichte über die ehrbare Quelle seines Wohlstandes glauben, bestimmt nicht die Polizei, das Steueramt ohnehin nicht, und die Bank würde sich gleich allen andern wie ein Geier auf sein hart verdientes Vermögen stürzen. Was würde es ihm schon nützen, ein Riesenvermögen gut versteckt in seinem Keller aufzubewahren? Was brächte es schon, wenn er seinem Freund, dem einzigen vertrauenswürdigen Kunden, der ihm in den Sinn kam, ab und zu ein paar Gramm für seine Zahnarztpraxis verkaufte?

Sein Muster so ohne Sang und Klang in seiner Hosentasche verschwinden zu lassen hatte auch ganz andere Gründe. Erstens würde es nie zu einer Publikation oder einem Vortrag kommen, nicht einmal eine kurze Notiz im *Familienbulletin* würde es geben, - und dies war doch eine allzu bittere Pille für den bestandenen Forscher, der seit Jahren die mageren Resultate und Halbwahrheiten des Instituts so erfolgreich vorgestellt und seine Bosse und Kollegen zutiefst zu beeindruckt hatte! Ausgerechnet jetzt, wo er einmal etwas wirklich Tolles zu erzählen hätte, durfte er nichts sagen! Zweitens käme leider auch ein Patent nicht in Frage, denn dies bräuchte eine gute Begründung, was sich mit herkömmlicher Terminologie kaum machen ließe. Zudem würde das Patent ohnehin in kürzester Zeit hinfällig, wenn man einmal das Prinzip verstanden hatte. Dann nämlich würden die globalen Firmen bestimmt eine Gesetzeslücke finden und riesige Mengen Gold für einen so lächerlichen Preis herstellen, dass seine Produktion nie rentabel werden könnte. Drittens war da noch die Katastrophe, vor der Pepe und die alten Meister gewarnt hatten. Nicht auszudenken, was geschehen könnte, wenn der Prozess in falsche Hände käme! Kurz, niemand würde je etwas von seiner großartigen Leistung erfahren.

Seine Arbeit nicht publik zu machen, hatte aber an erster Stelle weder mit seiner Besessenheit, Gold herzustellen und zu vermarkten, noch mit seinem Stolz als Forscher und wissenschaftlicher Autor etwas zu tun. Schon lange bevor er so ungerührt mit seiner Probe in der Hosentasche am SEM stand, hatte er gemerkt, dass hinter Pepes Dummheiten mehr als der überschwängliche Blödsinn steckte, mit dem er sich anfangs unterhalten hatte. Die langweiligen, überflüssigen Gedichte, die unzähligen Buchstaben- und Zahlenrätsel, die abstruse Philosophie, selbst die unverständlichen Gedichte waren schon längst nicht mehr skurril und absurd. Noch wusste er nicht um das wahre Geheimnis, das von Meister zu Meister und von Meister zu Jünger weitergegeben worden war. Noch ging es ihm nicht um das Eine, das die Welt zusammenhält und um das einzig Menschliche, doch dass es um etwas Wesentliches ging, das er nicht verraten durfte, das wusste er bereits.

Und doch hieß dies nicht, dass er zugegeben hätte, dass all der Schweiß an Pepes Bündel für nichts gewesen war, schon gar nicht, dass die zweite Stufe der Transmutation nicht stattfinden sollte. Er wusste doch von Pepes Bündel, was mit Hartnäckigkeit alles zu erreichen war! Eines Tages würde er dank seinem Gold ein richtiges Konto mit richtigem Geld füllen und endlich frei sein und das richtige Geheimnis der alten und akzeptierten Meister kennen lernen. Dann würde sich das Tor zur großen Arkana weit öffnen, und dann würde er weit über den Souffleurs und Sklaven des Athanor stehen.

Als er aber am SEM stand und das Muster Gold in seiner Hosentasche fühlte, war er kein Meister. Ein ganz gewöhnlicher, wenn auch erfolgreicher Souffleur war er, dessen nächtliche Überzeit damit endete, dass er das nichtige Resultat seiner Arbeit im Kasten mit der Briefmarkensammlung einschloss.

* * *

Wie immer war Dobler eine halbe Stunde zu spät dran und hatte seine Zeitung zwischen den Papierbeigen auf dem Pult ausgebreitet. Er hatte sich nach der schlaflosen Nacht einen erholsamen Arbeitstag ausgedacht und wartete geduldig auf die Kaffeepause. Danach würde er vielleicht einen Spaziergang zur Bibliothek wagen und bei der Drakke vorsprechen, um den Schlüssel abzugeben und sich für einen Ausflug in die Nationalbibliothek abzumelden. Seine Mittagszeit im Stadtzentrum würde wahrscheinlich ziemlich lange ausfallen und möglicherweise im Internet-Café enden. Bestimmt würde er keinen einzigen Gedanken am Institut oder an APLOT verschwenden. Zur Kaffeepause würde er pünktlich zurück sein und etwas zu spät am Pausentisch auftauchen, denn Bless und Forzer sollten doch sehen, wie beschäftigt er war. Nachher würde er die Formulare und Memos vom In-Kistchen ungelesen auf seinem Pult ablegen und eine halbe Stunde vor Feierabend durch den Hinterausgang verschwinden.

Dummerweise hatte Dobler nicht mit Forzer gerechnet. Der stand bereits vor der Kaffeepause unter dem Türrahmen und behauptete, rein zufällig vorbei gekommen zu sein. Es stimmte natürlich auch nicht, wenn Forzer behauptete, er sei zufälligerweise im Labor gewesen, hatte doch Dobler schon seit langem gemerkt, dass sich Forzer wohl fast jeden Morgen dort umgesehen hatte. Dass aber Forzer sagte, er habe in der Retorte Zischen gehört und eigenartige, blaue Blasen gesehen, das musste Dobler einfach glauben, war er doch schon tagelang nicht mehr im Labor gewesen! Zum Glück hatte Dobler die gute Eingebung zu behaupten, er habe schon vor Wochen die Farbänderung angesagt, denn Forzer gab an, sich noch gut daran erinnern zu können. So wurde Doblers Erfindung zur unumstößlichen Wahrheit und man lobte sich gegenseitig. Forzer war ganz begeistert, als ihm Dobler auftischte, dass die Emanation der extrudierten sublimierenden Gase sich wohl bald manifestierte und den erfolgreichen Fortschritt bestätigte.

Forzer hatte nie an Doblers wissenschaftlichen Erklärungen gezweifelt und hatte auch diesmal volles Vertrauen. Leider sah er eher den Abschluss als den Fortschritt von APLOT und freute sich schon auf Doblers Bericht, der ihn im Schnellzugstempo in den oberen Stock befördern sollte. Bestimmt war ihm der Zähler auf Suns Bildschirm wichtiger als alles andere, denn bei jedem Besuch bei Dobler konnte er es nicht verklemmen, kurz darauf anzuspielen, wir lange APLOT noch dauerte. Zudem war Forzer in so guter Hoffnung, das Meisterstück seiner Sektion in Bälde zu gebären, dass er die unglückliche Idee hatte, noch vor dem Ende des exploratorischen Vorversuchs zuhanden Top-Management einen Interim-Update-Report zu submittieren. Es könnte allerdings schon sein, dass Forzer dies nur eingeblendet hatte, um in Dobler nicht den Verdacht aufkommen zu lassen, dass er sich im besten Willen nicht an Doblers Darlegung erinnern konnte. In Doblers Ohren musste es fürchterlich gedröhnt haben, als Forzer noch einmal den Ticker auf Suns Bildschirm erwähnte und erst noch anzufügen hatte, dass er sich wahnsinnig auf den Zwischenbericht freue, jetzt, wo doch das Ende des Versuchs in Griffnähe sei.

- Wir sehen uns noch, Herr Dobler!

Wie eine fürchterliche Drohung musste es in Doblers Ohren nachgehallt haben. Als er dann wieder allein hinter seinen Papierbeigen auf seinem Pult sass, musste er sich wie ein zwischen Himmel und Erde tanzender Seilkünstler gefühlt haben. Leider fiel vom Himmel, den er sich als freier und wohlhabenden Goldmacher vorgestellt hatte, ein dickes Seil, das sich um seinen Nacken spannte und ihn hinderte, sein Paradies als lebender Mann zu erreichen. Das Seil, auf dem er stand war wegen Tonnen von Berichten, Abrechnungen und Formularen auf der Belastungsgrenze und drohte jederzeit zu brechen: Forzers "Wir sehen uns noch, Herr Dobler" hatte getönt, als ob Dobler, für immer und ewig zu APLOT verdammt, nie in den Genuss der Früchte seiner Meisterschaft kommen sollte! Und im Labor tickte die Uhr auf dem Monitor leise und unerbittlich gegen die unvermeidliche Katastrophe.

Den ganzen Morgen sass Dobler hinter seinen Papierbeigen und starrte auf die Zeitung. Es gab keinen Kaffee, keine Bibliothek, keinen Ausflug ins Stadtzentrum, und den Institutsschlüssel hatte er Forzer abgeben müssen. Sein gemütliches Herumlungern würde bald zu Ende sein, denn jetzt, wo der Forzer jederzeit im Labor auftauchen konnte, gab es kein

Mittel gegen das unbarmherzige Ticken des Sun-Computers. Den Zähler noch langsamer zu programmieren wäre Forzer ganz bestimmt aufgefallen. Auch sonst gab es nichts, um das Zosima-Projekt weiter auf die lange Bank schieben, keine Panne im Labor, keine noch so schlaue Manipulation am Computer und keine einzige der anderen Methoden, an die Dobler denken konnte. Gold zum Vergnügen herzustellen und im Keller aufzustapeln war auch keine Lösung, den Abschied zu nehmen war unerschwinglich, und eine neue Stelle würde er wahrscheinlich schon aus Altersgründen nicht schaffen.

Den ganzen Morgen starrte Dobler auf die Zeitung und dachte verzweifelt ans Ende von APLOT, wo Forzer in den Himmel erhoben und er selber in die Hölle des zukünftigen Projekts verdammt würde. Kurz vor Mittag fand er aber doch noch eine praktische und zweckentsprechende Lösung für all seine Probleme und meldete sich nach der Pause im oberen Stock, um ein Woche Sonderurlaub zu beantragen. Den Nachmittag verbrachte er mit Drakkes Formularen und rannte bis zum Abend allen Genehmigungen, Unterschriften und Stempeln nach. Kurz vor Feierabend durfte er sich endlich auf seine Ferien freuen.

5.2 Wirkung

Am Montagmorgen hatte Dobler ein kurzes Frühstück und war pünktlich zur Öffnungszeit in der Nationalbibliothek, wo er geologische Karten der näheren Umgebung studierte. Noch vor Mittag war er im Grundbuchamt und suchte nach Einträgen von abgelaufenen Minenkonzessionen. Über Mittag fuhr er zum Gerichtsgebäude, wo er sich nach Gerichtsfällen mit bankrotten Goldminen erkundigte. Am späten Nachmittag studierte er im Nationalarchiv Gesetze, Vorschriften und Reglemente zur Eröffnung und zum Betrieb eines Bergbauunternehmens, und am Abend sass er zu Hause mit einer dicken Beige amtlicher Dokumente und arbeitete an einem Plan für die kommenden Tage.

Am Dienstag kümmerte er sich um den Antrag für die Gründung seines Unternehmens und sammelte tonnenweise Formulare, Beglaubigungen, Ermächtigungen, Vollmachten, Erklärungen, Beurkundungen, Zertifikate und Zeugnisse. Er war am Amt für Wirtschaftsförderung, beim Dachverband der Minenwerke, am Finanzamt und dem Amt für Mehrwertssteuern, beim Firmenregister, und auch am Gericht und Grundbuchamt sprach er noch einmal vor. Bei jeder Station begegnete er freundlicher Gleichgültigkeit und bekam zu den verlangten Formularen noch ein paar zusätzliche als Dreingabe. Am Nachmittag hatte er Verabredungen bei zwei Banken und bekam eine weitere Beige Formulare, die sein Bündel noch schwerer machten. Gegen Abend tauchte er bei einem eher dubiosen Finanzinstitut auf und bekam ein kurzes, klares und leicht auszufüllendes Formular.

Am Mittwoch brauchte er fast den ganzen Tag, um die Formulare dorthin zurück zu bringen, wo er sie erhalten hatte. In einigen Fällen wurden sie stumm geprüft, mit einem Stempel versehen und abgelegt. Meistens aber hatte Dobler längere Diskussionen, bevor seine Anträge entgegengenommen wurden, und oft kam es vor, dass er zusätzliche Formulare, Anhange und Supplemente auszufüllen oder beglaubigte Kopien zu besorgen hatte. Als am späten Abend alle Bürokraten und Beamte zufrieden waren und er endlich die ganze Beige losgeworden war, war Dobler so erschöpft, dass er noch vor den Nachrichten zu Bett ging.

Am Donnerstag stand Dobler sehr früh auf, stieg in seinen altersmüden Kleinwagen und machte eine Spazierfahrt in die nähere Umgebung, um die meistversprechenden Objekte für sein Unternehmen aufzusuchen. Gegen Mittag hatte er einen ausgezeichneten, relative gut erhaltenen Stollen gefunden. Leider war er aber viel zu weit weg von der Straße. Eine andere Mine war zwar mindestens so gut, aber viel zu nahe an der Hauptstraße und hätte unerwünschte Besucher angezogen. Am Nachmittag zog er seine Kreise etwas weiter und fand das perfekte Objekt. Die Mine war gut erhalten und wahrscheinlich vor Jahrzehnten verlassen worden. Zu Fuß war sie in wenigen Minuten auf einem kaum sichtbaren Weg von einer ziemlich gut gepflegten Forststraße aus erreichbar, und sie war sogar auf der Liste des Dachverbandes für Minenwesen. Das allerbeste aber war, dass sich im Dorf niemand an die Mine zu erinnern schien. Weder die Serviertochter in der Krone, noch der Mann von der Tankstelle wussten etwas davon, selbst in der Gemeindekanzlei hatte keiner eine Ahnung. Trotzdem erhielt Dobler dort auf Anhieb eine lokale Geschäftsbewilligung, sodass er aus Dankbarkeit den Kanzlisten zu einem Bier in der Krone einlud. Am Abend vervollständige er seinen Geschäftsplan und arbeitete die halbe

Nacht, bis alle Papiere zur Gründung seiner Gesellschaft fertig waren.

Am Freitagmorgen hatte Dobler eine Verabredung in der Minenregistraturabteilung des Ministeriums für Minenwesen, Bodenschätze, Land- und Forstwirtschaft, wo er den Antrag zur Erteilung einer Konzession betreffs Ausübung der Schürfrechte einer verlassenen Goldmine unterbreitete. Der Beamte auf der anderen Seite des Schalters schüttelte bei der Durchsicht von Doblers Formularen mehrere Male den Kopf. Dann war er fertig, hatte alles konform befunden, konnte aber dennoch sein Mitleid nicht verbergen, als er Dobler ansah und fragte, ob er eigentlich wisse, auf was er sich da einlasse. Als Dobler darauf sein Checkbuch zückte, schaute ihn der Beamte noch einmal ganz verzweifelt an und fragte noch einmal, ob Dobler seiner Sache sicher sei. Schließlich griff er doch noch unter den Tisch, holte die Siegelpresse hervor und machte Dobler zu einem stolzen Goldminenbesitzer: Der Eckstein zur Gründung der AMG, der Avincenna Minenwerke GmbH, war gesetzt.

Am Nachmittag hatte Dobler eine Unterredung in der Bank. Niemand zeigte dort Verständnis oder Mitleid. Der Sachbearbeiter für Kreditwesen war schon beim Durchlesen von Doblers Antragsformular ziemlich skeptisch und hatte die allergrößten Bedenken, als er in seinem Ordner die Hypothekarbelastung von Doblers Haus sah. Als er dabei auch noch herausfand, dass Doblers Wagen immer noch nicht abbezahlt war und seine Kreditkarte stark im Debit stand, hatte Dobler eine gute halbe Stunde zuzuhören, wieso sich die Bank zu so einem riskanten Unternehmen nicht verpflichten könne. Erst dann hatte Dobler eine Gelegenheit, seine Goldprobe und den amtlichen Siegel vorzuzeigen. Das Resultat seiner Prospektion wurde gar nicht beachtet, AMGs Schürfrechte dagegen taten ihre Wirkung, denn der Beamte verschwand damit und holte seinen Vorgesetzten. Es war ein Departementchef, der sich zeigte und all die Bedenken wegen der ungenügenden Deckung und des riskanten Unternehmens wiederholte. Dobler gab aber nicht auf. Er zeigte höchste Begeisterung für sein Geschäft, schilderte enthusiastisch das große Potenzial seiner Mine und packte den ganzen Schatz von Attesten, Zertifikaten und Bewilligungen aus, die er über die Woche gesammelt hatte. Auch dies tat seine Wirkung, denn der Departementvorsteher wurde weich und gab Dobler einen kleinen Kredit, zur Ermunterung und ohne wirkliche Deckung, wie er sagte.

Am Samstag betrachtete Dobler sein Werk, und siehe da, es war sehr gut, genau so, wie es sein musste.

Den Sonntag widmete Dobler seiner Briefmarkensammlung, und am Montag war sein Urlaub zu Ende. APLOT lief wie am Schnürchen, und auf dem Bildschirm tickte der Computer ruhig und stetig auf den Moment zu, den Dobler mit der Gründung von AMG vorbereitet hatte. Den Morgen hatte er wie üblich mit der Zeitung begonnen. Um Forzer in Schach zu halten, antwortete er auf die Beige Memos, die sich während seiner Abwesenheit auf dem Pult angesammelt hatten. Für die Drakke füllte er gewissenhaft alle Formulare aus, die er in seinem In-Kistchen gefunden hatte. Für die Avincenna Minenwerke produzierte er etwas Gold während der Mittagspause und für die Bank schrieb er am Nachmittag einen Geschäftsplan. Danach sollte die AMG während ein paar Wochen ein für die Bank akzeptables Defizit aufweisen bevor die ersten bescheidenen Einkünfte anfielen. Die sparsame Verwendung des verfügbaren Kapitals sollten nach dem Plan langsam und stetig zum Abdecken des Fehlbetrags eingesetzt werden, bis die Einkünfte so weit gewachsen waren, dass die Bankschuld getilgt werden kann.

* * *

Dobler hielt sich gewissenhaft an seinen Geschäftsplan. Mit seiner ersten Portion Gold, die er seinem Freund für die Zahnarztpraxis verkauft hatte, begann das Defizit zu schrumpfen, was man an der Bank mit Genugtuung zu Kenntnis nahm. Einen Monat später platzierte Dobler einen ersten Barren an der Rohstoffhandelsbörse. Als er aus dem Erlös die Hälfte des Kredits ablöste, war der Departementvorsteher an der Bank plötzlich freundlich und an Doblers Firma interessiert. Dann stieß die AMG auf eine besonders reichhaltige Ader, was den Bänkler so begeisterte, dass er Dobler zu einer Arbeitssitzung mit dem Filialleiter einlud. Dobler hatte uns bei unserer Nachfrage erzählt, dass ihm dabei gar nicht behaglich gewesen sei, dass er aber keinen Verdacht aufkommen lassen wollte und die Einladung ins Ambassador Hotel trotzdem angenommen habe. Außerdem sei das Essen ausgezeichnet gewesen. Es gab als Vorspeise Vol-au-vent Sauce Financière, die Suppe war Potage Aurore und die Hauptspeise Filet de Sole Sauce Cardinal. Als man beim Dessert, Crème Renversée aux Abricots d'Or, angelangt war, schlug der Filialleiter vor, Doblers Firma in eine Aktiengesellschaft umzuwandeln. Beim Kaffee hieß Dobler die beiden Spaßmacher in der Geschäftsleitung der AMAG, der Avincenna Minenwerke AG, herzlich willkommen und bedankte sich für den großzügigen Kredit, den er sehr nutzbringend anzuwenden versprach.

Das Geld kam Dobler gerade recht, um endlich seine Mine in Schwung zu bringen. Er erstand sich die neueste Einrichtung für die automatische Produktion und den letzten Schrei von einem SEM für die Qualitätskontrolle. AMAGs Ausstoß nahm erstaunlich schnell zu, insbesondere während der Wochenende und Doblers recht häufigen Krankheitsurlauben. Das Darlehen wurde in unerhört kurzer Zeit zurückbezahlt, und die beiden Spaßvögel aus dem Direktionszimmer entlassen, bevor es zu existieren begonnen hatte. Weil man in der Bank dennoch viel von AMAG hielt, hatte Doblers Unternehmen in der Finanzwelt bald den Ruf einer ausgezeichneten Wachstumsfirma, die den Börsenindex ums Vielfache übertreffen könnte. Zum Glück zeigte sich keiner der Investitionsspezialisten, Wertschriftenanalysten, Fundmanagers, Finanzberater und Treuhändler auf AMAGs Fabrikationsgelände! Wohl weil der Geheimtipp eifersüchtig innerhalb der Investitionsgemeinschaft gehalten wurde, erfuhr außerhalb dieses engen Kreises niemand etwas von AMAGs Existenz.

Dobler achtete strikte darauf, niemandem Anlass zu Neugierde zu geben. Während unserer Untersuchungen hatten wir denn auch niemanden gefunden, der über Doblers zweite Existenz gewusst hätte oder den Verdacht hatte, dass Doblers häufige Absenzen einen triftigen Grund hatten. Niemand am Institut, keiner von Doblers Freunden, nicht einmal seine Frau hatte eine Ahnung von Doblers Minenwerken. Sie dachte sich nichts dabei, als ihr Mann fast alle Wochenende an Golfturnieren verbrachte, ja sie war sogar stolz auf ihn, brachte er doch regelmäßig Pokale und Geldpreise nach Hause. Manchmal waren es sogar echt goldene Medaillen!

6. FOLGERUNGEN

Dobler arbeitete an seinem Ruhestand, ohne dass ihn dabei jemand störte. Die AMAG florierte und hatte einen so großen Produktionsausstoß, dass sich der Filialleiter der Bank höchst persönlich um die bestmögliche Platzierung des angefallenen Kapitals kümmerte. Dobler hatte seine finanzielle Unabhängigkeit schon längst erreicht und hatte es eigentlich nicht mehr nötig, Tag für Tag das Drangsalieren vom oberen Stock zu erdulden. Dennoch war er täglich an der Arbeit, war wie eh und je eine halbe Stunde zu spät dran und sass in seinem Büro, als ob er an etwas Nützlichem arbeitete. Seine Kaffeepausen wurden immer länger, und er ließ sich von der Bless nicht stören, wenn sie in den Pausenraum hineinschaute und ihn fragte, ob er immer noch da sei. Dobler war auch immer häufiger krank, hatte in der Nationalbibliothek zu tun oder war wegen Begräbnissen und Hochzeiten abwesend.

Seine Arbeit schritt nicht mehr so zügig fort, wie es sich Forzer vorgestellt hatte, denn APLOT harzte bedenklich und schien kein Ende zu nehmen. Dennoch schaute Forzer zuversichtlich in die Zukunft, die ihm den großen Schritt in den oberen Stock versprach. Doblers hochwissenschaftliche Ablenkungsmanöver waren ihm Eins und Amen, und sein Vertrauen in Doblers professionelle Erläuterungen war so stark, dass er sich jeden Morgen zuerst im Labor umschaute, um hochmotiviert seine Arbeit zu beginnen. Der Computerschirm zeigte ja regelmäßig genau das, was Dobler vorausgesagt hatte! Was sich im Reaktor tat, war zwar manchmal ziemlich überraschend, doch auch dies stimmte weitgehend mit Doblers Vorhersage überein.

Zu der Zeit guckte Dobler hilflos auf das fatale Ticken des Zählers und malte sich aus, was bei Null geschehen würde. Dann würde nämlich Forzer auf einer seiner Spionagemissionen sehen, dass der Vorversuch zu Ende war, und dann würde auch sein gemütliches Herumlungern am Institut zu Ende sein. Ja, dann hätte er Resultate zu liefern! Seine schäbigen Ausreden und fadendünnen Begründungen für Verspätungen und Schwierigkeiten würden Forzer nicht mehr in Schach halten. Die üblichen Methoden der Aktenbestattung kämen auch nicht in Frage, so wenig es in Frage käme, über das Magnum Opus oder den Stein der Weisen zu berichten. Dobler würde Resultate zu erfinden haben, Zwischen- und Hauptberichte schreiben, Artikel vorbereiten und z.H. Geschäftsleitung Zusammenfassungen abgeben, die Forzer ohne Zweifel beim Aufstieg in den oberen Stock begleiten würden. Dann wäre Forzer oben und würde dafür sorgen, dass das endgültige Projekt effizient und effektive vorangetrieben wird, wobei Dobler das ganze Theater noch einmal von vorne durchzustehen hätte: Hintergrundinformationen, Genereller Plan, Theorie, Methodologie, Programme, Kosten Budget und Kontrollen, ganz abgesehen von den endlose Listen und Tabellen, Requisitionen, Akquisitionen, Applikationen, Petitionen oder den nie enden wollenden Wochen- Monats-, Trimester-, Semester- und Jahresberichten.

Doblers Zeit lief nicht allein wegen des unbarmherzigen Tickens aus. Seine Nebeneinkünfte waren ins Unermessliche gestiegen, und die AMAG war so erfolgreich, dass das stillschweigende Abkommen mit der Investorengemeinde jederzeit gebrochen werden konnte. Jederzeit konnten Gerüchte aufkommen, die man von Labor zu Labor und von Büro zu Büro herum bieten würde und selbst im oberen Stock gehört werden könnten; die Besuche in der Nationalbibliothek, die Hochzeiten und Begräbnisse wären dann bestimmt für immer zu Ende. Auch würde es dann nicht lange dauern, bis seine Frau davon Wind bekäme, womit die Golftourniere vom Wochenende auch vorbei wären.

Soweit war alles gut gegangen mit den wöchentlichen Golftournieren. Richtig stolz war sie, seine Frau, wenn er ihr am Sonntagabend die Goldmedaillen zeigte, und wenn er ihr die Geldpreise überreichte, war das Thema Wochenende gleich vergessen. Letzthin aber hatte sie einen Golfkurs besucht und ist mit bedenklichen Fragen gekommen. Nicht nur, dass sie ihn mit all den Punker, Putten, Bördis, Bugis und Tee-Schotten in Verlegenheit gebracht hatte, sie hatte gleich nach dem Mitgliederbeitrag gefragt und wollte wissen, woher das Geld gekommen sei. Noch schlimmer, sie wollte unbedingt einmal an einem seiner Tourniere dabei sein! Das war ein wirklich ernst zu nehmendes Handicap, denn er kannte sie allzu gut und allzu lange, als dass er nicht gewusst hätte, sie würde nie aufhören, darauf zu beharren und allen Endes auch alles kriegen, was sie wollte. Wenn er wenigstens mit einem bescheidenen Einkommen zu Hause bleiben und ein anspruchloses Dasein genießen könnte, ja, dann würde es seiner Frau nicht in den Kopf steigen, die Frau des Besitzers und Präsidenten der erfolgreichen AMAG zu sein, und dann könnte er sie langsam und behutsam mit den Avincenna Minenwerken vertraut machen und vielleicht ein ganz normales Leben führen. Vielleicht gäbe es dann doch noch einen neuen Wagen, ohne für sie einen Rolls-Royce kaufen zu müssen, vielleicht sogar Angelferien auf Übersee.

So aber hatte Dobler keine kleine Rente, keine Arbeitslosenunterstützung, überhaupt keinen einleuchtenden Grund, nicht zur Arbeit zu gehen, und sein bescheidenes Dasein, das er sich erträumt hatte, war ernsthaft gefährdet. Die AMAG war zu erfolgreich, der Zähler im Labor tickte langsam und unerbittlich gegen die Null, das grüne Zeug paffte hässliche Wolken, Forzer war zum Äußersten entschlossen, die Bless hatte beide Ohren offen und er, Dobler, sass auf einem unnützen Haufen von Geld und Gold.

Den ganzen Morgen lang brütete Dobler an seinem Pult und kaute vergeblich an einem ehrenvollen Abgang. Wie er es auch drehte und wendete, nie würde er es schaffen, unverschuldet rausgeschmissen zu werden und in den Genuss der bescheidenen Arbeitslosenunterstützung zu kommen. Forzer würde alles tun, um seinen Aufstieg zu retten, und Massurick würde bestimmt bei Forzer nachfragen und einsehen, dass Dobler ein wertvolles Glied der großen Familie war. Selbst, wenn diese Hürde genommen werden könnte, würde die Drakke das Reglement zitieren und mit Händen und Füßen ihre Prinzipien verteidigen. Mit der alten Garde hätte sich vielleicht schon etwas machen lassen. Leicht wäre es zwar nicht gewesen, vielleicht hätte es auch etwas gekostet.

Dobler hätte das Verfahren am Kaffeetisch mit einer vertraulichen Bemerkung einleiten können, die die Bless bestimmt jedem weitererzählt hätte, ob es den nun interessierte oder nicht. Wenn er dann auch noch das Seine beigetragen hätte, wäre bestimmt ein solides Gerücht im ganzen Labor verbreitet worden und hätte sich so lange gehalten, bis die vom oberen Stock beide Ohren voll hatten und sich der Absurdität entledigen wollten. Dann wäre Pepe mit seiner dummen Frage nach den Kindern aufgetaucht und man hätte gleich eine vernünftige Lösung gefunden. Vielleicht wäre dabei APLOT sogar der Aktenbestattung anvertraut worden. Jetzt aber, da Forzer und Arusashev zum Tanz aufspielten und mit ihrer Besessenheit nach Effizienz, System, Strategie, Motivation, Durchschlagkraft, Methode, Prinzip und Konzept die Belegschaft quälten, würde die diskrete Ansage am Kaffeetisch nicht einmal zu Kenntnis genommen. Am Nachmittag war Dobler soweit, dass er seinen ehrenvollen Abgang abgeschrieben und sich ins Schicksal gefügt hatte, als Feigling jämmerlich und offiziell abzudanken (Soll sie halt ihren Rolls-Royce haben!, wie er uns gegenüber fallen ließ). Noch vor der Kaffeepause sprach er bei Forzer vor, statt aber kurz und bündig, geradeaus und möglichst kaltblütig und unbarmherzig sein Anliegen runterzuschnarren, wie es dem neuen Businessstil besser entsprochen hätte, hatte er eher im Sinn, Forzer langsam und etappenweise mit dem Unvermeidlichen vertraut zu machen, so etwa, wie man so was früher gemacht hätte.

Am Türpfosten angelehnt hatte er schon zu hoffen begonnen, dass Forzer vielleicht doch etwas nachdenken würde und dass man am Ende wie früher eine vernünftige Lösung finden könnte, denn der lächelte erwartungsvoll auf seinem gepolsterten Thron und zeigte mit der offenen Hand auf den mindestens zehn Zentimeter weniger hohen Stuhl auf der anderen Seite seines Pults. Den Pult beherrschte Forzers Kommunikationszentrum, früher Telefon genannt; daneben lag seine ledernes Aktenmäppchen; und mitten auf dem berühmten Möbelstück stand ein Namenstäfelchen: Dr. W.C. Forzer, Vorstand. In Forzers Rücken hing, goldgerahmt und auf Hochglanz poliert, der veraltete Wahlspruch des Instituts. Sonst aber konnte man Pepes Büro kaum wieder erkennen. Überall standen Aktenschränke und dort, wo das Büchergestell mit den getönten Glastüren gewesen war, stand ein Tisch, voll beladen mit Computer, Printer, Scanner, Plotter und zwei riesigen Bildschirmen.

Solange sich Dobler an APLOT hielt, so lange hielt Forzers Lächeln an, ja, er strahlte geradezu, als es Dobler vom baldigen Ende des Projekts hatte. Dann aber kam Dobler auf

die Prüfung des Endprodukt zu sprechen, und von da war es ein kleiner Schritt bis zur neuen Berufung des Instituts, - womit Dobler bei der Nach-APLOT-Zeit angelangt war. Forzer musste gleich geahnt haben, dass sein Projekt, dank Dobler nach Oben zu gelangen, einer harten Prüfung ausgesetzt war, denn sein Lächeln war verblasst. Dann kam der Tiefschlag. Dobler ging zwar sehr behutsam vor, sagte aber doch noch, dass er sich in einer Prüfanstalt gar nicht wohl fühlen könne. Als er noch deutlicher wurde und meinte, dass er als Wissenschafter keine Datenproduktionsmaschine sei, war Forzers Lächeln ganz weg. Forzer erlitt wahrscheinlich einen kleineren Schlaganfall, denn er war ganz still, was für den gewandten Schnorrer allzu ungewöhnlich war. Nach ein paar Sekunden aber war der alte Forzer wieder da:
- Ich habe ja das vollste Verständnis für ihr Anliegen. Leiderleider, leider aber kann man da nichts machen. Sie wissen's doch, die neue Strategie! Wirklich, Herr Dobler, in diesen schwierigen Zeiten geht's doch ums nackte Überleben, und überhaupt ....

Forzer musste gemerkt haben, dass er so nichts erreichte, legte eine kleine Kunstpause ein, wie er es im Managerkurs gelernt hatte, und änderte den Ton.
- Also, so als Freund und Kollege muss ich schon sagen, wie leid es mir tut. Es stimmt mich ganz traurig, ganz ehrlich, dass Sie sich in unserer Familie nicht mehr so wohl fühlen. Schade, wirklich schade.
- Abhauen will ich, verduften, Leine ziehen!
- Ja, ja, ich weiß, Herr Dobler, Sie haben doch als verdienter Mann der Wissenschaft schon längst einen besseren Lohn verdient!
- Aus dem Staub will ich machen. Ist das klar genug?

Damit griff Forzer zum Kommunikationszentrum und sagte, dass er leider als simpler Sektionschef keine Zuständigkeit für

Personalfragen habe, - und dabei höchst wahrscheinlich dachte, Massurick würde es schon schaffen, die Katastrophe abzuwenden. Massurick musste gemerkt haben, worum es ging, denn, entgegen seiner Gewohnheit, hatte er keine "kleine Unpässlichkeit" und war gleich zu haben. Die Bless war nicht da, Forzer klopfte energisch und dennoch nicht allzu aufdringlich an, und als er vorsichtig die Türe aufgemacht hatte, konnte man Massurick auf den Fußspitzen wippend am Fenster stehen sehen. Diskretes Hüsteln von Forzers Seite. Massurick wandte sich dem ungleichen Duo zu, indem er mit dem Ellbogen auf der Lehne seines massiven ledergepolsterten Bürostuhls auflehnte und einen scharfen Blick über sein enormes und leeres Mahagonipult zu Forzer hinüber schoss :
- So, so.
Dobler stand respektvoll mit beiden Händen in der Hosentasche hinter Forzer und sah, wie Massurick nervös die Daumen drehte. Möglicherweise hatte der, so Dobler, bereits befürchtet, die Kontrolle über APLOT zu verlieren, oder was noch wahrscheinlicher war, zusammen mit APLOT seinen eigenen Job zu verscherzen. Weil er aber gemerkt haben musste, dass es nur um Dobler ging, hörte er bald auf, Daumen zu drehen und unterbrach Forzer.

Auch Massurick fand es schade und hatte das größte Verständnis. Leider hatte sein Lob auf Doblers Meisterstück im Labor und den unbezahlbaren Verdienst, Hightech ans Institut gebracht zu haben, nicht die geringste Wirkung. Dobler stand da mit beiden Händen in der Hosentasche und zeigte keinen Anflug von Dankbarkeit. Massurick versuchte es dann mit Mitleid, doch selbst seine unfassbare Enttäuschung, den besten Mann zu verlieren, tat nichts. Nicht einmal der Appell an Doblers Gemeinschaftssinn für die große Familie und die massiven Investitionen in APLOT waren gut genug.

Noch einmal versuchte es Massurick mit seiner tiefsten Enttäuschung, bei APLOT gerade jetzt, wo es doch so richtig am Beginnen war, die beste aller Betreuung zu verlieren. Dobler stand wie ein unbeteiligter Zuschauer da. Nicht einmal Massuricks Großzügigkeit, eine kleine Lohnerhöhung zu beantragen und eventuell, falls sich die Umstände ergäben, an eine Beförderung zu denken, änderte etwas daran. Wir hatten selbstverständlich volles Verständnis für Massurick, als er uns von der denkwürdigen Szene berichtete, und gaben ihm recht, als er uns sagte, er habe alles in seiner Befugnis Stehende versucht und habe am Ende gar keine andere Wahl gehabt, als Arusashevs Büro anzuwählen. Von Dobler wissen wir, dass Massurick der bei Drakke so vage als möglich auf die bedauerliche und leider ziemlich dringende Angelegenheit angespielt hatte und dass Arusashev mitgehört hatte, denn man habe ihn ganz deutlich aus dem Hintergrund gehört.

- Lass sie rauf, Käthe!

Von Drakkes Vestibül konnte man durch die offene Türe Arusashevs Glatze hinter dem oberen Rand eines Computerschirms hervorragen sehen. Daneben türmten sich zwei Stöße von unordentlich gebauten Papierhaufen auf. Auch sonst hatte sich Blossens ehemaliges Präsidium gewaltig verändert. Zwar waren das Tischchen und die lederne Polstergruppe immer noch da, aber das geräumige Büro war viel kleiner geworden. Aktenschränken und Büchergestelle verstellten alle Wände, und trotzdem lagen überall Beigen von Büchern, Ordnern und Aktenstößen herum, ja sogar auf dem Boden lag eine halbe Bibliothek. Den dicken Perserteppich konnte man kaum noch sehen, und auch das Bild mit der Schlange wurde von einem Büchergestell halb zugedeckt.

- Kommen Sie rein und lassen Sie die Türe offen!

Die Glatze ging glänzend über dem Computerschirm auf, und als die Dreifaltigkeit den strahlendweißen Haarkranz und die Adlernase sehen konnte, zeigten Arusashevs stechende Augen auf das Teetischlein. Es gab aber weder Tee noch Kaffee, noch kam es zu dem ungezwungenen Vorspiel, wie es sich Massurick aus Blossens Zeiten gewohnt war. Arusashev kam gleich zur Sache und wollte wissen, was es mit der bedauerlichen und ziemlich dringenden Angelegenheit auf sich hatte. Dennoch hielt sich Massurick an die alte Tradition und ging das heikle Thema behutsam und auf Umwegen an. Zu behutsam. Auf jeden Fall hatte Arusashev genug und zeigte auf Forzer. Dem ging es nicht besser, denn Arusashev hatte nicht das geringste Interesse an Forzers Hintergrundinfos und allgemeiner Problematik: Dobler hatte die bedauerliche Angelegenheit selber zu erklären.

Wie erwartet, hatte auch Arusashev das größte Verständnis für Doblers Unbehagen, in einer Materialprüfungsanstalt zu arbeiten, aber ganz im Gegensatz zu Forzer oder Massurick tönte er so glaubhaft, dass Dobler bereits zu hoffen begonnen hatte, Arusashev würde wie in alten Tagen auf einen vernünftigen Vergleich hinsteuern und APLOT für immer begraben. Bestimmt hatte dies Forzer auch so verstanden, denn er wurde kreidenweiß und hatte wahrscheinlich seine ehrgeizigen Pläne für Glanz und Glorie bereits abgeschrieben. Als es aber Arusashev Doblers von Fachkenntnissen hatte und dabei ganz aufrichtig zu bereuen schien, den besten Mann im dümmsten Augenblick zu verlieren, wurde es allen klar, dass Dobler am weich werden war. Forzer war zwar immer noch etwas grau, aber man konnte bereits sehen, dass seine Hoffnungen am erblühen waren. Als dann Arusashev auf Doblers Kreativität und originellen Initiativen anspielte, wurde Dobler so verlegen, dass Forzers Gesicht einen

rosaroten Anflug bekam. Schließlich kam Arusashev mit einer Frage auf den Höhepunkt seiner Vorstellung.
- Ist doch so, Herr Dobler, nicht wahr?
Schon um die Lösung seiner Probleme und den erhofften vernünftigen Vergleich alten Stils nicht zu gefährden, blieb Dobler keine andere Wahl, als höflich zu bleiben.
- Doch, doch.
Das Dochdoch war Doblers erster Schritt, um Arusashevs logischen Überlegungen recht zu geben und seine Hoffnung zu Grabe zu tragen. Es gab da und dort ein paar unvermeidliche Dochcochs, Jajas und Sowiesos, und dann endete Arusashev seine Gedanken mit einem Vorschlag, den Dobler nicht abweisen konnte. Massurick war so paff, dass er zweimal leer zu schlucken hatte und es einfach nicht fertig brachte, den Mund zuzumachen. Forzer hatte sein Rosarot zu intensivem Glühen gesteigert und knirschte mit den Zähnen, und Dobler gab sein bestes Lächeln her, als er Arusashevs Angebot mit einem kräftigen Handschlag besiegelte und dabei den merkwürdigen Griff an seiner Hand spürte. Drauf löste sich die Hand, öffnete sich und zeigte auf die offene Türe, wo man sah, wie sich die Drakke mit angeekelter Fratze empört erhob und nach Band IV der allgemeinen Verwaltungsvorschriften langte. Während sie das Kapitel über Anstellungsverträge aufschlug, wechselte Arusashev einen bedeutungsvollen Blick mit Massurick, als ob er sagen wollte, dies sei eine Lektion diplomatischer Geschäftsführung gewesen.

Wir haben volles Verständnis für Drakkes Empörung und ihre Vorsicht, denn Dobler hatte, in der Tat, einen so saftigen Vertrag in der Tasche, dass es keine halbe Stunde brauchte, bis jedermann davon gehört hatte und sich die Neuigkeit zu einem wirklich soliden und von allen akzeptierten Gemunkel gemausert hatte. Wie immer gab es ein paar

Skeptiker, die vermuteten, das Gerede stamme aus Blessens Küche, doch hatte man im Allgemeinen keinen Zweifel daran, dass Dobler das große Los gezogen hatte. Viele hatten aufrichtige Bewunderung für ihn, der Das von Denen herausgequetscht hatte, aber es gab auch ein paar wenige Neider, die bösartige Gerüchte und geschmackslose Witze in Umlauf brachten. Leider hielt sich das neidische Gerede am besten und am längsten und verdrängte in kürzester Zeit die Bewunderung für Doblers Leistung, was ja auch verständlich ist, denn noch hatte niemand etwas über Doblers Nebeneinkünfte gehört. In einem Wort, man hatte begonnen, den Neidern zu glauben, ahnte bereits das Schlimmste vom oberen Stock und mied Dobler so gut es ging, denn jedermann wollte sich dem sich dem anbahnenden Unheil fernhalten.

Wegen Doblers neuem Anstellungsverhältnis war die Drakke eine ganze Woche lang wütend auf ihren Chef. Schon bei der Unterzeichnung hatte sie ihn darauf aufmerksam gemacht, dass so ein kostspieliges Abkommen schon einmal schlimme Folgen für das Institut gehabt habe, doch Arusashev hatte keine Sekunde gezögert, das skandalöse Papier zu unterzeichnen und hatte sich um ihre ethischen und administrativen Bedenken um keinen Deut gekümmert. Dass Dobler nichts anderes zu tun hatte, als mit dem dummen APLOT zu spielen, hätte sie vielleicht noch geschluckt, dass er aber bei vollem Lohn nur drei Tage zu arbeiten hatte, das war definitiv zu viel! Sicher hätte Massurick gerne mit Dobler getauscht, auch wenn man ihn nicht zu den Neidern zählen konnte, so wenig wie die Bless, die in ihrer Bewunderung unerschütterlich war und nie etwas Schlechtes über Dobler verbreitet hatte. Ob Forzer zu den Neidern gehörte, wissen wir nicht, denn seine einzige Sorge war, Dobler so wirksam wie möglich einzusetzen. Kurz, Doblers Vertrag beeindruckte jedermann, so oder so.

* * *

Soweit lief alles wie geschmiert, Als Dobler am Montag seine neue Stelle antrat, war er, wie gewohnt, eine halbe Stunde zu spät und fing den Morgen mit der Zeitung an. Das übervolle In-Kistchen und das Gerede und Gemunkel hinter seinem Rücken lenkte ihn in keiner Weise von seiner gewohnten Routine ab. Einzig das einsame Rauchen am Hinterausgang und so allein am Pausentisch zu sitzen erinnerte ihn an seinen neuen Status. Im Übrigen hielt er den ganzen lieben langen Tag geduldig das Drangsalieren von Forzer und der Drakke aus und freute sich insgeheim auf sein erstes verlängertes Wochenende.

An diesem ersten Tag seines neuen Arbeitsverhältnisses zeigte die Computerkonsole einen etwas zu hohen Druck und einen gerade noch akzeptierbaren pH-Wert von 4. Am Dienstag war der Druck wieder dort, wo er sein sollte, aber der pH war auf eine eher bedenkliche 2 gesunken. Am Mittwoch kontrollierte Dobler die Instrumente gleich zweimal. Am Morgen war der Druck wieder etwas zu hoch, und der pH zeigte einen unveränderten Wert von 2. Als Dobler kurz vor Feierabend dem Labor einen letzten Besuch abstattete, war der Druck viel zu hoch, und der pH zeigte eine gefährliche 1,2. Es blieb dabei, denn Doblers Arbeitswoche war zu Ende.

Donnerstag war der Tag, auf den sich Dobler die ganze Woche lang gefreut hatte. Um dem großen Ereignis eine würdige Note zu verleihen, hatte die Geschäftsleitung der AMAG Betriebsferien dekretiert. Dobler hatte sich eine neue Angelrute gekauft und im Naturschutzpark ein Chalet am Katharinasee gemietet. Allerdings war sein Ferienhäuschen so abgelegen, dass er am Donnerstag kaum zum Fischen kam und gerade noch Zeit hatte, sich eine kleine Forelle fürs

Nachtessen zu angeln. Am Freitag hatte er einen ganzen Korb voll Barsche, sonst aber keinen nennenswerten Fang. Samstags regnete es in Strömen, weshalb Dobler den Tag mit dem Verspeisen der Barsche vom Freitag verbrachte, einen dreihundert Seiten langen Krimi las und zwei Flaschen Whisky vernichtete. Am Sonntag stand Dobler früh auf und fing eine trophäenwürdige Zehn-Pfund-Forelle, - und sein neues Anstellungsverhältnis nahm ein drastisches Ende, weil eine gewaltige Explosion sein Labor vernichtete und am Ostflügel des Institutsgebäudes bedeutenden Schaden anrichtete.

Während Dobler mit seiner Trophäe unterwegs nach Hause war und sich bereits auf das nächste verlängerte Wochenende freute, hatte die Feuerwehr alle Mühe den Brand zu bekämpfen, den die Explosion ausgelöst hatte. Nach dem Bericht des Brandursachenoberinspektorats aus der Hauptstadt sei die Löschaktion äußerst schwierig und gefährlich gewesen, wobei das Hauptproblem nicht einmal die wegen dem versagenden Sprinklersystem entstandene Hitze und die damit verbundenen Unstabilität des Gebäudes gewesen sei. Man habe nämlich bei den Löscharbeiten ein gefährliches Niveau radioaktiver Strahlung festgestellt und bei der Bekämpfung der Feuersbrunst gewöhnliche Gasmasken nicht brauchen können. Zum Glück sei geeignetes Material zum Schutz der Feuerwehrleute auf der Hauptwache zu Verfügung gestanden, so dass man trotz der Verzögerung habe wirksam eingreifen und den Schaden auf ein paar wenige Räume im Untergeschoss des Ostflügels eingrenzen können[24].

---

[24] Wir möchten gleich erwähnen, dass es wahrscheinlich Forzer war, der in der Forderung an die Versicherungsgesellschaft die Schäden gewaltig aufgeblasen hatte.

Weil die Radioaktivität auch nach der erfolgreichen Brandbekämpfung andauerte und deutlich über den amtlich zugelassenen Werten lag, hatte man das Bundesamt für Umweltschutz, Katastrophen und Kriegsvorsorge angefordert, um den Ursachen nachzugehen. Das BUKK bestätigte in seinem Bericht das vom BUOI festgestellte hohe Niveau Radioaktivität und nannte als wahrscheinlichste Ursache die Möglichkeit einer Luftverschmutzung durch Deuterium. Auch wenn im Bericht die Herkunft des Deuteriums nicht eindeutig nachwiesen werden konnte, kam nur die Abzugskapelle in Labor E7 als Quelle des hochgiftigen Stoffs in Frage. Es ist daher sehr verständlich, dass man vom Institut intensive Dekontamination verlangte und die erneute Benutzung des Laboratoriums davon abhängig machte, dass es vor seiner Renovation vom Bundesamt für Umweltvorsorge und Sicherheit am Arbeitsplatz inspiziert und zur Benützung frei erklärt worden war.

7. SCHLUSSBEMERKUNGEN

Big Bang und *Feuersglut am Institut* waren am Montag die Schlagzeilen auf der Titelseite der beiden Lokalblätter. Auch in der Regionalzeitung erschien ein ausführlicher Artikel über die Explosion und die gefährliche Giftwolke, ja sogar in der Landespresse gab es eine kurze Notiz. Bei der Dienstagsausgaben prangte der Unfall immer noch auf der Titelseite der Lokalblätter, doch konnte man schon aus den Überschriften "Schnauf anhalten!" und "Niemand Schuld?" sehen, dass die Presse kritischer geworden war. Die Vorwürfe richteten sich ans Institut, das fahrlässig jegliche Sicherheitsbestimmungen vernachlässigt hatte, an den Feuerwehrskommandanten, weil er sein Personal unnötig großen Gefahren ausgesetzt hatte, an den Polizeichef, der es unterlassen hatte, die Nachbarschaft zu evakuieren, aber auch an den Minister für Forschung und Wissenschaft, weil er weder Mitgefühl gezeigt noch etwas von Schadenersatz und Leidensgeldern gesagt hatte. Dem Bundespräsidenten wurde vernachlässigte Oberaufsicht auf den Minister vorgeworfen, und das Parlament rügte man, weil ihm die Kontrolle über den Bundespräsidenten entglitten war.

In der Mittwochsausgabe der Lokalzeitungen konnte man die verschiedensten Pressemitteilungen finden. Man erfuhr, dass das Parlament die Debatte verschoben hatte, dass der Bundespräsident keine Stellungnahme abgeben konnte, weil er noch keinen offiziellen Bericht erhalten hatte, dass der Polizeichef keine Instruktion von der Feuerwehr erhalten hatte und dass der Feuerwehrskommandant wegen des mangelhaften Budgets nur beschränkte Handlungsfreiheit besass. Aus der Pressemitteilung des Instituts konnte man ersehen, dass alles getan worden war, um Betriebsunfälle zu vermeiden. Die beiden Lokalzeitungen hatten sich auch etwas von ihren früheren Behauptungen absetzen müssen, denn sowohl der Polizeirapport als auch der Bericht des Brandursachenoberinspektorats und die Mitteilung des Bundesamts für Umweltschutz, Katastrophen und Kriegsvorsorge hatten ganz klar gezeigt, dass die Quelle des gefährlichen Deuteriums nicht eindeutig identifiziert werden konnte. Alle drei Berichte bestätigten auch, dass das Institut nie etwas mit radioaktivem Material zu tun hatte und auch nie über die Einrichtungen oder das Personal für Nuklearforschung verfügt hatte. Außerdem habe es im Laboratorium E7, wo mutmaßlich die Explosion stattgefunden hatte, ein äußerst raffiniertes Sicherheitssystem gegeben. Die Pressemitteilungen taten ihre Wirkung, denn schon wenige Tage später war der Unfall fast überall in Vergessenheit geraten. Allerdings konnte man das Institut nicht dazu zählen, wo man sich noch lange Zeit die wildesten Gerüchte und bissigsten Witze herumreichte.

Im Fernsehen konnte man schon am Sonntagabend vom Unfall erfahren. In der Sondersendung des Lokalfernsehens gab es sogar ein Interview mit dem verantwortlichen Sektionschef, Dr. Forzer, dem die Arbeiten im Labor E7 unterstellt waren. Dr. Forzer schloss zwar nicht aus, dass das Feuer in seinem Laboratorium ausgebrochen war, aber er konnte sich überhaupt nicht vorstellen, dass ausgerechnet in der verdächtigten Apparatur eine Explosion stattgefunden hatte, denn der angeschuldigte Ausrüstungsgegenstand sei mit den neuesten Sicherheitsvorrichtungen bestückt gewesen. Dr. Forzer betonte auch, dass die Apparatur mit außerordentlicher Sorgfalt und umsichtigsten Vorkehrungen aufgebaut worden war, weil sie das Kernstück zu einem der wichtigsten Forschungsvorhaben des Instituts gewesen sei. Radioaktives Material habe es nie enthalten, denn das Institut habe weder die Einrichtung noch das Personal für Nuklearforschung. Zudem habe die Geschäftsleitung schon vor Jahren verboten, mit solchen Stoffen umzugehen. Im Übrigen sei die Sicherheit am Arbeitsplatz und die strikte Befolgung guter Praktiken im Laborbetrieb schon immer die erste Priorität des Instituts gewesen. Auf die letzte Frage des Reporters antwortete Dr. Forzer, es sei völlig undenkbar sei, jemand habe unbefugterweise die Apparatur manipuliert oder Arbeiten getan, die nicht von der Geschäftsleitung gutgeheißen worden waren.

Die Fernsehreportage begann kurz vor Mitternacht. Dobler hatte seine trophäenwürdige Forelle ausgenommen und fürs Tieffrieren vorbereitet und wollte vor dem Zubettgehen noch schnell die Spätnachrichten ansehen und den neuesten Stand des Goldpreises wissen. Aus den Nachrichten wurde jedoch nichts, denn auf dem Bildschirm war Forzer, in Großformat. Wie ein richtiger Fachmann sah der aus in seinem Labormantel! Wie ein waschechter Chemiker hatte er in der Brusttasche einen Spatel und eine Pinzette; nur sein allzu weißer und fleckenloser Berufsmantel mit den Faltspuren aus der Verpackung verriet ihn. Forzer spielte so sicher und überzeugend den erfahrenen Wissenschafter, dass Dobler aus Verblüffung gar nicht zuhörte. Dann blendete die Kamera aus, und hinter Forzers Rücken man konnte ein Backsteingebäude sehen, aus dem sich aus dem Untergeschoss schwarze Rauchschwaden müde der Fassade entlang nach oben quälten. Erst als Forzer etwas von Deuterium faselte, merkte Dobler, worum es ging. Als er dann auch noch begriffen hatte, dass Forzers hochwissenschaftliche Erklärungen das Ende von APLOT ansagten, da konnte er einfach nicht anders, als loszupusten. Endlich waren das Drangsalieren von oberen Stock und die ewigen Golftourniere vorbei! Leider war sein Gelächter so laut, dass seine Frau aufwachte und nach unten schrie, es sei schon längst über Mitternacht. Während sie hinab rief, er solle doch den bitte den Abfallsack nicht vergessen, wenn er am Morgen zur Arbeit gehe, hatte Forzer aufgehört, seine Unschuld zu beteuern. Es folgten die richtigen Nachrichten mit all den üblichen Überfällen, Morden und Verkehrsunfällen. Der Goldpreis war lausig, und Doblers Plausch war zu Ende.

Die Schlagzeile *Big Bang* auf dem Titelblatt von Doblers Zeitung war so aufdringlich dass Dobler am Morgen die Zeitung schon zu Hause öffnete und völlig vergaß zu frühstücken. Darunter war eine Abbildung von Forzer mit dem rauchenden Ostflügel des Instituts in seinem Rücken. In seiner Linken hielt er das *Familienbulletin* und zeigte mit seiner Rechten auf das Titelbild mit der für die Explosion verdächtigten Apparatur, und dort war, wie erwähnt, die Weiße-Schwan-Phase aus dem großen Magisterium abgebildet. Unter Forzers Portrait stand ein längerer Artikel, der wohl das Meiste von der Fernsehsendung vom Vorabend übernommen hatte und daher von Ausdrücken wie etwa *außerordentlicher Sorgfalt, höchste Sicherheitsvorkehrungen, gesunder Arbeitsplatz, strikte Befolgung guter Praktiken, Zweifel am Brandherd* oder *Nie keine Nuklearforschung* wimmelte. Die editoriale Kolumne daneben strotzte von ähnlichen Ausdrücken und wollte damit wahrscheinlich den Hauptsponsoren der Zeitung in Schutz nehmen und der Polizei und der Feuerwehr die Schuld zuschieben. Verständlicherweise waren die eher kritischen Artikel, bei denen das Institut nicht so gut davon kam, viel kürzer und in der zweiten Hälfte der Zeitung.

Als Dobler beim Institut ankam sah er schon von weitem die hässliche Brandspur auf der Ostfassade, Rauch war allerdings keiner mehr zu sehen. Dennoch war der ganze Parkplatz voll von Polizei- und Feuerwehrfahrzeugen, Bussen, Lieferwagen und Autos von Presse und Fernsehen, sodass Dobler nur mit Mühe zwischen den Gefährten, Pumpen, Generatoren, Schläuchen und Kabeln einen freien Parkplatz finden konnte. Auch wenn im schwarzen Loch im Untergeschoss nichts zu sehen war, stank es fürchterlich nach Brand und einem ganzen Cocktail von Chemikalien, und da und dort rannte ein Feuerwehrmann mit Gasmaske herum. Am Hintereingang stand ein Polizist, der aufpasste, dass niemand die mit einem gelben Band markierte Türe benutzte. So kam es, dass Dobler zum ersten Mal seit seinem Vorstellungsgespräch durch den Haupteingang zur Arbeit ging.

Sein Büro war nicht beschädigt, doch hatte er keine gemütliche Stunde mit der Zeitung und keinen Schwatz, der das Warten auf die Kaffeepause verkürzte. Mit der Hämmerei der Feuerwehr von nebenan und dem penetranten Gestank hatte dies allerdings nichts zu tun. Wie üblich waren es Die-von-oben, die ihm den ruhigen Morgen vergällten, denn auf seinem Pult lagen das *Familienbulletin* und ein Memo, mit dem Arusashev eine dringende Belegschaftsversammlung ankündete. Dobler ließ alles fallen und rannte sogleich und so schnell er konnte durch die leeren Gänge, und dies nicht nur, weil er den Eindruck machen wollte, nicht so spät wie üblich angekommen zu sein. Ja, Dobler wusste schon, worum es ging, ganz abgesehen davon, dass die Versammlung schon angefangen haben musste. Dem war nicht so.

Als Dobler nach einer kurzen Schnaufpause vor der Tür hineingeschlüpft war, herrschte peinliche Stille im Saal, fast wie zu Blossens Zeiten. Wie zu Blossens Zeiten waren die ersten zwei Stuhlreihen leer. Vorne, auf dem Podium, sassen Die-von-oben, in der Mitte Arusashev, daumendrehend. Daneben starrte Massurick auf das Memo, und ganz außen thronte die Drakke, steif und gerade, und wie üblich, ohne die geringste Regung zu zeigen. Auch Forzer sass vorne. Er hatte ein dickes Bündel Papier in der Hand, zeigte auf seine Uhr und schoss einen scharfen Blick zu Dobler hinüber. Während der in der zweithintersten Stuhlreihe auf seinen seit Jahren angestammten Platz zuging, stand Arusashev auf und griff zu einem Mikrophon. Dobler schwante Böses, als er auf seinem einsamen Stuhl absass, doch Arusashev begann nicht wie zu Blossens Zeiten mit einer feierlichen Einleitung. Er hatte keine einzige gute Nachricht, die das Schlimmste ahnen ließ.

Arusashev tönte eher wie der Wettermann vom Fernsehen und kam gleich zur Sache. Nach einer kurzen Einleitung, um sicherzustellen, dass jedermann mit den peinlichen Unregelmäßigkeiten im Betrieb vertraut war, war er schon bei der Zukunft, in der das Institut gänzlich auf sämtliche Forschungsvorhaben zu verzichten hatte, um sich ausschließlich auf die lukrativere Materialprüfung zu konzentrieren. Als er dann ankündete, dies sei "unmittelbar implementiert", konnte Dobler sehen, wie sich ein paar Köpfe diskret in seine Richtung wandten. Bestimmt war nicht Mitleid im Spiel, eher die Erleichterung, dass die von der großen Umwälzung nicht betroffen waren. Als alle Köpfe wieder auf Arusashev zeigten, konnte man hören, dass das Institut leider auf die Mitarbeit von Herrn Dobler zu verzichten habe, dass es aber eine beschlossene Sache sei, seine großartige Leistung mit einer ebenso großzügigen Abfindung abzugelten. Diesmal ließ Neid die vielen Köpfe nach Hinten drehen.

Die Belegschaftsversammlung endete mit Arusashevs Respekt für die verdiente Kaffeepause des Personals. Dobler aber hatte keine Kaffeepause und würde auch keine mehr haben, denn er wurde gleich in Arusashevs Büro beordert, und dort gab es keinen Kaffee und keine Pause. Weil Arusashev bereits alles vorbereitet hatte, gab es auch keine große Zeremonie und keinen feierlichen Moment. Mehr als einen Handschlag, ein kurzes Dankeswort und die besten Wünsche für die Zukunft wären ohnehin überflüssig gewesen. Dobler war doch nicht so dumm, den ersprießlichen Vorschlag in Frage zu stellen! Nur die Drakke war wütend, als sie den ganzen Papierkram für etwas zu erledigen hatte, das sie am liebsten für sich selber getan hätte. Band VIII der allgemeinen Verwaltungsrichtlinien, vorzeitige Pensionierung, landete dumpf auf ihrem Pult, ein gutes Dutzend Formulare wurden aus ihrem Aktenschrank herausgerissen, ihre überlangen Fingernägel hackten erbarmungslos auf ihr Keyboard, - und Dobler genoss ihre Wut mit den Formularen, mit denen sie ihn jahrelang gequält hatte.

Die Bless schaute kurz durch den Türspalt.

- Alles Gute, Herr Dobler!

Der Drucker ratterte und spuckte die Formulare aus, während die Drakke zu Dobler hinüberbellte.

- UntschreibenDob!

Dobler unterschrieb ohne Zögern die Erlaubnis, am nächsten Wochenende nicht am Golfturnier teilnehmen zu müssen. Verständlicherweise hatte er kein Bedürfnis, dem Meschuggick oder dem Furzer die erwartete Aufwartung zu machen. Auch eine letzte Plünderung war nicht gut genug, seinen Abschied aufzuschieben, jetzt, wo doch das rote Pulver ohnehin zum Teufel war. So kam es, dass sich Dobler erhobenen Hauptes und pfeifend durch den Haupteingang davonstahl, auf dem Parkplatz einen letzten Blick auf die schwarze Brandspur am Ostflügel warf und mit seiner alten Kiste zum Cadillachändler fuhr, um für den Präsidenten der Avincenna Minenwerke ein standeswürdiges Vehikel zu erstehen.

NACHWORT

Am Morgen, als die Panne im Fernsehen, am Radio und in den Zeitungen Schlagzeilen machte, die Nachricht sich bei Coiffeuren, in Fabriken und Restaurants verbreitete, von frühen Barbesuchern und Übernächtlern in Nachtlokalen und Freudenhäusern gehört und im Parlament und an Benzintankstellen diskutiert wurde, konnte sich niemand der Neuigkeit entziehen. Selbst Pepe hatte es mitbekommen, obschon er nur ausnahmsweise die Zeitung las oder die Nachrichten am Fernsehen anschaute. Wenn seine Frau ihm etwas vorlas oder auch nur eine kurze Bemerkung machte, was sie in der Zeitung oder am Fernsehen über das Institut oder die Universität erfahren hatte, interessierte es ihn nur dann, wenn es um seine Pension ging. Sonst aber hatte er Wichtigeres und Interessanteres zu tun.

An jenem Morgen war aber der Titel seiner Zeitung *Feuersglut am Institut* allzu auffallend und aufdringlich, um Pepes Neugierde nicht doch zu wecken und die Brille aufzusetzen. Das Bild unter der dicken Schlagzeile zeigte Forzer, wie er stolz und vertrauenerweckend mit dem Finger auf ein Heftchen zeigte. Wie ein richtiger Fachmann sah der aus in seinem weißen Labormantel, wie ein waschechter Professor, der seine neuesten Erkenntnisse anhand einer bildlichen Darstellung auch dem dümmsten der Studenten oder Sponsoren verständlich machen wollte. Ja, diesen Morgen hatte Pepe Grund genug, um in seine Westentasche zu greifen und die Handlupe zu zücken.

Die Lupe wanderte über Forzers Arm zum Zeigfinger und von dort zum *Familienbulletin*, das Forzer mit der anderen Hand hielt. Dann hielt die Lupe über dem Titelbild, wo in einer Abzugskapelle ein Gewirr von Gefäßen und Messinstrumenten zu sehen war. Die Lupe wanderte entlang der Kabel über Ventile, Pumpen, Sensoren, Indikatoren und alle möglichen elektronischen Einrichtungen und Apparätchen und verharrte über einem mitten im Labyrinth eingebetteten Glasgefäß. Da hätte ihm eigentlich die merkwürdige Ähnlichkeit mit seinem noblen Palast auffallen und die Weiße-Schwan-Phase des Magnum Opus in die Augen stechen müssen. Er hatte aber nichts Besonderes in dem Gewirr gesehen und nicht gemerkt, dass jemand sein Testament gefunden und verstanden hatte. Offenbar fragte er sich nicht einmal, wie es seinem unbekannten Jünger gelungen war, all die teuren Apparate zu beschaffen.

Wie wir bei unseren Untersuchungen von Pepes Frau erfahren haben, hatte er ihrer Meinung nach tatsächlich nichts gesagt und nichts gefragt. Anscheinend hatte er nicht einmal den Hauptreaktor erkannt und sich gar nicht daran erinnert, dass er an demselben Gefäß tage-, wochen- und monatelang Tag für Tag gesessen und auf schmutziges Glas gestarrt hatte. Heute sind wir der Überzeugung, dass es Pepe schlicht für undenkbar gehalten hatte, dass jemand ohne die Tränen und Qual und ohne die nie enden wollenden Versuche, Wiederholungen und Gebete die enge Pforte zum großen Werk finden konnte, geschweige denn, dass jemand auf die Idee gekommen war, Computer für den materiellen Beweis der immateriellen Kunst zu nutzen. Von Pepes Frau wissen wir auch, dass er nicht einmal den Ostflügel des Instituts in Forzers Rücken wiedererkannt hatte. Hätte Pepe dem Unfall auch nur die leiseste Beachtung geschenkt, hätte er bestimmt gemerkt, dass die dunklen Rauchwolken aus seinem ehemaligen Labor kamen, und dann hätte er wahrscheinlich auch im Zeitungsartikel über die radioaktive Strahlung und das Deuterium gelesen und geschlossen, dass sich tatsächlich jemand mit dem Gewirr von Drähten und elektronischem Zeug am Magnum Opus versucht hatte und dass es zur Explosion gekommen war, weil der Pfuscher die Warnung des großen Moroenius missachtet hatte.

Ob Pepe wirklich nichts gedacht und nichts gemerkt hatte können wir nur vermuten. Es könnte durchaus gewesen sein, dass er nichts sagte, weil er schon längst weit über den Souffleuren und Adepten der spagyrischen Kunst stand und es schon allzu lange her war, dass er am Athanor gelitten hatte, um mit seinen Experimenten die wahre Natur der Dinge kennen zu lernen. Damals hatte er auf dem steinigen Weg die enge Pforte zum großen Magisterium und den Zugang zur wirklichen Erfüllung gefunden, die ihn weit über die profane Welt der im Labor schwitzenden Goldmacher erhob. Allzu vieles hatte er schon über den dunklen Abgrund, die wahre Sonne, das Wesen der Unendlichkeit, das sich ewig drehende Rad der Ouroboros-Schlange und die keimende, formbare und verwesende Seele der Dinge erfahren! Schon vor Langem wurde das vulkanische Feuer durch die unbändige Flamme der Leidenschaft verdrängt, alles über die wahre Natur und das Eine zu erfahren, das Leben verleiht und das Universum möglich macht.

Nach Pepes Frau aber stand fest, dass er beim Lesen nichts gedacht und nichts gemerkt hatte und dem Unfall am Institut nicht mehr Bedeutung zugemessen hatte als jedem anderen Unfall oder Verbrechen von der letzten Seite seiner Zeitung. Sie konnte doch nicht wissen, was er am Institut angefangen hatte! Nie hätte sie darauf kommen können, dass es um die Alchemie ging, die für Pepe mehr als eine Wissenschaft, Philosophie oder Religion war. Für ihn umfasste sie alles, was man tun, wissen, erfahren, glauben und hoffen konnte, nicht nur das, was in den Büchern und Manuskripten der alten und akzeptierten Meister stand. Es ging um das Eine, das in Wasser, Erde, Luft und Feuer war, das Eine der belebten und unbelebten Welt! Wörter, Sätze, Ideen, Zahlen, Zeichnungen, Musik und selbst die Sterne zeugten davon. Pepe hatte es in den unerwartetesten Orten gefunden und suchte es an den unmöglichsten Plätzen. Wenn er danach suchte, hätte man ihn auch an den unwahrscheinlichsten Orten antreffen können, wie etwa an Kirmessen, bei Fußballspielen, in teuren Restaurants und bei der Heilsarmee, in Nachtlokalen, Sex- und Modeläden, aber auch bei Autofabriken, Amts- und Gerichtsgebäuden, ja sogar in Kirchen und beim Schwangerschaftsturnen.

Pepe interessierte sich insbesondere um das Wesen des Erkennens und den Hang der Menschen, darüber nachzudenken und den Sinn des Seins kennen zu lernen. Seine bevorzugte Lektüre waren die alten Schriften der griechischen Gelehrten, die ihm eine unerschöpfliche Quelle waren. Er empfand ihre Schriften wie eine abenteuerliche Reise, bei der er immer Neues entdeckte und schon so viel über das Schicksal, die Vorsehung, die Freiheit und den Zwang der Menschen, ihre eigene Welt zu schaffen, kennen gelernt hatte, - und dennoch immer wieder zu neuen Abenteuern geleitet wurde. Leider war Pepe für diese Reisen nicht besonders gut vorbereitet und stieß auf allzu viele Hürden auf dem steinigen Pfad, der sich allzu oft im dicken Nebel verlor. Ganz besonders störte ihn, dass ihm die Finessen der griechischen Sprache entgingen und schon deshalb seine wunderbare Reise oft vorzeitig abbrechen musste. Kurz, Pepe hatte schon vor Monaten begonnen, seine Griechischkenntnisse aufzupolieren.

Seine Frau war denn auch gar nicht erstaunt, dass er seine Lupe in seiner Westentasche verschwinden ließ, die Zeitung mit Forzer ungelesen zur Seite legte und, weil ja ohnehin nichts über seine Pension darin stand, sein Studium der griechischen Grammatik wieder aufnahm.

Pepes Frau hat uns gegenüber verlauten lassen, dass sie ihren Mann wegen seiner Besessenheit mit den alten Schunken die ganze Zeit meistens nur noch zur Essenszeit sehe. Das sei schon am ersten Tag nach seiner Entlassung so gewesen. Als er sie an jenem fatalen Abend angerufen hatte, sei ihr Herz fast stillgestanden, doch habe er ihr dann gesagt, wie es um die Pension stand, und da habe sie sich gleich ausgemalt, was sie mit dem vielen Geld alles machen könnten. Sie habe sich richtig auf den neuen Neubeginn gefreut und habe bereits gesehen, wie regelmäßig und ruhig ihr Tag ablaufen würde. Von nun an würden sie jeden Abend einen gemütlichen Abend haben. Sie würden zusammen fernsehen, zusammen würden sie spazieren gehen, und um den Haushalt hätte sie sich nicht mehr ganz allein zu sorgen. Man würde zusammen den Garten pflegen, und bei Regenwetter würde er sich mit seiner Briefmarkensammlung beschäftigen oder ganz einfach still im Chesterfield sitzen und die Zeitung lesen. Ab und zu würden sie auswärts essen, und der Abfallsack käme auf den Straßenrand, ohne dass sie ein Wort zu sagen hatte. So nett und friedlich habe sie sich damals die Zukunft vorgestellt.

Nach Pepes Frau waren ihre schönen Pläne und Träume schon am Abend zusammengebrochen. Als nämlich ihr Mann endlich zu Hause war, grüßte er sie kaum und flog gleich nach oben, wo er sich in sein Studierzimmer einschloss. Kein Wort hatte er für sie, kein Wort über das Institut und nicht die kleinste Entschuldigung wegen der Verspätung. Wie es sich am nächsten Morgen herausstellte, hatte er oben all die

Abschiedsbriefe geschrieben, um von seinen zahlreichen Ämtern zurückzutreten, während sie unten den ganzen Abend ganz allein am Fernseher gesessen war. Auch der Morgen war anders, als sie es sich vorgestellt hatte. Vom gemütlichen Frühstück mit seinem Lieblingskäse, das sie zur Feier des Tages aufgetischt hatte, nahm Pepe nur einen Biss und begnügte sich mit einen einzigen Schluck Kaffee. Dann war er weg und wurde den lieben langen Tag nicht mehr gesehen. Und doch blickte sie immer noch dankbar in die Zukunft, jetzt wo sie doch so viel Geld und Zeit hatten, etwas zusammen zu tun. Leider aber war ihr Mann von da an beschäftigter denn je, auch wenn er keine einzige agronomische Aufgabe an der Universität hatte, kein einziges Sympostikum besuchte und abends nicht mehr zu den Kommunionssitzungen am Institut zu gehen hatte.

Die Hofhaltung mit den Studenten fand auch nicht mehr statt, in der Kirche war er seit dem fatalen Tag kein einziges Mal gewesen[25], und überhaupt nichts Sinnvolles hatte er seither gemacht. Uns gegenüber beklagte sich Pepes Frau, dass sie seither keinen einzigen gemütlichen Abend und keinen gemeinsamen Tag hatte, ganz abgesehen davon, dass ihr Mann eher eine Last als eine Hilfe im Haushalt sei. Nachdem die Schachteln mit den Büchern vom Institut angekommen waren, sei es noch schlimmer geworden, und der neue Neubeginn habe sich für sie als der Anfang eines ziemlich einsamen Daseins erwiesen. Wie vorher sei ihr Mann tage- und nächtelang in seinem Studierzimmer hinter den alten Schunken gesessen oder nicht zu Hause gewesen. Die ganze Zeit

---

[25] Dies zum Beweis, dass Pepes Frau wirklich ahnungslos und naiv war, denn für den, der das Licht des Einen gefangen hatte, konnte es in der Kirche keinen Platz mehr geben.

habe sie ganz allein kochen, waschen, abwaschen und Rechnungen zahlen müssen. Sogar den Rasen habe sie selber gemäht. Wenn sie ganz alleine am Fernseher sitze, als ob es ihren Mann gar nicht gäbe, frage sie sich oft, warum es so weit gekommen sei, habe aber dennoch nie herausgefunden, was ihn so fesselte. So einsam sei sie, dass sie sich geradezu verwöhnt vorkomme, wenn er sich ausnahmsweise um den Abfallsack kümmerte oder in der Küche beim Abwaschen half. Eine große Hilfe im Haushalt, wie sie es sich vorgestellt hatte, sei er bei Gott nicht! Wenn er zum Beispiel einkaufen gehe, was sehr selten vorkomme, vergesse er meistens das Wichtigste. Zudem sei dann die Einkaufstasche voll von unnötigen und teuren Luxussachen, die ja wirklich überflüssig seien, wo doch kaum mehr Besuch da war und auch die Studenten nicht mehr kamen. Manchmal habe er sogar neue Bücher dabei, als ob er nicht schon genug von denen hätte!

* * *

Pepes einsame Suchen nach dem Einen und Letzten der belebten und unbelebten Welt und seine Studien über das Wesen des Erkennens und dem Sinn des Seins hielten über ein Jahr nach der Explosion am Institut an. Dann aber endete sich sein zurückgezogenes Absondern von der Welt schlagartig. Es geschah auf einem seiner äußerst seltenen Einkaufsbummel und hatte damit zu tun, dass er mit Dobler auf dem Parkplatz des Shopping Centers im wahrsten Sinne des Wortes zusammenstieß. Als Dobler mit seinem Cadillac in die Allee zwischen den Reihen parkierter Wagen einbog, konnte er den rostigen Pickup-Kleinlaster, der ohne Rückfahrtlichter unvermutet aus seinem Parkplatz herausschoss, unmöglich vermeiden. Nach einem furchtbaren Knall verwandelten sich Doblers Windschutzscheibe in ein von Tausenden von Sprüngen glitzerndes Spinnennetz. Auf der Fahrerseite entstand ein Loch, durch das Dobler gerade noch sehen konnte, wie eine Kartonschachtel von der überladenen Brücke des brüchigen Lastwägelchens auf die Kühlerhaube seines Cadillacs plumpste, mit einem dumpfen Ton umkippte und ihren Inhalt auf die Fahrbahn ausleerte. Dann schnellte beim Pickup die Türe auf, und ein älterer Herr stürzte sich mit hochrotem Kopf wie eine Furie auf die Sachen auf der Straße. Es war Pepe.

Ein ganzes Jahr war Dobler versucht gewesen, seinen Meister aufzusuchen, hatte es aber wegen seines respektlosen Missbrauchs des großen Magisteriums doch nicht getan. Einst hatte er Pepes verschrobene Randbemerkungen, seine poetischen Ergüsse, die seltsamen Zahlen- und Buchstabenrätsel und die Zeichnungen, die nichts mit der Goldmacherei zu tun hatten, dumme und triviale Kindereien genannt und sie mit Quatsch und Phrasendrescherei abgetan. Seit bald einem Jahr aber wusste er, dass dahinter mehr als begeisterte Überschwänglichkeit oder Geheimniskrämerei stecken musste, und seither hatte ihn Pepes Poesie bezaubert. Ganz besessen hatte er sie täglich studiert, seziert, analysiert, und dennoch sind die wirklichen Geheimnisse seiner Goldproduktion das geblieben, was sie waren: Geheimnisse. Ja, es war kaum auszuhalten, das große Magisterium tagtäglich zu benutzen und nicht einmal zu wissen, was es mit dem Magnum Opus auf sich hatte.

Pepe kniete auf der Straße und war mit seiner Rettungsaktion so beschäftigt, dass er seinen Jünger mit keinem Blick würdigte. Nicht einmal einen Seitenblick hatte er für Dobler übrig, als der auch auf den Knien war und den geräucherten

Lachs, die Hummer, die Champagnerflaschen und all die Konserven von getrüffelten Gänselebern, Kaviar, Austern, Schnecken und Krevetten auflesen half. Erst, als alles in der Schachtel war und die Schachtel auf der Brücke des Pickups thronte, blitze Pepe mit dem linken Auge auf Dobler und zuckte mit der Schulter, als ob er sagen wollte, er habe Dobler schon erkannt, auch seinen Wagen gesehen, aber am Unfall sei er gar nicht schuld. Sonst zeigte er keine Regung, keine Spur von Überraschung, Wut, Freude oder Ärger. Gar nichts. Selbstverständlich war die Begegnung nicht gut genug, um die Brille aufzusetzen.

Pepe kam wie früher mit der dummen Frage nach Doblers Kindern und Dobler sagte, wie früher, mit keinem Wort, dass er gar keine Kinder habe. Vom Institut war nicht die Rede. Pepe hatte es vom Wetter und seiner Pension, - während die Zaungäste, die sich erwartungsvoll um die verbeulten Wagen herum geschart hatten, enttäuscht auseinander gingen, da absolut nichts auf eine gute Unterhaltung, schon gar nicht auf die erhoffte Schlägerei deutete. Er habe, so Pepe, eine ganz tolle Pension, könne jetzt endlich lesen, seinen Studien nachgehen und die verlorene Zeit nachholen. Leider sagte er mit keinem Wort, was er lese und studiere und wozu er die verlorene Zeit nachzuholen hatte. Dobler musste dabei ziemlich dumm drein geguckt haben, denn Pepe unterbrach seinen Monolog und fragte doch noch, wie es um ihn stehe.

Dobler hatte gleich gemerkt, dass Pepe an einer ehrlichen Antwort nicht interessiert war. Dennoch war es eine einmalige Gelegenheit, Pepe auf den richtigen Pfad zu lenken. Der aber rührte sich nicht und stand, wie erwartet, gelangweilt da, als Dobler mit seiner führenden Stellung bei den Avincenna Minenwerken begonnen hatte. Nicht einmal beim Firmennamen ist er hellhörig geworden! Dobler versuchte es dann mit seinem Wohlstand und bot an, Pepes Wagen auf seine Kosten reparieren zu lassen, doch Pepe nickte nur gleichgültig und sagte nichts. Auch als Dobler herausfordernd mit seinem Reichtum protzte und meinte, es würde ihm überhaupt nichts ausmachen, für Pepe einen neuen, größeren und bequemeren Pickup zu kaufen, nickte Pepe nur stumm. Keine Spur von Dankbarkeit, Neid oder Eifersucht war auf seinem Mondgesicht zu sehen, und, was das Schlimmste war, es gab gar nichts, was Pepe in ein richtiges Gespräch hätte verwickeln können.

Die großen Veränderungen am Institut und die Erinnerungen aus Pepes Zeit waren auch nicht gut genug. Es war als ob es nie eine Belegschaftsversammlung, eine Kaffeepause, ein gemütliches Rauchen am Hinterausgang, einen dummen Furzer oder einen Drachen in Blossens Vorzimmer gegeben hätte. Pepe stand da, nickte zu allem und ließ sich nicht einmal wegen der Explosion am Institut aus der Ruhe bringen. Dass die Feuerwehr wegen der hohen Konzentration radioaktiven Deuteriums alle Mühe hatte, den Brand zu löschen, schien Pepe so wenig zu interessieren wie jeder andere unbedeutende Unfall auf der letzten Seite seines Lokalblattes. Als Dobler ihm auftischte, Die-von-dort-oben hätten heimlich in Nuklearforschung gemacht, war dies Pepe so lang wie breit. Auch Doblers Behauptung, dass die versucht hätten, in die komplexe Atomstruktur der Metalle einzugreifen und dabei Elemente transmutieren wollten, wurde in den Wind geschlagen. Pepe stand da wie ein unbeteiligter Zuschauer, den das Eintrittsgeld für die Vorstellung reute, unerschütterlich und gelangweilt. Sein einziger Kommentar war:

- So
- Das verrückte APLOT, das Zosima-Projekt. Sie wissen's doch!
- Zosimos?

Pepes linke Auge blitzte auf, ein Netz feiner Adern bildete sich auf seiner Schläfe, aber Dobler war witzig genug, um nachzudoppeln und das Missverständnis zu seinen Gunsten zu nutzen. Es war zwar an den Haaren herbeigezogen, dass er auf die Drakke zurückkam, nur um sie mit Bestimmtheit von den gefälligen Töchtern Adams auszuschließen, die zur Abgeltung ihrer erotischen Liebesdienste von den Engeln des Zosimos mit der Kunst der Chemie beschenkt worden waren, aber Pepe war dennoch hellwach geworden. Als Dobler darauf auf die sieben Stufen zur Unterwelt und Zosimos Kupfermann anspielte, hatte Pepe seinen Mund weit offen, als ob er noch nie jemanden getroffen hätte, der in seiner veralteten Wissenschaft Bescheid wusste. Dann ging es los.

Leider schlug Pepes Redeschwall die falsche Richtung ein. Es war eine unaufhaltsame Vorlesung über die Welt und die Quelle aller Dinge, die Natur und die Schöpfung. Es ging um den Menschen und die Tausenden von Welten, die er sich geschaffen und nicht zu Ende gedacht hatte, - und dabei aus seiner falschen Idee von der Welt das Maß für sein Dasein machte. Pepe sprach über die tausend Wege, das Wirkliche zu erkennen, was unendliche Geduld, Vorsicht und Wahrhaftigkeit erfordere und dass es nur einen einzigen mit tausend Hindernissen gespickten gebe, um das Eine zu erfahren, das tief im eigenen Herzen gut versteckt schon immer da gewesen und nur demjenigen zugänglich sei, der Mut genug habe, es wissen zu wollen. Es ging um die menschliche Vorstellung von Ordnung, Raum und Zeit und um die Wirklichkeit, bei der es weder Ordnung, Zeit noch Raum gebe. Es war von Glaube, Hoffnung und Barmherzigkeit die Rede, die es nach Pepe nur gäbe, um die wirkliche Wirklichkeit mit unangebrachter Moral zu übertünchen. Dann sprach Pepe von der engen Pforte, wo der gewundene, steile Pfad ins Nichts beginnt, dem einzigen Ort, wo der Mensch alles finden und erfahren kann. Dobler wartete vergeblich auf ein Wort von den Freuden und Leiden am Athanor und von dem, was seiner Goldproduktion unterlag, denn Pepe war weit weg vom schillernden Pfau und dem seidenen Schleier auf der Krone des doppelköpfigen Helden. Kein Wort von der Schlangengalle, dem brennenden Wasser, dem toten Raben, dem Skorpion mit dem dreifachen Stachel, dem blanken zweischneidigen Schwert oder der gesprungenen Silbersaite. Nichts vom mächtigen Löwen, dem grauen Wolf, der Rebe der Weisen, den Tropfen der Aurora, dem Atoäther, dem himmlischen Teich, dem Morgentau oder der goldenen Muschel, schon gar nichts über das paradiesische Lustgärtchen, der lebendigen Quelle, dem Bächlein aus den ewigen Bergen, dem Triumph des Grals, den sechshundertsechzig Posaunen, dem Phönix im jungfräulichen Feuer, der doppelt doppelten Schlange, der siebenfachen Blume, der fünfzehnsaitigen Laute in den ewigen Gärten oder dem köstlichen Atem, mit dem die fünfundfünfzig Lilien die himmlische Stadt erwecken.

Dobler gab sich stumm alle Mühe, Pepes undurchsichtige Vorlesung mit den verwirrenden Worten und Begriffen aus der griechischen Welt und den schleierhaften historischen Anspielungen zu folgen. Wenigstens tat er so, als ob er dem Durcheinander als verständiger Bewunderer zuhörte, was wohl ausschlaggebend dafür war, dass Pepe immer mehr ins Feuer kam. Als sein Vortrag für die einen den Ton des billigen Jakobs am Jahrmarkt und für die andern die Allüre eines fanatischen Religionsstifters vor einer tausendfachen Menschenmenge angenommen hatte, da war der Kreis der Zaungäste wieder da. Ja, er hatte sich sogar deutlich verdichtet, doch Pepe merkte es erst, als die Kartonschachtel auf dem Pickup zu rutschen begann und er sie mit einem Stoß zurückschob und dabei wegen der Gaffer von Doblers andächtiger Aufmerksamkeit abgelenkt wurde.

Pepes Verlegenheit dauerte für Dobler lange genug, um rücksichtslos dessen Vorlesung mit seiner eigenen Geschichte zu unterbrechen. Sicher war es unhöflich und respektlos, wie er Pepe vor all den Zuschauern zum Schweigen brachte und mit seinem eigenen Redeschwall überraschte, doch er hatte ja gar keine andere Wahl, seinen Standpunkt anzubringen und es Pepe zu ersparen, zum Gelächter der verständnislosen Meute zu werden. Zudem war die Gefahr allzu groß, dass Pepe wegen der ungewollten Zuschauer abhaute und für immer verschwände.

Dobler begann seine Geschichte mit Pepes letztem Tag am Institut, Blossens Rausschmiss und den Gerüchten, die am Kaffeetisch herumgeboten wurden. Danach ging es über Arusashev, der alles umgekrempelt hatte, zurück zu dem Tag, an dem Pepe gefeuert wurde. Als Dobler dabei bei Pepes Pult im Untergeschoss und der Entdeckung im unteren rechten Ablagefach angekommen war, sass Pepes Brille fest auf der Nase. Dann aber hatte es Dobler von der praktischen Anwendung von Pepes Hinterlassenschaft, und die Brille fiel von ihrem festen Sitz und baumelte an Pepes Hals, während auf Pepes Schläfen die Äderchen dunkler wurden und mehr denn je hervorquollen. Unter Pepes buschigen Augebrauen schoss ein furchtbarer Blitz zu Dobler hinüber, als ob er sagen wollte, er habe mehr als genug vom monströsen und heidnischen Missbrauch des großen Magisteriums. Dobler aber ließ dennoch nicht locker und knöpfte ans APLOT gleich die starke Leistung Massuricks an, als der mit einem Tastendruck das überaus wichtige Projekt und Doblers Goldproduktion eingeweiht hatte. Pepes hervorstehende Venen hatten bereits deutlich abgenommen.

Als Dobler das zweite, ungewollte APLOT anschnitt, waren sie ganz weg. Ja, Pepe sah aus, als hätte er trotz des unheiligen Missbrauchs des Magnum Opus etwas für Doblers Geschichte übrig, vielleicht weil sich Doblers Geschichte immer mehr wie eine Beichte anhörte, vielleicht auch, weil Dobler bei der Gründung der Avincenna Minenwerke anlangte und vom Spießrutenlauf durch den Ämterwald erzählte. Als Dobler bei seiner ersten Goldproduktion und der Vermarktung seiner Produkte ankam, wurde aus der Erzählung ganz eindeutig eine Beichte. Pepe musste gemerkt haben, dass es Dobler wegen der ungehörigen Vergewaltigung des Großen Werkes ganz ehrlich leid tat und, weil er doch aus Geldgier das wirkliche Abenteuer der wahren Adepten nie erfahre durfte, aufrichtig bereute, nie von der Kunst aller Künste und dem einem wahren Licht geleitet gewesen zu sein. Jedenfalls hörte Pepe aufmerksam zu und schien Doblers Elaborat richtig zu genießen. Schon beim zweiten ungewollten APLOT war ein erstes Lächeln über seine Lippen gehuscht. Beim Bericht über die atomare Explosion aber begann er am ganzen Körper zu zittern, während seine Backen sich verzerrten und er übers ganze Gesicht knallrot wurde. Dann steigerte sich das Zittern zu einem unbändigen Beben und brach als nicht enden wollendes, unkontrolliertes Lachen aus, sodass es nun an Dobler war, wie angefroren dem entsetzlich dummen Schauspiel zuzuschauen.

Pepe krümmte sich vor Lachen. Während ihm die Tränen über die Backen liefen und seine Bauchkrämpfe in den Kopf schossen, wo sie sein Mondgesicht blau anlaufen ließen und mit einem Netz von Marskanälen überzogen, stand Dobler paff und erstarrt auf dem Parkplatz. Verdutzt schaute er auf die immer größere Menschenmenge, die sich um die zerbeulten Wagen scharrte. Immer mehr Gaffer waren da. Der Kreis um die beiden Alchemisten wurde immer dichter und bedrohlich eng, und doch kam es tief aus Doblers Innerstem, zog durch Dick- und Dünndarm, erweiterte seine Lungen, verzerrten seine Backen, brach als große Explosion aus und vereinte sich mit Pepes unbändigem Lachen, und während das Gelächter nicht enden wollte, ergriff es die immer größer gewordene Gaffermenge, und darunter mischten sich das Hupen von blockierten Wagen und die Sirene der Polizei, die die verstopften Parkplatzallee frei machen wollte.

Gut Blech!

Visita Interiora Terrae
Rectificando Invenies
Occvltum Lapidem.

VITRIOL

Dankesbezeigung

Ohne die tatkräftige Hilfe von Herrn A. Dobler wäre diese Studie nie zustande gekommen. Seine Kenntnisse und Erfahrung mit dem großen Magisterium und seine Bereitschaft, uns durch die umfangreiche Dokumentation zu leiten und unsere Fragen geduldig aufs Genaueste zu beantworten, waren eine unschätzbare Hilfe. Unser Dank gilt aber auch der Geschäftsleitung der Avincenna Minenwerke AG, die uns die finanzielle und moralische Unterstützung nie versagte.

Den vielen ehemaligen Institutsangestellten möchten wir unseren Dank ausdrücken, weil wir ohne deren Hilfe nur einen beschränkten Zugang zu Blossens und Pepes Berufsleben gehabt hätten. Für den vertieften Einblick in Pepes Privatleben danken wir seiner Gattin und deren Schwester, die es vorzogen, nicht namentlich genannt zu werden. Unser ganz spezieller Dank gilt Herrn Doktor B. Teufel, der uns nicht nur Blossens Akten, sondern auch manche vertrauliche Institutsakten zu Verfügung stellte. Seine zahlreichen mündlichen Mitteilungen waren von unbezahlbarem Wert.

Für ihre unendliche Geduld bei den zahlreichen überzogenen Kaffeepausen möchten wir der Vorsteherin unsere Unterstützungsgruppe, Frau Ettena Refonetta, unseren ganz besonderen Dank aussprechen.

Bibliographie

ALTUS 1677: Mutus liber. La Rochelle. in: Bibliotheca Chemica Curiosa, seu rerum ad alchemiam pertinentium thesaurus instructissimus. Band 2, hersg. zu Genf, 1702.
ANONYMUS 1699: Le triomphe hermétique ou la pierre philosophale victorieuse. Traité plus complet et plus intelligible qu'il y en ait eu jusqu'ici touchant le magistère hermétique. Ed. Henry Wettstein, Amsterdam.
ANONYMUS 1992: CRC Handbook of Chemistry and Physics. Edited by R.C. Weast, 7th ed. CRC Press, Boca Raton FL.
ARISTOTELES: Metaphysik. Übersetzt von A. Larsson. Jena. 1907. Felix Meiner Verlag. Hamburg. 1978.
ATWOOD, M.A. 1920: Suggestive Enquiry into the Hermetic Mystery. New York 1960.
BLOSS B., V.N.P. MASSURICK 2003: Recent Progresses in Heliophobic Transmission of High Energy Corpuscles. Transsyl. Nat. Res. Council Rep. APL02: 43-44.
DOBLER E. 2006: Private Mitteilungen.
GEBER (DJABIR) 878: Summa perfectionis. London (1928): E. J. Holmyard.
HOHENHEIM, VON, Theophrastus Bombastus Aureolus Philippus 1538: Sämtliche Werke, Abteilung I. Kärntner Schriften, Ausgabe des Landes Kärnten. Zusammengestellt von K. Goldammer. Klagenfurt 1955.

HÖSLI J. P. 1982[26]: Wood Preservation in the Pre-industrial Period. The International Journal of Wood Preservation. 2(1): 29-36

IBN SINA (Avincenna) 1027: Buch der Genesung, Kapitel 24: Metaphysik. Pressedienst der Universität Isfahan 1029.

JUNG. G.C. 1937: Die Visionen des Zosimos. Eranos V.

JUNG, G.C. 1953: Psychologie und Alchemie. 4. Aufl., Olten 1975: Walter Verlag.

LAMBSPRINCK DE, B. 1677: Petit traité sur la pierre philosophale du très ancien et philosophe Germain Lambsprinck. In: Museum Hermeticum reformatum et amplficatum (Frankfurt a. M.). Ed. Robert Laffont, Paris, 1972.

MAGNUS, A. 1250: Opera omnia. 2. Ausg. 1987. Darmstadt: Wiss. Buchgesellschaft.

RECHSTEINER, J. C. 1824: Handwörterbuch der zur Erklärung in Büchern und Schriften, sowie im gemeinen Leben am meisten vorkommenden fremden Wörter und Redensarten für Geschäfts- und Gewerbeleute, Beamtete, Zeitungsleser, oder überhaupt für Nichtgelehrte. Ebnat, Canton St. Gallen: Abraham Keller'sche Buchhandlung.

SINGER, J. 1983: Die erfahrbare Welt und die supponierten denkendentworfenen Welten. Diss. Univ. Basel 1979. Zürich: Juris Druck und Verlag.

SWEDENBORG, E. v. 1779: De aurum philosophicum. Proceedings of the Cabb. Assoc. Ann. Convention, Part I, London: 1730-2400.

STOLCENBERG de, D. S. 1624: Viridarium Chymicum, Figuris Cupra Incisis Adornatum Poeticic Picturis Illustratum:

---

[26] Diese Publikation mangelt jeglicher Pertinenz und wurde nur wegen der alten und allgemein angenommenen Tradition aller wissenschaftlichen Autoren, sich selber zu zitieren eingefügt.

Ita ut non antum oculorum animi creationem supeditet, sed profundiorem rerum naturalium considerationem excitet, ad hoc forma sua oblonga amicorum albo insevire queat. Frankfurt: Editio Lucae Iennis
TRIMOSIN, S. 1576: Splenor Solis oder Sonnenglanz. Herausgegeben von G. Hohle. Eggenbrecht Presse 1972
TRIMOSIN, S. 1598: Aurum veloce, oder Gülden Schatz und Kunstkammer: Darinnen der aller fürnehmsten, fürtrefflichsten, auserlesensten, herrlichsten und bewehrtesten Auctorum Schrifften Bücher, aus dem gar uhralten Schatz der überblibnen, verborgnen, hinderhaltenen Reliquien und Monumenten der Aegyptiorum, Arabum, Chaldæorum & Assyriorum, Königen und Weysen, von dem Edlen, Hocherleuchten, Fürtreffenlichen, bewehrten Philosopho Salomone Trismosino (so des großen Philosophi und Medici Theophrasti Paracelsi Præceptor gewesen) in sonderbare underschiedliche Tractätlein disponiert, und in das Teutsch gebracht. Sampt anderen Philosophischen alter und newer Scribenten sonderbaren Tractätlein, alles zuvor niemalen weder erhört noch gesehen, wie der Catalogus zu verstehen gibt. Durch einen der Kunst liebhabern mit grossem Kosten, Mühe, Arbeyt und Gefahr, die Originalia und Handschrifften zusammen gebracht, und auffs trewlichest und fleissigst an Tag geben. Getruckt zu Rorschach am Bodensee 1598. Neudruck vom K.G. Verlag in London: 1920.
VALENTIN B. 1624: Les douzes clés de la philosophie, commenté par E. Canselict. Paris 1956: Editions de Minuit.
VALENTIN B. 1677: De prima lapidis philosophica. In: Chymic Collection of Basilius Valentinus Ordinis Benedicti. London (1960): A. Waite ed.

Anhang

I Definitionen

Am Abend des denkwürdigen Tages, als Pepe sein Büro geräumt und das Institut unter den in Kapitel 4.1 beschriebenen merkwürdigen Umständen verlassen hatte, fand Dobler Pepes Notizen, welche ein wichtiger Teil der Unterlagen zu dieser Studie sind. Das ziemlich vergilbte Bündel ist immer noch in unserem Besitz, doch wagen wir es aus moralischen Gründen[27] nicht, das Dokument in seiner Ganzheit zu publizieren. Um dem Leser dennoch Einblick in Pepes Denken zu geben und das Verständnis für dessen Entwicklung zu erleichtern, geben wir einen Auszug von Pepes Literaturrecherchen wieder. Bei der Auswahl aus der langen Liste der Definitionen aus Pepes Sammlung haben wir sorgfältig unsere persönliche Bevorzugung so gut wie möglich vermieden und nur Einträge berücksichtigt, die Pepe entweder mit roter Tinte markiert oder mit seinen eigenen Kommentaren ergänzt hat. Wir legen großen Wert darauf, dass alle Einträge exakte Kopien der Originale sind und dass die Ungenauigkeiten und falschen oder fehlenden Quellenangaben nicht unserer Nachlässigkeit zuzuschreiben sind. Es sei darauf hingewiesen, dass die Einträge alphabetisch angeordnet sind, um eine kritische Würdigung zu erleichtern und allfällige Dissertationen zu beschleunigen.

AHASVERUS. Auch bekannt als Ashashvoruch, Xerxes, der römische Kriegsknecht Milchius oder der Schuhmacher, der Jesus von Nazareth auf seinem Leidensweg beleidigt hatte und zu ewigem Leben verdammt wurde. Seine letzte urkundlich bestätige Erscheinung stammt vom 13. Mai 1759, als er mit einem roten Elixier in Värnamo gesehen wurde.

---

[27] Siehe Kapitel 3.1.1 und Fußnote 13.

Gleiche Buchstaben! Graf Saint-Germain wurde auch dort gesehen.
ALBERTUS MAGNUS. Graf von Bollstätt, Scholastiker, lebte 1200-1280. Wurde 1931 zum Heiligen erklärt. Er war Philosoph und Bahnbrecher verschiedenster Disziplinen und trachtete griechische, arabische und jüdische Kultur zu versöhnen. Seiner umfassenden Kenntnisse wegen wurde er der Zauberei verdächtigt.
Magnus GmbH!
ALCHYMIE. Die angebliche künigliche Kunst rohe, unausgebildete Metalle in edlere, kostbarere, z.b. in Gold oder Sylber zu verwandeln, und daneben noch eine Universalmedicin, ein allgemeynes oder angeblich für alle Fälle dienendes Heilmittel, gegen mancherley Kranckheiten zu bereiten, auch der Stein der Weisen genannt.
Pinkepinke, Zauberei
ARISTOTELES. Platons Schüler. Seine Lehre umfasste das ganze antike Wissen, einschließlich Logik, Physik, Metaphysik. Aristoteles unterscheidet zehn Kategorien des Bewusstseins um zu betonen, dass die Frage nach dem Sinn des Lebens nur beantwortet werden könne, wenn die Frage nach der Natur der Materie gestellt wird. Er unterscheidet drei Arten von Materie, nämlich die verderbbare, die wandelbare und die unverwandelbare. Die Metaphysik ist ein Prozess, um von der ersten zur letzten zu gelangen. Aristoteles war auch Astronom und Athens Retter. Es wird ihm nachgesagt, dass er im Alter von Frauen missbraucht worden sei.
So eben, ist das Leben, Herr Bloss.
AVINCENNA, IBN SINA. Schrieb ein Kompendium der Medizin, Physik, Logik, Metaphysik und der Mathematik. Sein Beweis, dass die Sternbilder in engem Zusammenhang mit Ereignissen auf der Erde stehen, führte zur Weiterentwicklung der Alchemie und der Schaffung einer dualistischen

Philosophie, die besagt, dass zwei entgegengesetzte Prinzipien alle ideellen und realen Dinge definieren.
Band 24, Seite 123: Alle Strahlen haben sowohl Wellencharakter als auch materielle Eigenschaften. Stimmt auch für atomare Strahlung von Deuterium.
CAUSTICUM LUNAE. Lapis infernalis.
Silber Nitrat.
COPULATIO. Eine Konjunktion zweier entgegengesetzter Substanzen.
d. h. die äußerst wichtige Verbindung des Fixierten mit den Flüchtigen.
ELEMENTE. Nach Empedokles besteht die sublunare Welt aus vier unveränderlichen Elementen, dem Feuer, der Luft, dem Wasser und der Erde, wobei vier grundlegende Eigenschaften die Erscheinungsform dieser Elemente bestimmen, nämlich Wärme, Feuchte, Kälte und Trockenheit. Die Alchemisten haben das System verfeinert, indem sie drei grundlegende Prinzipien definierten, die sie Schwefel, Salz, und Quecksilber oder Mercurium nannten. Sie nahmen auch ein fünftes Grundelement an, die Quintessenz oder das philosophische Licht, das alle Materie durchdringt und ihr Leben einhaucht.
√!
GNOSTIKER. Weil die Menschen in einer unteren, materiellen Welt gefangen sind, ist die Materie gegen Gott, wird aber vom ewigen Licht überwunden, das die verlorenen Lichtteilchen sammelt und zurück an den Ursprung alles Seienden bringt.
Theosophische Spekulation der Manichäer, Katharer, Mandäer etc. Siehe Saturin, Valentin, Böhme, Baader, Schelling.
HERMES TRISMEGISTOS. Der Dreimal Größte. War der berühmteste Magier und Weise und war im Besitz der größ-

ten und geheimsten heiligen Schätze, auch Merkur genannt, der Beschützer der Kaufleute und Diebe. Nag Hammadi, Asclepius, Apuleius, Paracelsus.
Die gute, alte Omertà des Zusammenhangs!
HERMENEUTIK. Griechisch, Die Auslegungs- und Erklärungskunst.
Nicht wichtig.
HUDOR THION. Eine tieforange Flüssigkeit, die durch Auslaugen von Blumen in einer kalkigen Schwefellösung gewonnen wird.
Nach Zosimos göttliches Wasser oder Schlangengalle genannt.
INQUISITION. So heißt ein ehemaliges furchtbares Ketzer-Gericht, das den Ungläubigen oder wegen Abweichung vom Kirchenglauben Verdächtigen, wie Katarer, Manichäer, Alchemisten oder Zauberern nachspürte, die sie in schreckliche Gefängnisse verschließen und zum Verbrennen auf dem Scheiterhaufen verurteilen konnte. Der Prozess wurde mit einer Denunziation eingeleitet, dann folgte üblicherweise eine diskrete Warnung, die Verhaftung, die Folter und das Urteil. Denunzianten und Zeugen waren dem Angeklagten nicht bekannt, und seine Verteidigung war nicht zugelassen. Die Inquisition wurde 1965 während des zweiten Vatikanischen Konzils abgeschafft.
Leider. Die Drakke auf den Scheiterhaufen.
KABBALA. Pseudoepigraphische Mysterien aus Jüdischer Tradition. Hauptwerk ist das Buch Zohar, das fälschlicherweise dem Tannaiten Simon Bor Jochar zugeschrieben wird, aber in Wirklichkeit von Moses Ben Schemtor de León verfasst wurde. Die Sephirots oder zehn Stufen des Bewusstseins sind die Ursache der Existenz des Menschen und seines Universums. Die Kombination der zehn Sephirots und der zwei-

undzwanzig Buchstaben des hebräischen Alphabets definieren daher die ganze Welt. Buchstaben- und Zahlenzauberei.
Arusashev ist auch jüdisch.
KATHARER, MANICHÄER. Häretiker aus der frühen Christenheit, die ihren Glauben nach dem Johannesevangelium richteten. Sie glaubten, dass die Welt von zwei gegensätzlichen Prinzipien beherrscht wird, und alles von der Wechselwirkung von Licht und Erde bestimmt wird.
Licht!
LIXIVIATION. Feuchte Oxidation von Schwefelerzen.
Das ist Vitriol.
MAGISCHES QUADRAT. Ein Rätsel mit Buchstaben, Wörtern oder Zahlen, dessen geheime Botschaft meistens nur von initiierten Zauberern entziffert werden kann.
Nicht immer! Siehe: John Dees Codex Casselanus.
MATERIA PRIMA. Die Alchemisten haben diesen grundlegenden Begriff von der scholastischen Philosophie übernommen, um die schwarze Materie zu bezeichnen, die sie während des Magnum Opus gewannen und brauchten, um den Stein der Weisen herzustellen. Nach Paracelsus wird die Materia Prima unter dem Einfluss der Archeus zum Universalheilmittel, auch Spagyricum genannt.
Basilius Valentinus: Gott schaffte das Chaos, die ursprüngliche Materia Prima, die erst nach der Schöpfung Form annahm.
NEU-PLATONISMUS. Alle Existenz kommt von der Quelle aller Dinge, die mit ihren Strahlen allem Material seine spezifischen Eigenschaften verleiht. Sowohl die hermetische Lehre, als auch die magische Tradition der islamischen Welt sagen, dass das Wesen des Seins erforscht werden kann, wenn das Material einer umfassenden Reinigung unterzogen wird und dabei die Quelle aller Dinge abgesondert wird.

NOSTRADAMUS. Michel de Notredame. Astrologe und Leibarzt vom französischen König Karl IX. Er kannte das Schicksal der Menschheit vom dunkelsten Ursprung bis hin zum vollendeten Licht. Die Alchemisten behaupten, sein Meisterwerk *Prophéties* enthalte ein vollständiges Rezept zur Vollendung des Magnum Opus.
32, VI: 2 bis 7 !???
PARACELSUS. Theophrastus Bombastus Aureolus Philippus von Hohenheim. Wissenschafter und Erfinder von verschiedensten Tinkturen, die er dank seiner Theorie von vitalisierenden Kräften entwickelt hatte. Die Prinzipien von Schwefel, Salz, und Mercurium wirken dank des Lebensgeistes, dem Archeus, wenn sie den grundlegenden chaotischen Kräften ausgesetzt sind.
Chaotisch - Massurick gehört auch dazu!
SAINT-GERMAIN, KUNRATH, BALSAMO, CAGLIOSTRO, ABULAFIA, AHASVERUS, Philosophen, Chemiker and Experten für Tinkturen.
Alle dieselbe Person?
THEOSOPHIE. Vermeintliche Gottesweisheit, Geisterseherey, schwärmerische oder betrügerische Goldmacherey. Die Theosophen wollen die Welt als Ausdruck einer göttlichen Kraft verstehen. (Hermes, Gnosis, Kabbala, Böhme, Ruusbroek, Swedenborg, Blavatsky).
Erforschung der Materie mit extrasensoriellen Techniken.
~~TRANSMITTIERENDE GASTROENTERITIS~~
TRANSZENDENTAL. Eins ist Alles, wahr, bewusst gut und unbewusst perfekt.
Sie nicht, meine Herren!
ZAUBERBÜCHER. Anweisung. um natürliche Prozesse mit übernatürlichen Kräften zu beeinflussen.
Hausväter Literatur, Romanus, Coloman, The Drake of Fire, Die 33 Geheimnisse, Albertus Magnus, Starici Tre-

sor, *Albert Glorezs Buch der Wunder, Das weiße Buch von Sarnen, Valentin en Herbe.*
ZAUBEREI. Murray behauptet, dass sie auf immer noch gepflegte vorchristliche Traditionen zurückgehe. Um einen persönlichen Vorteil zu erzwingen, bedient man sich folgender Techniken: Analogiehandlungen, ansteckende Handlungen, Zuhilfenahme von Geistern, die bei rituellen Manipulationen erweckt werden.
Persönlicher Vorteil! Ansteckend!
ZOSIMOS OF PANAPOLIS. Griechischer Alchemist, 4. Jahrhundert v. Chr. Oberägypten, *Chemeutika*, 28 Bände, Band 24 erhalten. Soll künstliches Gold gemacht haben. Ganz oben auf Seite 357!!!!

II Technische Grundlagen[28]

Details von Pepes Entdeckungen zu veröffentlichen, wäre bestimmt fehl am Platz, weil gewisse Leser Pepes Rezept missbrauchten und es zu der oben beschriebenen Katastrophe kommen könnte. Weil wir der Warnung des großen Moroenius Rechnung tragen wollen, haben wir in diesem Bericht auch nicht erwähnt, welches Ausgangsmaterial Pepe verwendet hatte. Es sei aber dennoch nicht unerwähnt, dass Pepe es weder beim Studium der Vermächtnisse der alten Meister in seinen Akten noch durch Versuche mit einer Reihe von Kandidatenchemikalien gefunden hat. Vielmehr dürfte der Zufall eine wesentliche Rolle gespielt haben, denn wir fanden verschiedene Notizen, die uns vermuten lassen, er habe das Ausgangsmaterial beim Vergleich zweier allegorischen Darstellungen gefunden, die zufälligerweise in der richtigen Anordnung auf seinem Pult lagen. Weil er ja so stark schielte, musste er dabei ein dreidimensionales Bild gesehen haben, das ihm den entscheidenden Hinweis verschaffte. Wir gingen durch alle graphischen Darstellungen, Stiche, Lithographien und Skizzen und konnten tatsächlich eines der Bilder identifizieren. Es war Figura XCV von Stolcenberg's *Viridarium Chymicum*. Leider konnten wir das komplementäre Bild nicht finden.

Ganz entscheidend für Pepes technische Kenntnisse war der folgende Auszug aus Trigemists *Testament: Philosophen teilen profanes Wasser in Vier: Eines in zwei, und drei in Eines, wobei ein Drittel die Farbe der koagulierten Feuchtigkeit ist und das andere die*

---

[28] Bei der Verfassung von Anhang II und III haben wir ganz speziell an unsere Leser gedacht, die sich am Magnum Opus versuchen möchten

Schwere des Weisen. Nimm ein einundeinhalb Unzen Morgentau und ein Viertel oder etwa eine halbe Unze Mittagsröte als Seele, oder einundeinhalb Unzen Ferment als Hälfte der Goldfarbe, und Du hast drei Unzen. Du sollst auch wissen, dass sich die Rebe in drei Teile teilt und dessen Wein in dreißig. Verstehe nun das Werk: Die Dekotion verkleinert die Masse und die Lixiviation vergrößert sie, denn der Mond nimmt ab nach vierzehn Tagen und nach dem Dritten nimmt er zu. Dies ist der Beginn des Endes. Ich habe enthüllt, was verborgen war, denn das Werk ist in Dir und um Dich. Du findest es sowohl in der Erde als auch im Meer.

Es sei an dieser Stelle erwähnt, dass auf Trigemists *Testament*, ganz im Gegensatz zur *Smaragdenen Tafel*, die von allen alten Meistern über und über zitiert wurde, äußerst selten Bezug genommen wird. Wir wissen von Apollonius von Tyrs *Chronica*, dass Alexander der Große beide Dokumente in Besitz genommen hatte, als er in der Oase Siwa Amons Tempel besuchte und dort tief unter die Erde gestiegen ist, um in der Krypta Trismegists Grabmal zu besuchen. Von Apollonius wissen wir auch, dass Alexander geplant hatte, beide Dokumente in der zukünftigen Bibliothek von Alexandria aufzubewahren, dass aber der Historiker Aristoboulos den Plan sabotiert hatte. Er habe nämlich Trismegists *Testament* entwendet und zu sich nach Thrazien geschmuggelt, wo es bestimmt vergessen worden wäre, hätte nicht Sultan Murad der Große das Land erobert und ins Osmanische Reich eingegliedert. Dass es in der Folge in der staatlichen Schatzkammer in Istanbul aufbewahrt worden war, wissen wir vom Kadi des Großveziers für das Emirat von Thrazien, Ibn Ben Liar, der das Testament ins Griechische übersetzte. Wie es von dort in die westliche Welt kam, wissen wir nicht, noch viel weniger, wie es in die Hände der Alchemisten geriet. Die einzige Referenz des *Testaments*, von der wir Kenntnis haben, ist in Apuleius' *Corpus Asclepii* zu finden, - was sehr erstaunlicht ist, ist es doch möglicherweise noch heute ein in höchster Achtung gehaltenes Schlüsseldokument der Adepten. Wie es seinen Weg zu Pepe gefunden hatte, ist uns ebenfalls schleierhaft, obschon wir mit Sicherheit sagen können, dass es sich bei Pepes Kopie um eine uralte Originalabschrift handeln muss. Bei der in diesem Kapitel eingehend beschriebenen Rekonstruktion von Pepes Gedankengängen berufen wir uns auf fünf Photokopien von Trigemists *Testament*, die über und über mit Pepes Randbemerkungen auf der Vorderseite und seinen Kommentaren auf der Rückseite übersät sind. Pepes Notizen lassen uns daher mit guten Gründen behaupten, dass das *Testament* tatsächlich sein Schlüssel zum Magnum Opus war. Anfänglich aber stak der Schlüssel festgeklemmt im Schloss der engen Pforte, die Pepe zum großen Werk führen sollte. So war er eher ratlos, als er das *Testament* zu studieren begann und musste sich wie ein Einbrecher gefühlt haben, der alle möglichen elektronischen Geräte bei sich hatte, aber den Hammer vergessen hatte, mit dem er das rostige Schloss hätte in Stücke schlagen können. Den Randbemerkungen nach hatte er nämlich versucht, das Rätsel zwischen den Zeilen zu entziffern, aber keines der semiontischen und semantischen Nachschlagewerke, der Lexika für Herkunft- und Fremdwörter, nicht einmal die chemischen und physikalischen Tabellen hatten ihm weitergeholfen. Das Symbollexikon hatte jämmerlich versagt, und mit den Regeln der Logik und der Grammatik war auch nichts anzufangen.

Dann aber las er sich den Text noch einmal laut vor und ließ sich dabei von seinem Spürsinn leiten, was ihn schließlich zu der folgenreichen Idee brachte, dass Hermes ganz einfach sagen wollte, das Wasser sei in vier Teile aufzuteilen. Die Aufspaltung in drei Teile wäre noch angegangen, denn Wasser enthält ja Wasserdampf, den man ohne weiteres als 'Luft' bezeichnet könnte, während die im Wasser enthaltenen Salze

'Erde' genannt werden könnten, was zusammen mit dem flüssigen Wasser aber leider nur drei Teile ergäbe. Pepe musste dabei ans Zosima Projekt gedacht und so das vierte Element gefunden haben, womit er gleichzeitig den Hammer zum Zerschlagen von Trigemists rostigem Schloss gefunden hatte. Es gab für ihn doch keinen Zweifel, dass Trigemist nicht an Wasser gedacht hatte, sondern an etwas, das dem natürlichen Wasser ähnlich war. Das vierte Element konnte gar nichts anderes als deuteriumhaltiges, schweres Wasser sein! Warum denn sonst hatte der dreimal Große als letztes Wort seines *Testaments* 'Meer' gesetzt[29]?

Dass deuteriumhaltiges zunächst von gewöhnlichem Wasser getrennt werden musste, lag auf der Hand. Weniger offensichtlich war, dass das Schwerwasser selber in verschiedene Komponenten aufgetrennt werden muss. Die Aufzeichnungen nennen die neuen Produkte 'Die Farbe der koagulierten Feuchtigkeit' und 'Die Schwere des Weisen', was eindeutig beweist, das Pepe bereits verstanden hatte, die 'Zweiundzwanzig Wege' aus Kunraths *Amphitheatrum Sapientiae Aeternae* mit Trismegists *Testament* zu verknüpfen, - womit der Morgentau ganz eindeutig ein wesentliches Zwischenprodukt geworden war, das mit dem deuteriumhaltigen Destillat, der Mittagsröte, vereint werden muss! Ja, wir hatten auf der Rückseite einer der Photokopien sogar einen sehr genauen und eingehenden Kommentar über Philaleths 'Licht aus dem Meridian' und wirklich gute Notizen über Trimosins Buch V, Kapitel 12 gefunden, wo Pepe es fertig brachte, Abulafias berühmtes 'Erste und perfekte Licht' in einer verständlichen

---

[29]   Eine von Pepes Randbemerkungen war die wörtliche Kopie aus der Enzyklopädie: "Verglichen mit anderen Vorkommen, ist Meerwasser besonders reich an Deuterium".

Sprache wiederzugeben. Hätte Pepe nicht so hartnäckig geglaubt, dass die Morgenröte, das Ferment und alle anderen Beschreibungen des Einen materielle Dinge aus unserer Welt waren, wäre er damals schon sehr nahe an der Lösung des unlösbaren Rätsels gewesen. Pepes hartnäckiges Festhalten an seiner falschen Meinung brachte ihn nicht vom richtigen Weg ab, wie das eigentlich zu erwarten gewesen wäre. Eine wesentliche Rolle mag dabei auch der Zufall gespielt haben, als Pepe Philaleths Figura 12 aus Kapitel 3 des *Eritreus* dummerweise verkehrt herum anschaute und dabei die Symbole ▲ und ▼ verwechselte. Die Folge davon war höchst glücklich, weil damit Trigemists 'Himmlischer Garten' zum Ausgangsmaterial des großen Werks wurde. Selbstverständlich wusste Pepe, dass alle möglichen Ausgangsstoffe in Frage kommen[30], dass er aber den vier flüssigen Geistern aus Chaussers *Hermetic Triumph* ganz besondere Bedeutung zumaß, dürfte den Weg zum großen Werk wesentlich abgekürzt haben. Zudem machte er einen gewaltigen Schritt vorwärts, indem er Orpiment, Ammoniak und Schwefel ausschloss und allein Quecksilber, das Mercurium der alten Meister, in Betracht zog. Es ist ja nicht nur fähig, Gold und Silber aufzulösen, nein, es ist auch das einzige flüssige Metall, das die Alten kannten. Außerdem hatte es seit jeher eine ganz besondere Stellung bei den Meistern, die ja nicht von ungefähr dem der Sonne nächsten Planeten den Namen Merkur gegeben hatten. Das Mercurium, der Himmelsbote und Träger des ewigen Lichts, war auch Pepes Führer durch die enge Pforte, denn das unfassbare Mercurium

---

[30] Nach den Großen Meistern kamen wirklich alle möglichen Materialien in Frage. Siehe z.B. Plinus 92 AC: *Naturalis historiae* 1, XVII, 50-1): Fimi plures differentiae, ipsa res antiqua.

bescheint das Dunkle, verwandelt Metalle in ewig edles Gold und ist das wahre Philosophenlicht, das Körper und Geist zu sublimieren vermag. Pepe hatte die verschiedensten Quecksilberverbindungen einzuschließen, hatte doch Altmeister Digby mehrfach betont, Mercurium sei kein Metall, sondern ein metallenes Prinzip und gerade deshalb der wichtigste Schlüssel zum Geheimnis. Für Pepe kamen daher alle möglichen Elemente in Frage, die mit Kationen ein Salz bilden. Zudem wurde dem König immer die Königin beigegeben, und alle Meister der Kunst haben darauf beharrt, dass der Hahn nur dann gerufen werden soll, wenn Morgentau unter dem Venushügel zu finden ist. So fand Pepe unter den Chemikalien, die den Alten bekannt waren, Chloride, Acetate und insbesondere Tartrate vielversprechend. Von Karbonaten, Sulfaten, Alaunen und Boraten hatte er abzusehen, weil sie unter 450°C nicht schmelzbar und somit für die Rezepte der Meister ungeeignet sind. Acetate, Nitrates und Tartrate wurden wegen ihrer Flüchtigkeit auch verworfen. Am Ende blieben ihm nur wenige, auserwählte Chlorverbindungen übrig. Flüssige Chlorverbindungen kamen selbstverständlich nicht in Frage.

Dies bedeutete aber keinesfalls, dass Deuterium keine Rolle zu spielen hatte. Ganz im Gegenteil. Es war sogar ein wesentlicher Schritt zu merken, dass es mit der Quecksilberverbindung zu reagieren hatte, um den Stein der Weisen, das Spagyrische Elixier, das rote Pulver zu bilden, das dem Adepten den einzigen materiellen Beweis für seinen Erfolg und Triumph in der königlichen Kunst erbringen konnte. Ganz wichtig war aber auch Pepes Idee, dass die Verschmelzung von Quecksilber und Deuterium nur dann erfolgen kann, wenn der Prozess von selbst abläuft, und dass dies nur geschieht, wenn dabei genügend Energie frei wird. Bestimmt hatte Pepe versucht, mit seinen Mittelschulbüchern aus dem

Gestell mit den getönten Glastüren die Energiebilanz zu berechnen, und bestimmt war er erfolglos, denn Dobler hat uns erzählt, dass Pepe mit seiner dummen Frage nach den Kindern im Büro aufgetaucht sei und sich lang und breit die Tabellen aus dem *CRC Handbook for Physics and Chemistry* habe erklären lassen.

Aus den Notizen von der Rückseite der Photokopien entnahmen wir, dass Pepes erste Berechnungen enttäuschend waren. Mindestens dreimal musste er nachgerechnet haben, bis er doch noch zugeben musste, dass bei der Umwandlung von Wasser in Deuterium keine Energie frei wird und dass der Prozess 2*2226 =PLUS 4453 keV verbraucht. Die Berechnung der Energiebilanz für eine mit der Quecksilberverbindung kombinierte Reaktion war äußerst schwierig, doch Pepe hatte die brillante Idee, dass die Bildung von Deuterium dann vonstatten gehen könnte, wen gleichzeitig Folgendes geschieht:

$$^{196}_{80}Hg \rightarrow\; ^{198}_{80}Hg\, , \text{wobei}$$

$$1'567'121 - 1'551'923 = \underline{MINUS}\; 15'298\; keV.$$

Dies bedeutet, dass bei der Anwesenheit von Quecksilber 10846 keV frei werden, womit Pepe den unwiderlegbaren Beweis gefunden hatte, dass das Magnum Opus der großen Meister auch modernen Betrachtungsweisen standhielt. Leider war das brillante Resultat in Bezug auf die wahren Geheimnisse völlig nutzlos, denn gar nichts deutete auf die Natur der Aktivierungsenergie, die ja absolut nötig war, um den Prozess auszulösen. Trotzdem musste Pepe an Trigemists 'Sonne' gedacht haben, das wahre Philosophenlicht, das Valentinus in seinem Meisterwerk *Prima Lapidis Philosophica* als 'Bote des Einen' und 'Quelle aller Dinge' beschrieben hatte. Das ewige Licht, das alles durchdringt und während der wochenlangen Einwirkung auf das Ausgangsmaterial den Raben sterben lässt, das himmlische Bächlein erweckt, den Phönix seiner Asche entfliegen lässt und dem Stein der Steine Leben einhaucht. Pepe tat einen weiteren Schritt zu seinem Glück, als er beschloss, die Erforschung der Herstellung des Steins zurückzustellen und sich auf dessen Gebrauch zu stürzen, war es doch unendlich viel einfacher, das Problem am Schwanz anzupacken, als die komplexe Operation zur Herstellung des Steins der Weisen zu verstehen. Nicht von Ungefähr war dabei Pepes erste Überlegung, dass, wie bei der Produktion von Deuterium, auch bei der Transmutation von gewöhnlichen Metallen in edlere Energie frei werden muss. Er wusste ja, dass die Meister die Transmutation immer mit Wärme, Strahlen oder lauten Geräuschen in Verbindung brachten. Ingalese erwähnte sogar Explosionen und lautes Geknatter wie von einem Maschinegewehr, und Helvetius berichtete, dass der Tiegel wegschmilzt, wenn ein Übermaß von Stein dazugegeben wird. Ebenso wichtig, wenn nicht noch wichtiger war, dass sich Pepe an Flamel hielt und an Blei zur Verwandlung in Gold dachte. Nur dieses außerordentliche Metall konnte doch die Protonen wieder verwenden, die bei der Umformung von Wasser in Deuterium frei werden:

$$^{207}_{82}Pb + 3\,^{1}_{1}p \rightarrow\ ^{197}_{79}Au + 3\,^{4}_{2}He + ^{1}_{0}n\,,\ \text{wobei}$$

$$1630080 - (1560030+28296+28296+28296) = \underline{\text{MINUS}}\ 14838\ \text{keV!}$$

Pepe lag auf der ganzen Linie richtig: Der Prozess läuft von selber ab und die Protonen sind ins neu erstandene Gold eingebaut! Zu Jubel und Begeisterung dürfte jedoch seine Entdeckung kaum geführt haben, hatte er doch selber auf der rechten Seite der Gleichung das hochenergetische Neutron hingeschrieben. Nicht auszudenken, dass der Zusammenhang vielleicht damit spielte und an der Bombe bastelte! Das wäre doch die Katastrophe, vor der Moroenius gewarnt hatte! Ja, die großen Meister wussten schon, warum sie ihre geheime Kunst so gut versteckten und immer wieder betonten, der Adept habe in völliger Harmonie mit dem großen Werk zu sein. Die berühmte Mary Atwood, die zu viel ihn ihrem Buch verriet, hatte nicht umsonst alle ihre Bücher zurückgekauft, nur um sie zu verbrennen!

III Ablauf des großen Magisteriums

Dass Pepe kein Goldmacher war, haben wir schon zur Genüge dargestellt. Gerade, weil er weit über den Souffleuren im Labor stand, glauben wir, dass er das Große Werk gut beschrieben hat. Wir möchten daher unseren Lesern nicht vorenthalten, wie das Magnum Opus tatsächlich abläuft und haben versucht, den Vorgang aus Pepes Akten zusammenzufassen:

Zunächst braucht es, um das Werk zu vollenden, nicht nur ein günstiges Ausgangsmaterial, sondern auch günstige Voraussetzungen, was unter anderem eine günstige Konstellation der Gestirne bedeutet. Wenn alles stimmt, wird der Grundstoff, den man materia remota oder materia cruda bezeichnet, durch Kalzination zum ersten Vitriol verarbeitet. Während die Materie mehrmals geröstet wird, wird aus derselben alles Überflüssige vertrieben, doch vermehrt sich dabei die Grundfeuchtigkeit der Materie dennoch, statt wie bei der gewöhnlichen Kalzination abzunehmen. In der anschließenden Sublimation, oft auch Exaltation, Elevation oder Fixation genannt, wird dass Reine vom Unreinen mittels einer trockenen Destillation abgeschieden, wodurch die phlegmatischen Teile abgesondert werden. Dabei wird die Aschenmasse leichter und heller und nimmt am Ende des Prozesses ihre ursprüngliche Farbe wieder an. Zurück bleibt das schwere, finstere azothische Wasser.

Die nächste Phase bezeichnet man als Solution, bei der neben den vier gereinigten ein neues Element, die Quintessenz, entsteht. Dabei wird die Materie völlig aufgelöst und zerstört und alles Feste flüssig und alles Flüssige fest, sodass die drei Geister mit dem Mercurium ein homogenes Amalgam bilden, was als erstes aller Metalle oder als metallener Ozean bezeichnet wird. Eine tiefe Nacht bricht an, in der alle

Farben verschwinden und eine undurchdringliche Schwärze entsteht. Falls aber andere Farben entstehen, wird die Masse zu Glas. Bei der anschließenden Putrefaktion oder Digestion sterben alle lebenden Dinge, faulen alle gestorbenen Dinge und gewinnen alle toten Dinge wieder neues Leben. Dieser Prozess dauert viele Wochen, läuft von selbst ab, und endet damit, dass die Masse zu schwellen anfängt, aufblättert und in die Höhe zu steigt, denn während der Putrefaktion wird die alte Natur der Materie in eine andere, völlig neue umgewandelt.

Jetzt erst wird die Materie im philosophischen Ei mit dem hermetischen Siegel verschlossen und dank der Destillation leviert, imbibiert und kohobiert. Damit die flüchtigen Geister nicht exhalieren, wird die Masse bei gleichmäßiger Wärme allmählich erhitzt, bis sich im Inneren des Reaktors Azoth und Aqua regis selber destillieren und die Masse tränken. Dann wird die Temperatur sorgfältig erhöht, und mit der einsetzenden Titurbation wird der flüchtigen Mercurius duplicatus dem wundervollen Feuer des Einen ausgesetzt, wodurch die schleimige, spermatische Wurzelmaterie in der beständigen Wärme wie ein Ei im Brutofen koaguliert. Bei der zweiten, sublimen Destillation und beim anschließenden langsamen Abkühlen entsteht einerseits eine Flüssigkeit, die weiter destilliert werden muss, bis das wahre Goldwasser und das weiße Merkurwasser entsteht, auch Athoäther genannt oder Erstes aller Metalle und universeller Geist der Natur. Gleichzeitig bildet sich ein schwarzer Rückstand, der weiter erhitzt und behandelt werden muss, bis sich ein weißes Salz bildet, das man als blendenden Schwan bezeichnet.

Bei sorgfältiger Behandlung des wiedergeborenen Salzes wird das schneeweiße Gewand bleifarben, und es wachsen Kristalle, die wie Korallen oder Blumen aussehen und die schmelzen, wenn die Temperatur erhöht wird. Dabei entsteht eine bernsteinfarbene Flüssigkeit, die sich durch das anschließende Verfahren, das in Pepes Akten als Nigrendo bezeichnet und merkwürdigerweise überhaupt nicht beschrieben ist, weiter verdichtet. Dann zeigt sich die schwarze Urmasse unter den kondensierenden Dämpfen. Darüber bildet sich ein Häutchen, das bei der weiteren Behandlung springt und an mehreren Stellen dunkle ephemere Wolken entweichen lässt. Schließlich wird die Masse ruhig und zähflüssig wie Pech. Dieses Stadium, das Schwärzen des Schwarzen oder der Kopf des Raben genannt, ist für den Philosophen von entscheidender Bedeutung, denn dies ist die perfekte Verrottung des Samens, der das Prinzip des Lebens zeigt.

Nacheinander werden dann Merkur- und Goldwasser zugegeben, bis eine Substanz entsteht, die Pepe als geborener Sohn bezeichnet hat. Leider geht aus seinen Akten nicht hervor, welche Eigenschaften diese hat und was der Grund für die merkwürdige Benennung ist; dagegen enthalten seine Aufzeichnungen eine eindringliche, über zwei Seiten lange Ermahnung, dass die Masse zu ihrer Vollendung nur unter Gebet und ständiger Meditation weiter verarbeitet werden kann. Dazu muss sie Dutzende, vielleicht Hunderte von Malen destilliert werden, während man gleichzeitig die Temperatur erhöhen muss. Erst dann beginnt sich der endgültige Erfolg abzuzeichnen. Es erscheinen die wunderbaren Farben des Pfauenschwanzes, die glänzend in allen Tönen schillern, um abwechslungsweise dumpf und matt, und gleich wieder in neuer Pracht zu erscheinen. Dann wird die Temperatur noch einmal erhöht, bis die Masse glüht und einen deutlich goldenen Ton angenommen hat.

In diesem Zustand kann die Masse gewöhnliche Metalle in Silber verwandeln und Krankheiten heilen, doch der Adept weiß, dass noch größere Macht entwickelt werden kann, wenn er die Temperatur weiter erhöht und der Masse die feurige Feuchtigkeit des philosophischen Merkurs einverleibt und den flüchtige Teil des Salzes durch subtiles Feuer fixiert. Auf der vierten Temperaturstufe *"erscheint der Phönix und schlägt im Feuer seine Schwingen auf"*. Damit ist das Werk gelungen, und das Reaktionsgefäß kann ohne Gefahr abgekühlt werden. Die abgekühlte Masse ist weder flüssig noch fest, außerordentlich schwer, von einer dunkel scharlachroten Farbe, kann wie Wachs geschmolzen oder wie Salz in allen Flüssigkeiten gelöst und zum Gebrauch für den vorgesehenen Zweck genützt werden: der Stein des Weisen!

Zum Abschluss wollen wir noch einmal Pepe zu Wort kommen lassen, um mit seinen eigenen Worten das groß Magisterium zu beschreiben:

Das eine Prinzip ist Merkurium, das andere Mercurium, wobei das erste käuflich erstanden werden kann und das andere mit unserer Kunst geschaffen werden muss. So sagen die Philosophen, dass das vulkanische Feuer den künstlichen Tod der Metalle bewirkt, dass aber das Schmelzen, was für einer Art es auch sei, ihr Leben endgültig verwirkt. Wenn es Dir möglich ist, dann binde Es an dich und den feurigen Drachen, und Du brauchst keinen weiteren Rat. Du sollst auch wissen dass das Natürliche zum Übernatürlichen erhoben werden muss, denn das Natürliche ist die verderbliche und sensible Form und lässt das Werk nicht auf natürlichem Wege entstehen. Du sollst auch nicht Saturn vergessen, denn er ist der Zweck des lebenden Wassers, und von der ewigen Quelle der Sonne sollst Du das himmlische Bächlein gewinnen, denn der lebende Kristall des Mondes sickert leise ins Unendliche des Meeres und das Begrenzte der Erde. Denk an Jakob, der auf dem Stein geschlafen hat, als die Boten des Himmels hernieder stiegen.

Lightning Source UK Ltd.
Milton Keynes UK
15 January 2011

165792UK00001B/16/A